CUSTOMER RELATIONSHIP
MANAGEMENT

客户关系管理

吴卫芬◎主编　舒建武　苗　森◎副主编

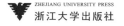
ZHEJIANG UNIVERSITY PRESS
浙江大学出版社

前　　言

客户关系管理（Customer Relationship Management，CRM）是一个古老而又充满新意的话题。从人类进行商品交换开始，客户关系管理就已经成为商务活动中一个非常重要且又核心的问题，也是商业活动成功与否的关键。对于现代企业来说，客户关系管理是商务活动中的信息资源，企业所有的商务活动信息都与客户关系管理有直接的关系，客户关系管理已经成为各行各业信息技术与管理技术的中心。

客户关系管理是企业为发展与客户之间的长期合作关系、提高企业以客户为中心的运营性能而采用的一系列理论、方法、技术、能力和软件的总和。它的显著特点是综合性非常强，涉及"市场营销学""管理学""消费心理学""经济学""数据库"等课程内容。

本教材主要有以下特色：立足国内外企业客户关系管理实践，以培养具有较强操作能力和动手能力的学生为目标，结合 CRM 软件和其他软硬件系统的运用，突出项目教学、案例教学，使理论与实践相结合，把理论融入实践当中，融入项目、案例当中。我们力求通过本教材的学习，使学生具备较强的客户关系管理操作能力和相关的理论基础。

本书共分 9 章，分别论述客户关系管理的概念、方法、基础营销理论，技术与系统设计，企业实施，等。本书在论述时，论点选取力求前沿，分析力求深入，理论力求有案例支持。各章内容简述如下：

第 1 章，客户关系管理概述。评述了客户关系管理的概念和内涵、客户关系管理产生的动因、客户关系管理的内容和作用、客户关系管理的目标和实现。

第 2 章，客户识别、开发与分类。首先介绍了客户识别的相关知识，包括客户识别的概念、作用，优质客户的识别标准，目标客户识别的建议；然后介绍了寻找目标客户的主要方法，说服目标客户加盟的技巧和方法，吸引目标客户的主要措施；最后对客户分级进行了介绍。

第 3 章，客户满意及其管理。主要阐述了影响客户满意度的因素，如何测评客户满意度,提高客户满意度的措施有哪些,客户满意度战略的制定和实施。

第4章,客户忠诚及其管理。评述了客户忠诚的内涵、发展过程,客户忠诚的驱动因素及其衡量指标,客户忠诚的经济价值分析,客户满意和客户忠诚的关系,最后分析了如何培养客户的忠诚度。

第5章,客户价值及生命周期管理。首先阐述了客户关系的价值体现、客户资产及决定因素、客户价值细分及客户价值理论模式;然后阐述了客户生命周期的定义。

第6章,客户投诉及流失管理。首先评述了客户投诉的内涵,客户投诉的原因及价值,处理客户投诉的原则及程序;最后评述客户流失的原因及对策。

第7章,客户关怀及客户保持。首先阐述了客户关怀的内涵、内容、手段及评价;其次,阐述了客户保持的相关内容;最后阐述了什么是个性化服务。

第8章,客户关系数据及其管理。评述了数据的概念及重要性,数据的分类、收集及质量,而后评述了数据仓库及其在 CRM 中的应用,最后评述了数据挖掘及其在 CRM 中的应用。

第9章,客户关系管理软件系统。阐述了客户关系管理软件系统的特点,模型与结构,组成部分和软件系统的类型。

本书的第7章由舒建武执笔,其余各章由吴卫芬执笔,苗森在统稿时给予了很大帮助,林华治、何铭强、董自光、徐玲等参与了部分工作。

本书是浙江树人大学山屿海商学院行业学院建设成果,是产教融合规划系列教材之一,丛书在编写的过程中得到了上海山屿海投资集团的大力支持。校企双方成立了编委会,对系列教材的选题、内容、出版等事项进行了规划和细致的安排。感谢山屿海集团的胡佟、刘艳提供的部分案例。

本书的主要读者包括以下几类:

电信、金融、证券、餐饮等服务性行业的中高层管理决策人员、市场部经理、客户服务部经理以及 IT 规划部经理;CRM 软件设计人员;CRM 管理咨询人员;大中专院校的研究人员、学生。

本书对那些已经实施或即将实施 CRM 的企业以及正准备开发决策型 CRM 软件的商家具有参考价值。

由于时间仓促,水平有限,难免有不足之处,请各位读者批评指正!

吴卫芬

2018 年 4 月于杭州浙江树人大学

目　　录

第1章　客户关系管理概述

出租车司机的客户关系管理

周春明是台北的一名出租车司机，人称"出租车皇帝"。一般的个人出租车每天至少开 12 小时，一个月平均做 6 万新台币的生意。但是没有华丽的配备、每天工作 8～10 小时的周春明，每月能做超过 12 万新台币的生意，整整比别人收入多出一倍！

他的秘诀在哪里呢？

周春明将自己定位为"一群人的私家司机"，以形成差异化服务。

周春明有一份密密麻麻的熟客名单，名单包括 200 多位教授和中小企业老板。要坐周春明的车，最晚必须一星期前预订。在 3 月底，他的预约已经排到 5 月。当其他出租车司机还在路上急急寻找下一位客人时，他的烦恼却是挪不出时间照顾老客户。

周春明做的第一件和别人不同的事，是不计成本做长程载客服务。对一般出租车来说，载客人到新竹、台中，要冒开空车回来的风险，等于跑两趟赚一趟钱，于是约定俗成地将成本转嫁给客户，计价比打表高 50％。但周春明观察到，这群人才是含金量最高的商务旅客，为了稳住他们，他只加价 17％。表面上，他因此每趟收入比同行低，但也因此赢得客户的好感与信任，开始接到许多长途订单。

在他开车的第四年，他从科学园区载了一个企管顾问公司的经理，对方被他贴心的服务打动，把搭载企管顾问公司讲师到外市县的长途生意全包给他，他因而打开了一条关键性的长途客源。从那年起，他的客户由街头散客逐渐转为可预期的长途商务客，空车率大为降低。

逐渐地,周春明总结出出租车行业的客户关系管理方法。

每个客人上车前,周春明要先了解他是谁,关心的是什么,这位客人的专长、个性,甚至早餐、喜好都问清楚。隔天早上,他会穿着西装,提早 10 分钟在楼下等客人,像随从一样,扶着车顶,协助客人上车,后座保温袋里已放着自掏腰包买来的早餐。

如果是生客,他不随便搭讪,等客人用完餐后,才会问对方是要小睡一下、听音乐还是聊天,从客人的选择中看出他今天心情如何。如果对方选择聊天,周春明就会按照事前准备,端出跟客人专长相关的有趣话题。如果是送讲师到外市县讲课,一上车,也少不了当地名产和润喉的金橘、柠檬茶,这些都是他事先准备的。

周春明还有一本客户关系管理的秘籍,里面详细记载了所有熟客的喜好。透过有系统的管理,每个客户爱听什么音乐、爱吃什么小吃、关心什么,坐上他的车,他都尽力量身服务,就像是客户专属的私人司机,而一般出租车公司是无法提供这样的定制化服务的。慢慢地,越来越多的人指名要他来服务。周春明越来越忙,他开始把服务的标准作业流程复制到其他司机身上,用企业化方法经营车队服务。一旦周春明有约不能服务,他会推荐一个司机朋友来运载客人。虽然换了司机,但是该准备什么,客人喜欢什么,周春明服务的方法都一丝不差地重现在新司机身上。

现在,周春明的客户多到要七八辆合作的出租车才跑得完。他的价值不只是一个载客的司机,开始慢慢变成掌控质量的车队老板。

周春明的故事,是客户关系管理在出租车行业的实践应用。周春明不再是普通司机,而是解决方案提供者(solution provider)。当出租车这项服务早已供给过剩时,他却重新定位,把自己定位成一群人的私家司机,提供更高附加价值的服务。在出租车这个充满高油价、罚单、停车费的行业,周春明向人们证明,服务业是个软件重于硬件的产业,灵活运用客户关系管理仍然会创造崭新的机会和高额的回报。

资料来源:http://www.sales888.net/model/1 20100128144316.html♯

1.1 客户关系管理的概念和内涵

客户关系管理(Customer Relationship Management,CRM)最早由世界著名 IT 系统项目论证与决策权威机构——Gartner Group 于 20 世纪 80 年代

提出,是 90 年代随着互联网和电子商务涌入中国的最重要的 IT 技术和管理理念之一,目前已经成为学术界及企业界研究的热点问题。

从字面上看,客户关系管理可拆分成客户、关系、管理三个词组。要理解客户关系管理的概念与内涵首先就得对客户、关系与管理三个概念有深刻的理解。此外,还得从系统的角度去全面定义和理解客户关系管理的概念与内涵。

1.1.1　客户的概念

要界定 CRM,首先要界定清楚客户的内涵。如果不将客户的范围界定清楚,就难免造成 CRM 认识上的模糊和争论。理解"客户"的概念要从系统的角度去理解。客户有狭义与广义之分,也有个人和组织之别。狭义的客户是指产品和服务的最终使用者或接受者。广义的客户要结合过程模型来理解,任何一个过程输出的接受者都是客户。用系统的观点看,企业可以看作由许多过程构成的网络,其中某个过程既是它前面过程的客户,又是它后面过程的供方。如果划定了系统的边界,则在企业内部存在着内部供方和内部客户,在企业外部存在着外部供方和外部客户。因此,企业内部下一道工序是上一道工序的客户指的就是广义的客户。

客户也可以是一个人,一个目标群体,一个组织。个人客户是指消费者,即购买最终产品与服务的零售客户,通常是个人或家庭,他们构成消费者市场;企业客户是指将购买你企业的产品或服务并附加在自己的产品上一同出售给另外的客户,或附加到他们企业内部业务上以增加盈利或服务内容的客户,企业客户构成企业市场。

广义的客户不仅包括企业产品的终端消费者,还包括了与企业经营相关的任何组织和个人。如产品的供应商、经销商、企业的内部客户——员工等。此外还包括对企业经营产生重要影响的特殊利益集团,如政府、行业协会、企业所在社区、新闻媒体等。以上各关系在西方的关系营销中用 SCOPE 模型表示。S——Supplier,代表供应商;C——Customer,代表客户(终端客户),笔者认为还应代表另一角色,即 Competitor,竞争者;O——Owner,代表企业所有者;P——Partner,代表合作伙伴,它既包括渠道商,又包括任何有利益关联的伙伴关系者;E——Employee,指企业内部员工。一般而言,企业的终端客户极其重要,但是,如今企业的经营与管理免不了要处理与各利益相关者的关系。任何一个关系方的关系发生问题,皆会影响企业的经营绩效。当今全球范围内的竞争,与其说是企业之间的竞争,不如说是一系列以核心企业为中心的供应链之间的竞争。对于一个核心企业,它处于供应商、分销商、零售商以及最终消费者的链条之上,它的客户不光是最终消费者,而且还包括它的分销商和零售商,而后者对它来说也非常重要。所以,CRM 中的"客户"主要应该是包括供应商、分销商、零售商和最终消费者在内的企业外部客户。员工是企业的内部客户,而当前众多的 CRM 争论,大都隐含地将"客户"指定为最终消费者,也就难怪其将 CRM 界定为"一对一营销"了。

在客户关系管理的 SCOPE 模型中,企业应以客户为核心,关注战略性重要客户,提高客户满意度,进行客户组合分析并采取相应的策略。同时只有与供应商、企业主/投资商、员工、伙伴这四个方面相互协作、相互发展,才能为客户创造、提供价值,实现客户关系管理的成功。

罗纳德·史威福特认为客户的范畴包括如下。

(1)消费者:购买最终产品与服务的零售客户,通常是个人或家庭。

(2)B2B 客户:将购买的产品或服务附加在自己的产品上一同出售给另外的客户,或附加到他们企业内部业务上以增加盈利或服务内容的客户。

(3)渠道、分销商和特许经营者:不直接为企业工作,并且(通常地)不需要为其支付报酬的个人或组织。他们购买产品的目的是作为企业在当地的代表进行销售或利用企业的产品获取利润。

(4)内部客户:企业(或联盟公司)内部的员工或业务部门,他们需要企业的产品或服务以实现他们的商业目标,这通常是最容易被企业忽略的一类客户,同时又是最具有长期获利性(潜在)的客户。

韦伯斯特和温德(Webster and Wind)对客户的定义则为所有本着共同的决策目标参与决策制定并共同承担决策风险的个人和团体,包括使用者、影响者、决策者、批准者、购买者和把关者。其中:

(1)使用者是指那些将要使用产品或服务的人员,在多数情况下,由他们首先提出购买建议并协助决定产品价格。

(2)影响者是指那些能够影响购买决策制定的人员,由他们提供营销活动所需要的评价信息。

(3)决策者是指那些有权决定产品需求和供应商的人员,由他们提出采购方案。

(4)批准者是指那些有权批准决策者或购买者所制订的计划的人员,由他们最终决定是否购买。

(5)购买者是指那些选择供应商并进行谈判的人员,由他们具体安排采购事项。

（6）把关者是指有权阻止卖方及其信息到达采购中心那里的人员，如代理人、接待员、电话接线员都有可能阻止销售人员和采购方的联系。

1.1.2 关系的概念

所谓关系是指两个人或两组人中的一方对另一方的行为方式以及感觉状态。如图 1-1 所示。

图 1-1 关系的定义

在社会学中，关系有其特定的含义。社会学认为，人的一辈子要扮演诸多的角色：为人子女，为人夫妻，为人父母，为人下属，为人上司，与人为友，与人作对，与人为邻……不管你喜欢与否，由此而衍生出来的各种关系把你交织在关系网中。

为官，要协调与上级、下级以及同级同事的关系；经商，要处理与竞争对手、合作伙伴、政府及企业内部员工的关系；持家，要能让自己的父母、爱人、儿女及其他亲属关系和睦。此外，还有同学关系、邻里关系等。

在企业的经营中，各利益相关者与企业之间的行为方式与感觉状态决定了企业的成败。企业与他们之间的关系非常重要。企业之间的竞争已经历了产品之间的竞争、服务之间的竞争，如今已到了客户关系之间的竞争。

关于企业与客户的关系，有如下要点：

（1）关于关系的特征。一是行为特征，二是感觉特征。前者是指客户与企业关系程度的行为表现，如重复购买、交叉购买等。后者是指客户与企业关系程度的态度表现，如情绪上偏爱、口碑传颂、推荐等。一种关系应具备行为与感觉两种特征，缺乏任何一个特征，应该都是"欠缺的关系"。企业在加强关系的同时，不仅要关注关系的行为特征，更要考虑到关系的另一个特征，即客户的感觉等其他非物质的情感因素。从效果上来说，后者不易控制和记录，但是，如果企业一旦与其客户建立了情感关系，这样的关系就变成了企业的核心竞争力，企业的竞争对手就不易模仿。

（2）关于关系的长度。任何关系都有一个生命周期，即从关系建立、关系发展、关系维持到关系破坏、结束，企业与客户的这种从关系建立到关系终止的时段，称之为客户关系生命周期。关系有时间跨度，好的感觉需要慢慢积累,因此,企业要有足够的耐心进行培养。

(3)关于关系的投入与产出。企业与客户建立、发展与维持关系,需要投入大量的人力、物力、财力与时间。关系建立阶段,作为追求方的企业,即要求建立关系的一方,付出比较多。关系稳固以后,企业才开始获得回报,不过这个阶段,企业容易懈怠,以为大功告成,进而忽视了维持关系的必要。在如今供过于求的时代,作为被追求方的客户一般是比较挑剔的,只要有一次让他们感觉不好,都有可能导致企业的努力前功尽弃。企业是商业利益的追逐者,因此企业在经营与客户的关系时,也应遵循利益最大化的原则。在关系成本一定的条件下,尽量使其关系收益最大化,或在关系收益一定的条件下,尽量使其关系成本最小化,从而使关系盈利最大化。

(4)建立良好关系的因素。建立良好的人际关系有一些基本层面。不管是和个人的关系还是和组织的关系,其基本原理皆是一样的。那些让两个人之间产生强烈的、稳固的、真正的关系的因素也是让一个企业或组织与其客户之间产生同样关系的重要因素。守信,遵守承诺是关系建立中很重要的因素。信用指一个人诚实、不欺骗、遵守诺言,从而取得他人的信任。人离不开交往,交往离不开信用。要做到说话算数,不轻许诺言;与人交往时要热情友好,以诚相待。企业在与客户建立关系的过程中要努力博取客户的信任,这样客户才能乐于与你交往,乐此不疲地购买你的产品,成为你忠诚的客户。

1.1.3 管理的概念

从字面上解释,管理即管辖、经营。管辖是一种行政权力,分权让别人操心动手去做,以达到组织目的;经营是一种运作,必须落到实处,重在效果。管理就是在特定的环境下,对组织所拥有的资源进行有效的计划、组织、领导和控制,以便达成既定的组织目标的过程。美国管理学家斯蒂芬·罗宾斯关于管理的定义则更加精辟:管理是指同别人一起,或通过别人使活动完成得更有效的过程。企业的管理也即在特定的环境下,企业从环境中获取各种资源,如人力、物力、财力、信息、时间等,通过技术、管理的各职能(计划、组织、领导与控制)的转换,从而有效与高效地达到企业既定目标的过程。如图1-2所示。

1.1.4 客户关系管理的概念和内涵

当今在竞争激烈的商业世界,如何强调企业与客户建立关系、维持关系与发展关系的重要性都不过分。从以上对客户、关系、管理的分析来看,笔者认

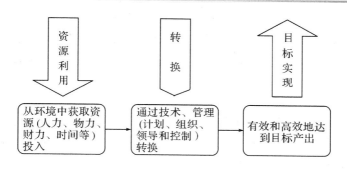

图 1-2　管理的定义

为客户关系管理就是企业管理与客户的关系,包括建立、维持与发展关系。企业在管理与客户的关系过程中,在特定的环境下投入资源,包括人力、物力、财力、时间,甚至是情感等的投入,通过技术手段,各管理职能将投入的资源有效、高效地转化成产出——良好的企业绩效,从而实现企业既定的经营管理目标。

实际上客户关系管理的理念由来已久,可追溯至商业经济时代,正如所有的"新"管理理论一样,客户关系管理绝不是什么新概念。它只是在新形势下获得了新内涵,充当了有效战略管理的工具,成为企业一种全新的管理模式。目前对于 CRM 的定义,企业界、学术界皆有不同的定义与理解,迄今还没有统一的表述。

1. 企业界对 CRM 的定义与理解

企业界从实践角度对 CRM 进行定义,如:

SAS(全称 STATISTICAL ANALYSIS SYSTEM,简称 SAS)是一家著名的统计软件及 CRM 方案平台的开发商,该公司从技术的角度定义了 CRM 的内涵,认为"CRM 是一个过程,通过这个过程,企业最大化地掌握和利用客户信息,以增加客户的忠诚度,实现客户的终身挽留"[1]。

SAS 公司强调对客户信息的有效掌握和利用,而要达到这一点,必须采用先进的数据库和决策支持工具来有效地收集和分析客户数据,将客户数据转化成客户知识,以更好地理解和监控客户行为。

大型数据库供应商美国 Sybase 公司认为,CRM 就是利用已有的数据仓库,整合相关的资料,使其容易进一步分析,让组织能确定衡量现有的潜在的

---

① 　The Website of SAS Institute Inc. [OL]. http://www.sas.com.

客户需求、机会风险和成本,从而实现企业价值的最大化。

Gartner Group(高德纳咨询公司)则从战略角度出发,并从战术角度来阐述的定义为:CRM 是一种以客户为中心的经营策略,它以信息技术为手段,对业务功能进行重新设计,并对工作流程进行重组。

麦肯锡公司则认为 CRM 应该是持续的关系营销,企业应该寻求最有价值的客户,以不同的产品和不同的销售渠道来满足不通的客户需求,并经常与客户保持不同层次的沟通,进行反复的测试,进而随着客户消费行为的改变调整销售策略,甚至是组织结构。

2. 学术界对 CRM 的定义与理解

菲利普·科特勒(Philip Kotler)和加里·阿姆斯特朗(Gary Armstrong)将 CRM 定义为:通过传递超级客户价值和满意以建立和维持有利可图的客户关系的整个过程。它涉及获得、维护和发展客户的所有方面。

Darrell K. Rigby,Frederick F. Reichheld 和 Phil Schefter 将 CRM 定义为:CRM 将企业流程与客户战略相结合,以建立客户忠诚,增加利润。[1]

美国营销学会(AMA)对 CRM 的定义很简单:CRM 是协助企业与客户建立良好关系、使双方都得利的管理模式。

Zikmund,Mcleod 与 Gilbert 提出了以技术为导向的 CRM 定义[2],即:它是一个商业战略,此战略利用信息技术为企业提供一个基于客户复杂的、可靠的和整合的观点以至于所有的过程和客户互动,帮助维持和扩大双边利益的关系。

但就其功能来看,CRM 是通过采用信息技术,使企业市场营销、销售管理、客户服务和支持等经营流程信息化,实现客户资源有效利用的管理软件系统。其核心思想是以"客户为中心",提高客户满意度,改善客户关系,从而提高企业的竞争力。

综合分析上述文献及观点,业界对 CRM 的理解分成三种观点。

一是从商业哲学的角度来理解,认为 CRM 是把客户置于决策出发点的一种商业哲学,它使企业与客户的关系更加紧密。

二是从企业战略的角度来理解,认为 CRM 是通过企业对客户关系的引

---

① Darrell K. Rigby,Frederick F. Reichheld,Phil Schefter. Avoid the Four Perils of CRM[J]. Harvard Business Review,2002,80(2):101-106,108-109,130.

② Zikmund W. G. , Mcleod R. , Gilbert F W. Customer Relationship Management: Integrating Marketing Strategy and Information Technology[M]. Hoboken, N J: John Wiley Sons, 2003.

导,达到企业最大化盈利的企业战略。

三是从系统开发的角度来理解,认为 CRM 是帮助企业以一定的组织方式来管理客户的互联网软件系统。

CRM 是一种战略观点(approach),它通过与关键客户和客户群的良好关系来为股东创造价值,整合关系管理与信息技术的潜力,创造与客户和其他利益相关者有利可图的长期的关系。CRM 提供了更多的机会以利用数据和信息理解客户并与客户一起创造价值,这需要通过信息、技术和应用软件对经营过程、人员、运营和营销能力进行跨部门整合。

图 1-3 描述了有关 CRM 定义的三种观点[①],即从战术角度描述 CRM,到 CRM 是一系列整合的技术方案的实施,最后从战略角度定义 CRM。

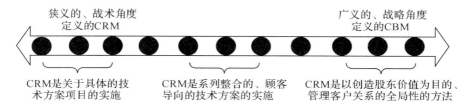

图 1-3　CRM 连贯统一体

资料来源:Adrian Payne,Pennie Frow. A Strategic Framework for Customer Relationship
　　　　Management[J]. Journal of Marketing,2005(69):168.

3. 笔者的观点

综合上述各种观点,CRM 通过使企业组织、工作流程、技术支持和客户服务都以客户为中心来协调和统一与客户的交互行动,达到保留有价值客户,挖掘潜在客户,赢得客户忠诚,并最终获得客户长期价值的目的。

CRM 是企业为发展与客户之间的长期合作关系,提高企业以客户为中心的运营性能而采用的一系列理论、方法、技术、能力和软件的总和。它既包括了以客户为中心的战略管理思想,又包括了各种信息、网络技术、应用软件系统等技术工具,而且还包括了一系列个性化的营销策略。企业在新的市场环境(高度扰动的市场环境)下,利用信息技术,通过对企业客户关系的互动引导、识别、保留和发展,与客户建立长期的、良好的、有利可图的关系,从而达到企业最大化盈利的目的。

────────────

① Adrian Payne,Pennie Frow. A Strategic Framework for Customer Relationship Management
[J]. Journal of Marketing,2005(69):167-176.

因此,客户关系管理是一个系统整合的概念,本书将 CRM 的理论体系概括为三个方面:CRM 理念、CRM 信息技术系统和 CRM 实施策略。CRM 理念是 CRM 成功的关键,它是 CRM 实施应用的基础和土壤,是促成企业战略观形成的思想基础。信息系统、IT 技术、互联网等组成的 CRM 系统是 CRM 成功实施的手段和方法,此系统是辅助 CRM 这一企业战略观得以实现的有力工具。实施即指 CRM 的营销策略,是决定 CRM 成功与否、效果如何的重要环节,也是直接影响因素。因此本教材借用三角图来阐述 CRM 在这三方面的关系,如图 1-4 所示。

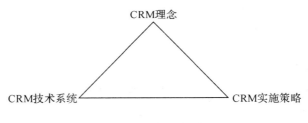

图 1-4　CRM 三角关系

客户关系管理首先是一种管理理念,其核心思想是将企业的客户(包括最终客户、分销商和合作伙伴)作为最重要的企业资源,利用 CRM 系统,通过完善的客户服务和深入的客户分析来满足客户的需求,从而提高客户满意度,进而提高客户忠诚度,最终实现客户的终身价值最大化。客户关系管理应是一种旨在改善企业与客户之间关系的新型管理机制,它实施于企业的市场营销、销售、服务与技术支持等与客户相关的领域。一方面通过向企业的销售、市场和客户服务的专业人员提供全面、个性化的客户资料,并强化跟踪服务、信息分析的能力,使他们能够协同建立和维护一系列与客户和生意伙伴之间卓有成效的“一对一关系”,从而使企业得以提供更快捷和周到的优质服务,提高客户满意度、吸引和保持更多的客户,从而增加营业额;另一方面则通过信息共享和优化商业流程来有效地降低企业经营成本。

1.2　客户关系管理的误区

从以上企业界与学术界对 CRM 的多角度的定义可知,对于 CRM,没有系统、全面、统一的认识,而且现实中还有很多误区。主要的误区如:CRM 是一个销售系统，大企业才需要 CRM，呼叫中心就是 CRM 系统，CRM 与数据库差不多，等等。这些都是对 CRM 的片面理解。

国外学者 Peter C,Verhoef 与 Fred Langerak 等认为业界对客户关系管理认识有 11 个误区。

误区 1：仅仅使用客户关系软件就可以提高绩效。

人们往往把客户关系管理简单地等同于使用客户关系管理软件。但是客户关系管理不仅仅是建立并实施软件。它还受到信息技术、企业分析能力、营销数据以及市场营销活动的影响。此外，客户关系管理比较注重与客户建立长期关系，而客户关系软件侧重于实现短期关系的最优化。

误区 2：企业只需要关注客户关系进展情况就可以了。

客户关系管理的假设之一：吸引新的客户要比维持已有的客户花费更多的精力，所以很多管理者认为客户关系管理只需要将现有客户保持住就可以了。但是不管怎样，企业总会存在客户流失的现象，所以需要吸引新的客户以补充企业的客户资源。由于有些产品的消费周期很长，例如电冰箱，所以企业从现有客户中获利的可能性会非常有限。

误区 3：新客户的获得和客户关系管理是两个不相关的过程。

新客户的获得和客户关系管理往往是由企业中不同的部门来实施的，而且具有不同的职能，一些管理者就认为获得新的客户与客户关系管理是两个相对独立的活动，这样的结果只会降低客户关系管理战略的效率。

误区 4：认为客户希望与企业建立良好的关系。

社会学理论认为客户关系包括客户与供应商之间不断重复的社会交互关系。但在大多数消费者市场中，这种交互关系几乎可以忽略不计。

误区 5：长期客户关系更有利可图。

有些学者认为长期客户对价格的敏感度较低，向他们提供服务的成本也较低，而从他们身上获得的平均利润却较高，同时忠诚的客户还会向朋友推荐产品，这样一来长期客户的盈利能力相对较高。但是事实证明这种说法太过简单，仅仅关注对客户的维持并不是一个很好的市场战略。管理者还需要努力寻找向上销售、交叉销售的可能性，要让客户升级（提高价值）。

误区 6：一般来讲满意的客户具有较高的忠诚度。

客户导向的企业往往将使客户满意作为企业的一个主要目标，他们往往认为满意的客户具有较高的忠诚度，但管理者却发现客户满意度和客户忠诚度之间并不总是存在这种正向关系。

误区 7：企业应该把重点放在盈利能力比较强的客户上。

企业往往根据二八定律建立起自己的客户金字塔,他们会将重心放在忠诚度较高、盈利能力较强的客户身上,并维持与他们的良好关系。但是实践证明客户是由于惰性才没有转移购买。大多数情况下,他们的忠诚度与企业的努力无关,所以在这方面的过多投资是没有多大意义的。

误区 8:客户金字塔是对客户进行细分的好方法。

客户金字塔根据客户盈利能力的强弱将客户进行区分,是客户关系管理中一种很重要的分析工具。但是这种方法也存在着局限:①客户盈利能力很难估计。②只估计了客户的货币价值。一个较好的方法就是根据客户盈利能力与客户需求细分客户市场。

误区 9:企业开展有关客户忠诚度的活动能提高客户的忠诚度。

客户关系管理的主要手段是实施能够提高客户忠诚度的活动。但是这些活动成本高、客户的反应却比较消极,而且事实证明效果也不明显。

误区 10:客户生命周期价值是可以估计的。

客户关系管理中用来测量绩效的最重要的指标是客户生命周期价值(CLV,往往以净现值表示)。但是估计该值需要大量的数据,而且受到诸如客户满意度、竞争性活动等因素的影响,所以估计比较困难。

误区 11:互联网能够最有效地提高客户的忠诚度。

互联网的发展造就了网络营销经济的兴起,彻底改变了企业与客户之间的互动方式。现如今,互联网大大便利了客户了解企业的成本、比较商品的价格,但这样一来客户忠诚度反而可能降低。

1.3　客户关系管理的动因

当企业的产品差异日渐缩小,企业把目光投向了企业内部的管理上。管理驱动型企业通过加强管理充分整合企业内部资源来降低成本,从而赢得竞争优势,这就是我们平常所说的"向管理要效益"。这个时期企业信息化建设的首选是建立企业资源管理系统(ERP)。

当企业之间的产品差异与管理差异日渐缩小,企业内部资源的挖掘潜力不大而企业面临的竞争更加激烈时,企业自然把目光投向了企业最重要的外部资源——客户资源的挖掘上来。客户关系管理是一种以客户为中心的企业经营理念。重视客户关系管理的企业认为客户资源是企业最重要的核心资源。客户关系管理的核心是客户价值管理。企业通过从市场营销、销售过程到技术支持的全程客户管理来满足客户的个性化需求,提高客户满意度和忠诚度,缩短销售周期、降低销售成本、增加销售收入、扩展客户市场,从而全面提升企业的盈利能力和竞争能力。CRM 正是管理企业的客户资源的信息系统。

下列因素让客户资源在企业中的重要性日益显现,从而加快了客户关系管理的进程。

1.3.1 客户需求信息的收集

客户关系管理的理念由来日久,可以追溯到上千年前的中国,那时走街串巷的小商贩就是客户关系管理的高手,他们可以记住方圆几十里内许多客户的需求与偏好,并能及时送上令他们称心如意的商品。现代信息技术的发展,让我们能够凭借这些古代商人的智慧在更短的时间内处理更多的客户信息,服务于更多的客户。

一般来讲,现代意义上的客户关系管理起源于 20 世纪 80 年代初提出的"接触管理"(Contact Management),即专门收集整理客户与企业联系的所有信息①。到 20 世纪 90 年代初期,则演变成为包括电话服务中心与支援资料分析的客户关怀(Customer Care)。经历了近 20 年的不断发展,客户关系管理不断演变、发展并趋向成熟,最终形成了一套完整的客户管理理论体系。

1.3.2 客户行为的变化

随着经济的发展,技术的进步,产品的不断推陈出新,消费者的思维方式、生活方式和行为方式不断发生变化,消费者的需求和购买方式也不断变化着,尤其是信息技术的飞速发展,带来了客户消费行为历史性和根本性的变革。互联网技术使客户选择权空前加大,消费者价值观的变迁,使得"快速、容易、便宜、人性化、方便、熟悉、安全"成为新时代的客户购买行为的七大准则。面对客户需求的多变与复杂性,企业间竞争日益激烈,企业必须积极采取措施应对消费观念和行为不断变化的客户,时刻准备着与消费者进行沟通与互动,密切关注消费者需求的变化,因而这种市场对企业的客观要求和对客户关系管理的发展起了推动作用。而且,社交网的快速发展,微信用户的日益增多,尤其是移动互联网的普及,使得人们的需求、消费行为、传递信息的方式、互动的模式发生深刻的变化。这些都对企业管理客户关系提出了新的要求和挑战。

---

① 段钢,马洪海,向华.企业客户关系管理的导入[J].统计与决策,2004(5):125.

1.3.3　企业内部管理的需求

通常,在很多企业,我们仔细地倾听一下,会从客户、销售、营销和服务人员、企业经理那里听到各种抱怨。

(1)来自销售人员的声音

从市场部提供的客户线索中很难找到真正的客户,我常在这些线索上花费大量时间。我是不是该自己来找线索? 出差在外,要是能看到公司电脑里的客户、产品信息就好了。我这次面对的是一个老客户,应该给他什么样的报价才能留住他呢?

(2)来自营销人员的声音

上一年在营销上花费了 2000 万元。我怎样才能知道这 2000 万元的回报率? 在展览会上,我们一共收集了 4700 张名片,怎么利用它们才好? 展览会上,我向 1000 多人发放了公司资料,这些人对我们的产品看法怎样? 其中有多少人已经与销售人员接触了? 我应该和那些真正的潜在购买者多多接触,但我怎么能知道谁是真正的潜在购买者? 我怎么才能知道其他部门的同事和客户的联系情况,以防止重复地给客户发放相同的资料? 有越来越多的人访问过我们的网站,但我怎么才能知道这些人是谁? 我们的产品系列很多,他们究竟想买什么?

(3)来自服务人员的声音

其实很多客户提出的电脑故障都是自己的误操作引起的,很多情况下都可以自己解决,但回答这种类型的客户电话占去了工程师的很多时间,工作枯燥而无聊,为什么其他部门的同事都认为我们的售后服务部门只是花钱而挣不来钱?

(4)来自客户的声音

我从企业的两个销售人员那里得到了同一产品的不同报价,哪个才是可靠的? 我以前买的东西现在出了问题,这些问题还没有解决,怎么又来上门推销? 一个月前,我通过企业的网站发了一封 E-mail,要求销售人员和我联系一下,怎么到现在还是没人理我? 我已经提出不希望再给我发放大量的宣传邮件了,怎么情况并没有改变? 我报名参加企业网站上刊登的一场研讨会,但一直没有收到确认信息,研讨会这几天就要开了,我是去还是不去? 为什么我的维修请求提出一个月了,还是没有等到上门服务?

(5)来自经理人员的声音

有个客户半小时以后就要来谈最后的签单事宜,但一直跟单的人最近辞职了,而我作为销售经理,对于这个客户的来龙去脉还一无所知,真急人;有三个销售员都和这家客户联系过,我作为销售经理,怎么知道他们都给客户承诺过什么;现在手上有个大单子,我作为销售经理,该派哪个销售员我才放心呢?这次的产品维修技术要求很高,我是一个新经理,该派哪一个维修人员呢?

上面的问题可归纳为两个方面的问题。首先,企业的销售、营销和客户服务部门难以获得所需的客户互动信息。其次,来自销售、客户服务、市场、制造、库存等部门的信息分散在企业内,这些零散的信息使得各部门无法对客户有全面的了解,难以在统一的信息的基础上面对客户。

在竞争日益激烈的买方市场环境下,在控制权逐渐从供应商向客户手中转移的同时,选择权也日益转移到客户手中,客户角色正在发生巨大变化,客户不再是被动的和单纯的交易者,已经发展成为企业增强网络的关键组成部分,他们参与企业产品与服务的开发,是企业的合作者,与企业一起创造价值,他们迫切需要与企业建立良好的持久的关系以创造更优的价值。

这需要各部门对面向客户的各项信息和活动进行集成,组建一个以客户为中心的企业,实现对面向客户的活动的全面管理。

1.3.4　竞争的压力

现代企业所面临的市场竞争无论在广度还是深度上都在进一步扩大,竞争空前激烈,竞争全球化,市场范围已经从区域扩展到全球,不仅仅包括行业内部已有的或潜在的竞争对手,在利益机制驱动下,许多提供替代产品或服务的竞争者、供应商和客户也加入了竞争者的链条。产品本身差异降低,竞争由产品转向服务,且随着产品的同质性越来越强,生命周期越来越短,竞争也越来越激烈、灵活,因此竞争的压力越来越大。很多企业在产品质量、供货及时性等方面已经没有多少潜力可挖。低成本、高质量的产品不再是保证企业立于不败之地的法宝,如何有效地避免客户的流失,强化企业与客户的关系已成为竞争的标准内容。内部挖掘已不足以产生明显竞争优势。

竞争的观念逐渐由以利润为导向发展到以客户为导向、保持持续竞争力为导向。因此企业开始意识到良好的客户关系在客户保留中所起的关键作用,并着手提升客户对企业的忠诚度。越来越多的企业认识到实施客户关系管理将大大有利于企业赢得新客户、保留老客户,提高客户利润贡献度,从而提高企业的核心竞争力。

1.3.5 信息技术的推动

计算机、通信技术、网络应用的飞速发展使得关系营销的理念发展到一个新的阶段,在某种程度上催生了客户关系管理的发展。企业办公自动化程度、员工计算机应用能力、企业信息化水平、企业管理水平的不断提高,为客户关系管理的实现创造了现实的条件。电子商务改变了企业做生意的方式,通过互联网,尤其是微信即可开展丰富多彩的营销活动,如向客户销售产品,提供售后服务,收集客户信息,与客户互动等,更重要的是这一切的成本可以很低。由于客户信息是客户关系管理的基础,所以随着信息技术中数据仓库、商业智能、知识发现等的发展,不仅使得收集、整理、加工和利用客户信息更加容易,而且质量得以大大提高,企业在客户关系管理上的投入时机成熟。另外,随着通信技术的发展,各类企业的通信成本将会不断降低,这将推动电话和网络进一步发展,进而推动类似于呼叫中心等客户关系管理模块的发展。而电话和网络的结合,也使得企业可以以统一的平台面对客户和管理客户。互联网使得每一个人改变生活行为方式,它将主动权从经营者手中转移到客户手中,企业的客户距其竞争者仅是点击一下鼠标之遥。虽然信息技术不是客户关系管理的全部,甚至不是决定性的要素,但客户关系管理所涉及的全部方法,无论是收集、分析信息,建模还是数据挖掘或者数据仓库,都是基于信息技术来展开的。

近年新的信息技术对企业的客户关系管理提供了更强大的技术支持,如云计算、大数据管理等。云计算的出现,为 CRM 满足各种需求提供了可能。不管是在业务成本还是业务敏捷性上都得到极大的满足,并开创出新的商业模式和市场机会。可以说,云计算将催生 CRM 产业发生一系列新的变革,CRM 服务提供商将突破传统 CRM 产品理念的局限,积极地向 SaaS[①]、在线、托管、SNS(社交网络服务)等新的领域扩展。而在线 CRM 是基于互联网模式、专为中小企业量身打造的在线营销管理、销售管理、整合客户生命周期的管理工具。

---

① SaaS 是 Software-as-a-Service(软件即服务)。SaaS 提供商业企业搭建所需要的所有网络基础设施及软件、硬件运作平台,并负责所有前期的实施、后期的维护等一系列服务,企业无需购买软硬件、建设机房、招聘 IT 人员,即可通过互联网使用信息系统。企业根据实际需要,向 SaaS 提供商租赁软件服务。

1.3.6　管理理念的更新

（1）企业管理的中心理念经历了五个阶段

第 1 阶段是"产值中心论"。当时的制造业处于鼎盛时期,市场状况为产品供不应求的卖方市场,这一阶段企业管理的中心理念就是产值管理。

第 2 阶段是"销售额中心论"。由于现代化大生产的发展,特别是经过了1929—1933 年经济危机和大萧条,产品的大量积压使企业陷入了销售危机和破产威胁,企业为了生存纷纷摒弃产值中心的理念,此时企业的管理实质上就是销售额的管理。为了提高销售额,企业在外部强化推销观念,对内则采取严格的质量控制来提高产品质量。

第 3 阶段是"利润中心论"。激烈的质量竞争使得产品的成本不断提高,促销活动使得销售费用上升,企业销售额不断增长,同时实际利润却不断下降。为此,管理的重点由销售额转向了利润的绝对值,管理的中心又从市场移向了以利润为中心的成本管理。

第 4 阶段是"客户中心论"。以利润为中心的管理一方面由于过分地强调企业利润和外在形象,而忽略了客户需求,导致客户的不满和销售量滑坡;另一方面,当企业无法或很难再从削减成本中获得更大利润时,就自然将目光转向了客户,企图通过削减客户的需求价值来维护其利润,企业管理由此进入了以客户为中心的管理,提出了"客户联盟"的概念,就是与客户建立双赢的关系,而不是千方百计地从客户身上谋取企业自身的利益。

第 5 阶段是"客户满意中心论"。随着工业经济社会向知识经济社会的过渡,经济全球化和服务一体化成为时代的潮流,客户对产品和服务的满意程度,成为企业发展的决定性因素,客户的满意就是企业效益的源泉。

（2）最终消费者价值选择的变迁经历了三个阶段

第 1 阶段是"理性消费时代"。这一时代的恩格尔系数较高,社会物质尚不充裕,人们的生活水平较低,消费者的消费行为是相当理智的,不但重视价格,而且更看重质量,此时,消费者价值的标准是"好"与"差"。

第 2 阶段是"感觉消费时代"。在这一时代,社会物质和财富开始丰富,恩格尔系数下降,人们的生活水平逐步提高,消费者的价值选择不再仅仅是经久耐用和物美价廉,而是开始注重产品的形象、品牌、设计和使用的方便性等,他们选择的标准是"喜欢"和"不喜欢"。

第 3 阶段是"感情消费时代"。随着科技的飞速发展和社会的不断进步,人们的生活水平大大提高,消费者越来越重视心灵上的充实和满足,更加注意追求在商品购买与消费过程中心灵上的满足感,在这一时代,消费者的价值选择是"满意"与"不满意"。

在西方的市场竞争中,企业领导者发现传统的以 4P(Product,生产;Price,价格;Place,销售地点;Promotion,促销方式)为核心由市场部门实现的营销方法越来越难以实现营销的目标。而 CRM 就是工业发达国家对以客户为中心的营销的整体解决方案,它在注重 4P 关键要素的同时,将营销重点从客户需求进一步转移到客户保持上,并且保证企业将适当的时间、资金和管理资源直接集中在这两个关键任务上,反映出在营销体系中各种交叉功能的组合。

在信息时代,互联网带来的不仅是一种手段,它触发了企业组织架构、工作流程的重组以及整个社会管理思想的变革。业务流程的重新设计为企业的管理创新提供了一个工具。在引入客户关系管理的理念和技术时,不可避免地要对企业原来的管理方式进行改变,变革、创新的思想将有利于企业员工接受变革,而业务流程重组则提供了具体的思路和方法。

综上所述,客户决定着企业的一切:经营模式、营销模式、竞争策略。客户的一举一动都应该引起企业的特别关注,否则企业有可能会失去稍纵即逝的发展机遇。而无论企业的产品好到什么程度,客户就是市场,是企业竞争的唯一导向。如何才能在强者如云的竞争环境中捕捉到客户的有效需求、维持长期的合作关系呢? 企业迫切需要一种崭新的经营指导思想和一个可操作的指导方法来帮助提升处理客户关系的能力。这些都是"客户关系管理"理论所要解释的内容。

1.4 客户关系管理的内容、作用和目标

1.4.1 客户关系管理解决的问题

从客户关系管理产生的背景来看,它为企业解决的问题主要体现在以下四个方面:

(1)选择对待客户的方式和从客户身上得到的收益。

(2)本质上它是一种整体营销管理,是以客户为导向的企业营销管理的系统工程。

(3)它是一种以客户为中心、以信息技术为手段,对业务功能进行重新设计,并对工作流程进行重组的经营策略。

（4）它是一个以低成本来获取客户，并有效地留住客户，实现客户利润率、行为满意度和忠诚度最大化的过程。

客户关系管理要解决以上四个方面的问题，其整体解决思路如图 1-5 所示。

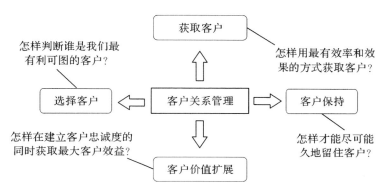

图 1-5　客户关系管理解决的问题及其思路

从图 1-5 中可以看出，客户关系管理可以解决企业营销大环境下各业务协调中的矛盾：在许多企业，前台的业务领域与后台部门是分开的，销售、营销、客户服务之间很难协同地对待客户，而客户关系管理的理念要求企业完整地认识整个客户生命周期，它能提供与客户沟通的统一平台，提高员工与客户的接触效率，并能及时获取客户的反馈信息。

1.4.2　客户关系管理的主要内容

客户关系管理中的"管理"（management）一词，直接说明了客户关系管理不只是一套软件，而是企业管理的范畴，它涉及企业的运营战略、业务流程、企业文化等各个方面。

众所周知，企业管理的核心是对企业的各种资源进行有效整合，以实现企业所确定的既定目标。而对于客户关系管理而言，其中的"管理"指的是对客户资源，以及客户关系的生命周期要积极地介入和控制，使客户关系能最大限度地帮助企业实现它所确定的经营目标。具体来讲，客户关系管理中"管理"一词，一方面是指企业要积极地而不是消极地管理这种关系，没有关系时要想办法"找关系"，有关系时，应培养和发展这种关系，使客户和企业双方向良好的互利关系转变，并使关系永久化；另一个方面是指企业要利用最大资源去发展和维持最重要的客户关系,即要区别对待具有不同潜在回报率的客户关系,而不是面面俱到。

根据上述理解,客户关系管理的内容主要是企业与客户如何建立、发展、维护和优化关系,它是管理学、营销学、社会学相结合的产物,它将管理的视野从企业内部延伸、扩展到企业外部,是企业管理理论发展的一个新领域,其主要内容包括如下五个方面。

(1)如何建立客户关系。它包括三个环节:对客户的认识,对客户的选择,对客户的开发(将目标客户和潜在客户开发为现实客户)。

(2)如何维护客户关系。它包括五个环节:对客户信息的掌握,对客户的分级,与客户进行互动与沟通,对客户进行满意度分析,并想方设法实现客户的忠诚。

(3)如何挽回客户关系。在客户关系破裂时,如何恢复和挽回即将流失的客户。

(4)如何建设和应用 CRM 系统。它包括如何应用呼叫中心、数据仓库、数据挖掘、商务智能、互联网、电子商务、移动设备、无线设备等现代技术工具来辅助客户关系管理。

(5)如何实现客户关系管理战略。这包括如何进行基于客户关系管理理念下的销售、营销,客户服务与支持的业务流程重组、经营方式转变和人员机构设置,以及如何实现 CRM 软件系统与其他信息化技术管理手段〔如 ERP、OAZ(Office Automation,办公自动化)、SCM(Supply Chain Management,供应链管理)、KMS(Key Management Service,密钥管理服务)〕的协同与整合。

1.4.3 客户关系管理的重要作用

客户关系管理的作用总体上可归纳为三个:提高效率、拓展市场和保留客户。

(1)提高效率。企业通过采用信息技术,可以提高业务处理流程的自动化程度,实现企业范围内的客户信息共享,使企业的销售、营销、服务等工作能够高效运转。

(2)拓展市场。企业通过新的业务模式(电话、网络)扩大企业经营活动范围,及时把握新的市场机会,占领更多的市场份额。

(3)保留客户。客户可选择喜欢的方式同企业进行交流,方便地获取信息以得到更好的服务。客户的满意度得到提高,可以帮助企业保留更多的老客户,并更好地吸引新客户。

1.4.4　客户关系管理的"三维"发展目标

客户关系管理的发展体现在三个方面:第一,挖掘、获得、发展和避免流失有价值的现有客户;第二,更好地认识实际或潜在的客户;第三,避免或及时处理"恶意"客户。

如图1-6所示,客户关系经过三个维度的发展,实现了客户关系在"更多""更久""更深"三个方向的全面发展。其中:

"更多"意味着客户关系数量的增加,即通过挖掘和获取新的客户、挽回流失的客户和识别出新的细分市场等来增加企业所拥有的客户关系的数量,如图1-6(a)所示。

"更久"表示现有客户关系的寿命的延长,即通过培养客户忠诚、挽留有价值的客户关系、减少客户流失、改变或放弃无潜在价值的客户等来延长关系寿命的平均长度,发展与客户的长期关系,如图1-6(b)所示。

"更深"意味着现有客户关系质量的提高,即通过交叉销售和刺激客户的购买倾向等手段使客户购买的数量更多、购买的品种和范围更广,从而加深企业与客户之间的客户关系,提高客户关系的质量,如图1-6(c)所示。

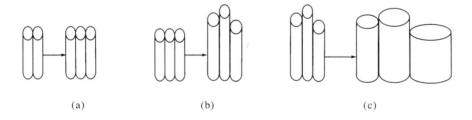

(a)　　　　　　　(b)　　　　　　　(c)

图 1-6　客户关系发展的三个维度

复习思考

1. 什么是客户关系管理?如何全面地理解其真正的内涵?
2. 客户关系管理的快速发展,主要是得益于哪些主要因素?
3. 客户关系管理所要解决的问题是什么?主要包括哪些内容?
4. 客户关系管理具有什么重要作用?
5. 客户关系管理的目标是什么?

星巴克的客户关系

星巴克是一个奇迹,它可能是过去 10 年里成长最快的公司之一,而且增长势头没有丝毫减缓的迹象。自 1992 年在纳斯达克公开上市以来,星巴克的销售额平均每年增长 20% 以上。在过去 10 年里,星巴克的股价上涨了 2200%。星巴克也是世界上增长最快的品牌之一,它是《商业周刊》评选出的"全球品牌 100 强"最佳品牌之一,其品牌价值与上年相比增长 12%,是为数不多的在如此恶劣的经济环境下仍能保持品牌价值增长的公司。

不过,星巴克品牌引人注目的并不是它的增长速度,而是它的广告支出之少。星巴克每年的广告支出仅为 3000 万美元,约为营业收入的 1%,这些广告费用通常用于推广新口味咖啡饮品和店内新服务,譬如店内无线上网服务等。与之形成鲜明对比的是,同等规模的消费品公司的广告支出通常高达 3 亿美元。

星巴克成功的重要因素是它视"关系"为关键资产,公司董事长舒尔茨一再强调,星巴克的产品不是咖啡,而是"咖啡体验"。与客户建立关系是星巴克战略的核心部分,它特别强调的是客户与"咖啡大师傅"的关系。

舒尔茨认识到"咖啡大师傅"是为客户创造舒适、稳定和轻松的环境中的关键角色,那些站在咖啡店吧台后面直接与每一位客户交流的吧台师傅决定了咖啡店的氛围。为此,每个"咖啡大师傅"都要接受培训,培训内容包括客户服务、零售基本技巧以及咖啡知识等。"咖啡大师傅"还要预测客户的需求,并在解释不同的咖啡风味时与客户进行目光交流。

认识到员工是向客户推广品牌的关键,星巴克采取与市场营销基本原理完全不同的品牌管理方式。星巴克将在其他公司可能被用于广告的费用投资于员工福利和培训。1988 年,星巴克成为第一家为兼职员工提供完全医疗保险的公司。1991 年,它又成为第一家为兼职员工提供股票期权的公司。星巴克的股票期权被称为"豆股票"(bean stock)。在舒尔茨的自传《星巴克咖啡王国传奇》中,他写道:"豆股票及信任感使得职员自动、自发地以最大热忱对待客人,这就是星巴克的竞争优势。"星巴克的所有员工,不论职位高低,都被称为合伙人,因为他们都拥有公司的股份。

星巴克鼓励授权、沟通和合作。星巴克公司总部的名字为"星巴克支持中心",这表示对于那些在星巴克店里工作的"咖啡大师傅们"来说,公司管理层的工作是为他们提供信息与支持。星巴克鼓励分散化决策,并将大量的决策放到地区层面,这给员工很大的激励。许多关键决策都是在地区层面完成的,每个地区的员工就新店开发与总部密切合作,帮助识别和选定目标人群,他们与总部一起完成最终的新店计划,保证新店设计能与当地社区文化一致。星巴克的经验显示,在公司范围内沟通文化价值和最佳实践是建立关系资产的关键部分。

另外,客户在星巴克消费的时候,收银员除了录入品名、价格以外,还要在收银机输入客户的性别和年龄段,否则收银机就打不开。所以公司可以很快知道客户消费的时间、消费了什么、金额多少、客户的性别和年龄段等。除此之外,公司每年还会请专业公司做市场调查。

星巴克也通过反馈来增强与客户的关系。每周,星巴克的管理团队都要阅读原始的、未经任何处理的客户意见卡。一位主管说:"有些时候我们会被客户所说的吓一跳,但是这使得我们能够与客户进行直接的交流。在公司层面上,我们非常容易失去与客户的联系。"

星巴克将其关系模型拓展到供应商环节。现在,许多公司都将非核心业务剥离,这使得它们与供应商的关系变得极其关键,特别是涉及关键部件的供应商。有些公司把所有完成的交易都视为关系,但是真正优秀的公司都认识到,商业交易和真正的关系之间存在着巨大的差别,即是否存在信任,它们都投入大量的资源去培养与供应链上的合作伙伴之间的信任。

星巴克倾向于建立长期关系,它愿意通过与供应商一起合作来控制价格,而不仅仅是从外部监控价格,它投入大量的时间与金钱来培育供应商。在星巴克看来,失去一个供应商就像失去一个员工,因为你损失了培育他们的投资。星巴克对合作伙伴的选择可以说非常挑剔,但一旦选择过程结束,星巴克就非常努力地与供应商建立良好的合作关系。第一年,两家公司的高层主管代表通常会进行三到四次会面,之后,每年或每半年进行战略性业务回顾以评估这种合作关系。产品和产品的领域越重要,参与的主管级别就越高。

资料来源:笔者根据网上资料整理而得。

案例讨论

1. 星巴克的客户理念是什么?
2. 星巴克是怎样管理客户关系的?

本章实训

一、实训的内容

1. 企业调查题

请你通过相关关系,联系 2~3 家企业,对其客户关系管理工作开展情况进行调研,并写出初步的调查提纲和最终的调查报告。根据实际调研的结果,对如下问题进行分析:

(1)如果你认为某一个/几个企业的客户关系管理工作开展得好,请介绍其主要做法。

(2)如果你调查的某一个/几个企业没有开展客户关系管理工作,请分析其主要原因。

(3)如果你认为某一个/几个企业的客户关系管理工作已经开展,但是效果很差,请帮助诊断其中的原因,并根据本章所讲知识和所举案例,给这些企业提一些合理化建议。

2. 文献搜索题

通过查阅相关文献,系统了解客户关系管理的基本内容,深入了解客户关系管理的含义、作用和功能;并了解 CRM 软件系统的发展情况、主要厂商、产品定位,以及目前的主要研究热点。

3. 案例搜集题

通过网上搜索引擎检索或者查阅相关文献,找出更多的企业应用 CRM 软件系统的案例,并根据案例内容,模仿本章上面“案例分析”的格式,设计讨论题目,并在同学之间进行交流。

二、实训的组织

1. 全班分为若干个小组(4~6 人为一组),采用组长负责制,组员合理分工、团结协作。

2. 可以通过进行实地调查获取相关资料和数据,也可以采用第二手资料。

3. 小组内部充分讨论,认真分析研究,形成小组的实训报告。

4. 汇报小组需要制作一份 15 分钟左右的 PPT 文件在课堂上进行演示交流,汇报后其他小组可提出质询,台上台下进行互动。

三、实训步骤

1. 指导教师布置实训项目,指出实训的要点和注意事项。
2. 各组明确实训任务,制订执行方案,请教师指导通过之后执行。
3. 小组成员分工明确,广泛收集资料和数据,共同完成实训报告。
4. 实训汇报。
5. 教师对每组实训报告和课堂讨论情况即时进行点评和总结。

第2章 客户识别、开发与分类

水果小贩的哲理

　　一位老太太每天去菜市场买菜和水果。一天早晨,她提着篮子,来到菜市场,遇到第一个小贩。卖水果的问她:"您要不要买一些水果?"老太太说:"你有什么水果?"小贩说:"我这里有李子、桃子、苹果、香蕉,你要买哪种呢?"老太太说:"我正要买李子。"小贩赶忙介绍:"我这个李子,又红又甜又大,特好吃。"老太太仔细一看,果然如此。但她却摇摇头,没有买,走了。

　　老太太继续在菜市场转,遇到第二个小贩。这个小贩也像第一个一样,问老太太买什么水果,老太太说买李子。小贩接着问:"我这里有很多李子,有大的,有小的,有酸的,有甜的,你要什么样的呢?"老太太说:"要买酸李子。"小贩说:"我这堆李子特别酸,你尝尝。"老太太一咬,果然很酸,满口的酸水。老太太受不了了,但李子越酸越高兴,马上买了一斤李子。

　　但老太太没有回家,继续在市场转,遇到第三个小贩。同样,这个小贩问老太太买什么(探寻基本需求),老太太说买李子。小贩接着问:"你买什么李子?"老太太说:"要买酸李子。"但他很好奇,又接着问:"别人都买又甜又大的李子,你为什么要买酸李子?"(通过纵深提问挖掘需求)老太太说:"我儿媳妇怀孕了,想吃酸的。"小贩马上说:"老太太,你对儿媳妇真好!儿媳妇想吃酸的,就说明她想给你生个孙子,所以你要天天给她买酸李子吃,说不定真给你生个大胖小子!"老太太听了很高兴。小贩又问:"那你知道不知道这个孕妇最需要什么样的营养?"(激发出客户需求)老太太不懂科学,说不知道。小贩说:"其实孕妇最需要维生素,因为她需要供给胎儿维生素。所以光吃酸的还不够,还要多补充维生素。"他接着问:"那你知不知道什么水果含维生素最丰富?"(引导客户解决问题)老太太还是不知道。小贩说:"水果之中,猕猴桃含维生素最丰富,所以你要经常给儿媳妇买猕猴桃才行! 这样的话,确保你儿媳妇生出一个漂亮健康的宝宝。"老太太一听很高兴,马上买了一斤猕猴桃。当老太太要离开的时候,小贩说:"我天天在这里摆摊,每天进的水果都是最新鲜的,下次来就到我这里来买,还能给你优惠。"从此以后,这个老太太每天在他这里买水果。

资料来源:根据网上资料整理而得.需求背后的需求——水果小贩的营销策略[Z]. 2003-09-05. http://info. ceo. hc360. com/2003/09/050931657. shtml.

思考: 三个小贩客户理念有什么差异? 优秀店员还可以做什么?

2.1　客户识别

随着企业间竞争的日趋激烈,客户有了越来越大的选择自由,同时消费需求也日益呈现出多样化、复杂化、个性化等趋势。客户的选择决定着企业的未来和命运,任何企业要想在激烈的市场竞争中求得生存和发展,就要设法吸引消费者,使其成为自己的客户,并尽力与其建立长期的、良好的关系,达到长期、稳定发展的目的。但是,假如不知道哪些客户是重要的,哪些客户是最有潜力的,那么客户关系管理将无从谈起。因此,客户识别成了客户关系管理实际运作过程中不可缺少的管理技术。

客户识别是客户关系管理的前提条件,对于一些有潜力、有价值的关键客户,企业若不能准确识别,就会失去建立和发展客户关系的机会。

2.1.1　客户识别的概念

在企业资源有限的情况下,如何把有限的资源分配在对企业利润贡献较大以及非常具有潜力的客户群体上,放弃或部分放弃那些对企业利润没有贡献,甚至使企业亏损、浪费企业资源的客户,将成为企业管理者不得不考虑的问题。所以客户关系管理的核心内容之一就是客户识别,它直接影响企业是否能成功地实施 CRM。

对于 CRM 来说,客户识别就是通过一系列技术手段,根据大量客户的个性特征、购买记录等可得数据,找出谁是企业的潜在客户、客户的需求是什么、哪类客户最有价值等,并把这些客户作为企业 CRM 的实施对象,从而为企业成功实施 CRM 提供保障。

一般情况下,客户识别的含义具体有两个方面:首先是它定义了客户范围,这里的客户不单指产品的最终用户,还包括企业供应链上的任何一个环节,如供应商、分销商、经营商、批发商和代理商、内部客户等成员;其次是它明确了客户的类别和属性,不同客户对企业利润贡献差异很大,满意度和流失率都大不相同。

国内某证券企业在解决客户资料分析方面的问题时发现,他们的大客户虽然仅占公司总客户的 20%,但却占了公司利润来源的 80%。换言之,有八成客户是让公司几乎赚不到多少钱的。这充分验证了二八定律,即在顶部的 20% 的客户创造了公司 80% 的利润。因此,与其耗费大量精力和成本追逐每一个客户,不如明智地预先识别客户,定位客户群之后,再低成本、高效率地挖掘高价值、高潜力的优质客户,通过合理的客户发展策略来建立良好的客户关系。

2.1.2 客户识别的作用

1. 不是所有的购买者都是企业的目标客户

由于不同客户需求的差异性和企业本身资源的有限性,每个企业能够有效地服务客户的类别和数量是有限的,市场中只有一部分客户能成为企业产品或服务的实际购买者,其余则是非客户。既然如此,在那些不愿意购买或者没有购买能力的非客户身上浪费时间、精力和金钱,将有损企业的利益。相反,企业如果准确选择属于自己的客户,就可以减少花费在非客户上的成本,从而减少企业资源的浪费。

2. 不是所有的购买者都能给企业带来收益

传统观念认为"登门的都是客",企业认为所有客户都重要,因而盲目扩大客户的数量,而忽视客户的质量。事实上,客户天生就存在差异,有优劣之分,不是每个客户都能够带来同样的收益,都能给企业带来正价值。一般来说,优质客户带来大价值,普通客户带来小价值,劣质客户带来负价值,甚至还可能给企业带来很大的风险,或将企业拖垮。

3. 正确识别客户是成功开发客户的前提

企业如果选错了客户,则开发客户的难度将会加大,开发成本将增高,开发成功后维持客户关系的难度也较大,维护成本也会较高,企业很难为客户提供适宜的产品。另一方面,客户也会不乐意为企业买单。相反,企业如果经过认真识别,选准了目标客户,那么开发客户、实现客户忠诚的可能性就很大,开发客户和维护客户的成本才会降低。

4. 目标客户的识别有助于企业的准确定位

不同客户群是有差异的,企业如果没有识别客户,就不能为确定的目标客户开发恰当的产品或者服务。另一方面,形形色色的客户共存于同一家企业,也可能会造成企业定位混乱,从而导致客户对企业形象产生模糊不清的印象。例如,一个为专业人士或音乐发烧友生产高保真音响的企业,如果出击"大众音响"的细分市场无疑是危险的,因为这样会破坏它生产高档音响的专家形象。同样,五星级酒店在为高消费的客户提供高档服务的同时,也为低消费的客户提供廉价的服务,就可能令人对这样的五星级酒店产生疑问。

总之,不是所有的购买者都是企业的客户,不是所有的客户都能够给企业带来收益,成功开发客户、实现客户忠诚的前提是正确选择客户。而对客户不加选择可能造成企业定位模糊不清,不利于树立鲜明的企业形象。因此,企业应当对客户加以选择。

2.1.3　优质客户的识别标准

企业选择目标客户时,要尽量选择优质客户,但是,什么是优质客户呢?

1. 优质客户与劣质客户的不同表现

优质客户指的是本身的"素质"好,对企业贡献大的客户。他们是能不断产生收入流的个人、家庭或公司,其为企业带来的长期收入应该超过企业长期吸引、销售和服务该客户所花费的可接受范围内的成本。一般来说,优质客户要满足以下条件:

(1)购买欲望强烈、购买力强,有足够大的需求量来吸收企业提供的产品或者服务。

(2)能够保证企业盈利,对价格的敏感度较低,支付款及时,有良好的信誉。

(3)客户服务成本的相对比例值较低,最好不需要过多的额外服务成本。

(4)能够正确处理与企业的关系,忠诚度高,经营风险小,有良好的发展前景。

(5)让企业做擅长的事,通过提出新的要求,友善地教导企业如何超越现有的产品或服务,从而提高企业产品的技术创新和业务服务水平,并积极与企业建立长期伙伴关系。

【阅读材料】

银行贷款时选择优质客户的主要标准：

·法人治理结构完善,组织结构与企业的经营战略相适应,机制灵活、管理科学。

·有明确可行的经管战略,目前的经营状况良好,经营能力强。

·与同类型客户相比,有一定的竞争优势。

·财务状况优良,财务结构合理,现金回流快。

·属于国家重点扶持或鼓励发展的行业,符合产业技术政策的要求。

·产品面向稳定增长的市场,拥有有力的供应商和畅通的销售网络与渠道。

相对来说,劣质客户一般满足以下几个条件:

(1)只向企业购买很少一部分产品或服务,但要求很多,花费企业高额的服务费用。

(2)不讲信誉,给企业带来坏账、诉讼等,给企业带来负效益。

(3)让企业做不擅长或做不了的事,分散企业的注意力,使企业改变战略方向。

应当注意,优质客户与劣质客户是相对的,只要具备一定条件,他们有可能相互转化,优质客户会变成劣质客户,劣质客户也会变成优质客户。

2. 大客户不一定等同于优质客户

大客户因为购买量大,往往成为所有企业关注的重点。但是,如果认为所有的大客户都是优质客户,而不惜一切代价地争抢和保持大客户,企业就要为之承担一定风险。

(1)较大的财务风险。大客户在付款方式上通常要求赊销,这就容易使企业产生大量的、长期的应收账款,大客户也容易成为"欠款大户",使企业承担坏账的风险。

(2)较大的利润风险。客户越大,脾气、架子就越大,所期望获得的利益也大。另外,某些大客户还会凭借其强大的买方优势和砍价实力,或利用自身的特殊影响与企业讨价还价,向企业提出诸如恶意减价、价格折扣、强索回扣、提供超值服务甚至无偿占用资金等方面的额外要求。因此,这些订单量大的客户往往不但没有给企业带来大的价值,没有为企业带来预期的盈利,反而使企业陷于被动局面,降低了企业的获利水平。

（3）较大的管理风险。大客户往往容易滥用其强大的市场运作能力，扰乱市场秩序（如窜货、私自提价或降价等），给企业管理造成负面影响，并可能影响小客户的生存。

（4）较大的流失风险。一方面，激烈的市场竞争往往使大客户成为众多商家尽力争夺的对象，大客户因而很容易被腐蚀、利诱而背叛。另一方面，在经济过剩的背景下，产品或者服务日趋同质化，大客户选择新的合作伙伴的风险不断降低。这两个方面决定大客户流失的可能性加大了，他们随时都可能叛离企业。同时，大客户往往拥有强大的实力，容易采取纵向一体化战略，自己开发品牌，这就存在着他们"自立门户"的风险。

3. 小客户也有可能是优质客户

在什么样的客户是好客户的标准上，要从客户的终身价值来衡量。实际上，小客户不等于劣质客户，过分强调当前客户给企业带来的利润，其结果有可能会忽视客户将来的合作潜力。因为今天的优质客户也经历过创立阶段，也有一个从小到大的过程。衡量客户对企业的价值要用动态的眼光，要从成长性、增长潜力及其对企业的长期价值来判断。例如，家电经销商国美在初创时并不突出，但有着与众不同的经营风格，如今已经成长为家电零售"巨鳄"。同样，2000 年成立的百度在短短数年间从一个名不见经传的小企业成长为一个大企业，它们都是从"蚂蚁"企业成长为"大象"企业的实例。

【阅读材料】

IBM 公司弃"小"的短视

在 20 世纪 80 年代初期，个人计算机还是一个很小的市场，那时 IBM 公司最有价值的客户是主机用户，因此，IBM 公司决定放弃追求个人计算机这个小市场，虽然它在这个市场上有绝对的优势。

然而，个人计算机市场却是 30 多年中增长最快的市场之一，并且主宰了整个计算机市场。微软因生产个人计算机软件而成为世界上最大的公司之一，戴尔、联想和许多其他公司则因为生产个人计算机而享誉全球。相反，IBM 公司则错失良机，在个人计算机市场上越来越落后于竞争对手，最终只有主动出局。

2.2　搜寻潜在客户

2.2.1　潜在客户定义及必备要素

所谓潜在客户,是指对某类产品(或服务)存在需求且具备购买能力的待开发客户,这类客户与企业存在着销售合作机会。经过企业及销售人员的努力,可以把潜在客户转变为现实客户。

潜在客户必须具备两个要素:一是用得着,二是买得起。

首先要用得着,或者说需要这样的消费。不是所有的人都需要你的产品,需要的人一定是一个具有一定特性的群体,如大型交换机的用户对象是集团、社团、企业等组织,有谁会去买一台交换机放在家里呢?

其次是买得起。对于一个想要又掏不出钱的潜在客户,你再多的努力最后也不能成交。例如,在保险业,如把保险销售给一个维持最低生活标准的家庭,按理说他们很需要保险,但无论你的技巧有多高明,结局也一般是被拒绝的。

2.2.2　研究潜在客户的意义

1. 研究潜在客户是经营性组织机构连接市场营销和销售管理的纽带

目标市场的细分与定位一直以来都是市场营销学研究的内容,而客户管理与开发往往是销售管理的主要内容,两者之间必然有一个纽带代为传递与转换,这个纽带就是潜在客户的定义与研究。可以说,研究潜在客户是市场营销学中市场细分的落脚点,也是一切销售活动的起点。

2. 研究潜在客户有助于经营性组织机构有针对性地开展一切经营管理活动

当经营性组织机构一旦非常明晰潜在客户时,他的一切经营管理的运作就会更趋于理智,趋于科学,从而避免盲目地开发和生产产品或提供多余的服务,最大限度地降低企业经营风险。同时,也可以使销售工作有的放矢而更加高效。

如果对潜在客户知之不准、知之不多、知之不细、知之不实,那么经营性组织机构的一切经营活动就会趋于盲目的境地。新开发的产品得不到客户的认同,销售业绩得不到增长。

3. 研究潜在客户是经营性组织机构识别市场机会、抢夺先机、寻找新的增长点的关键和基础前提

成功的经营性组织机构无不是从研究潜在客户开始,发现潜在客户的真正需求,并识别市场而奠定胜局的。如果海尔公司没有研究潜在客户,并及时发现四川农民需要一种洗地瓜和土豆的洗衣机的需求的话,那么海尔公司就不会那么迅速地占领四川,乃至整个中国西南部的广大市场,就不会出现新产品一上市便被抢购一空的情景了。因此,市场机会是所有经营性组织机构的生命线。一旦抓住了市场机会,经营性组织机构就能先人一步,早早掌握市场竞争的主动权。而这一切都归功于早期对潜在客户的研究。

4. 研究潜在客户有助于经营性组织机构实施客户满意的经营策略

客户满意经营策略是经营性组织机构以客户满意为基础而开展的日常经营活动,又以客户满意作为目标来检验经营性组织机构的经营活动效果。特别是在新经济条件下,实施客户满意战略已经成为现代企业开展经营活动的基本原则,它是企业克敌制胜、压倒对手、占领市场和开辟财源的锐利武器。

然而,要实施客户满意战略,就要从认识客户入手,就要对潜在客户进行研究,并从中找出真正影响客户满意的关键因素。否则,在潜在客户是谁都不知道的情况下,"客户满意"就无从谈起。

2.2.3　寻找潜在客户的"MAN"原则

M:money,代表"金钱",所选择的对象必须有一定的购买能力。

A:authority,代表"购买决定权",指购买对象对购买行为有决定、建议或反对的权力。

N:need,代表"需求",指购买对象有这方面(产品、服务)的需求。

潜在客户应该具备以上特征,但在实际操作中,会碰到很多情况,应根据具体状况采取具体对策。表 2-1 给出了潜在客户"MAN"状况。

表 2-1　潜在客户"MAN"状况

购买能力	购买决定权	需求
M(有)	A(有)	N(大)
m(无)	a(无)	n(小)

M+A+N:是有成功希望的客户,理想的销售对象。

M+A+n:可以接触,配上熟练的销售技术,有成功的希望。

M＋a＋N:可以接触,并设法找到具有 A 之人(有决定权的人)。

m＋A＋N:可以接触,需调查其业务状况、信用条件等。

m＋a＋N:可以接触,应长期观察培养,使之具备另一条件。

m＋A＋n:可以接触,应长期观察培养,使之具备另一条件。

M＋a＋n:可以接触,应长期观察培养,使之具备另一条件。

m＋s＋n:非潜在客户,停止接触。

由此可见,潜在客户有时在欠缺了某一条件(如购买力、购买决定权或需求)的情况下仍然可以开发,只要应用适当的策略,便能使其成为企业的新客户。

2.3　目标客户开发

目标客户指企业提供产品和服务的对象。随着经济的发展和市场的日益成熟,市场的划分越来越细,以至于每项服务都要面对不同的需求。企业应当根据每一项产品和服务选择不同的目标客户。只有确定了消费群体中的某类目标客户,才能具有针对性地开展营销并获得成效。

潜在客户与现实客户互为前提、互为条件,作为企业目标客户群体的组成部分,共同作用于市场和企业。

2.3.1　寻找目标客户的主要方法

在寻找目标客户过程中,企业要熟练掌握和灵活运用以下一些常用的实际操作方法。

1. 逐户访问法

逐户访问法是指推销人员在所选择的目标客户群活动区域内,对目标客户进行挨家挨户的访问。采用此法成功开发客户的数量与访问人数成正比,要想获得更多客户,就得访问更多的人。

【阅读材料】

能够获得被访客户好感的常见做法

(1)注意礼貌。与客户问候要面带微笑,打招呼要有礼貌,适当地尊称对方,或热情地称呼名字。

(2)学会感谢。推销人员首先应感谢对方的接待,语气要热忱有

力,要对客户做出具体、真诚的称赞,而不要随便奉承——如果做不
到,就不要勉强,宁可省略,否则会产生反效果。

(3)做好介绍。推销人员应大大方方地介绍自己的公司,介绍自
己的名字,自信地说出拜访的理由,对自己上门推荐的产品和服务要
认真熟练地介绍,并认真回答对方的疑问,展现专业素养并让客户产
生信服感。

(4)吸引。推销人员应说一些对方感兴趣的话题,或者告诉客户
一些有用的信息,或者使客户获得一些实在的利益,或者为客户解决
有关问题,或者向客户请教,以激发客户的兴趣。

另外,逐户访问法本身存在一定的优点和缺点,如表 2-2 所示,需要进行
合理应用。

表 2-2　逐户访问法的优点和缺点

优　点	缺　点
在目标客户中不放过任一有可能成交的客户,可借机进行市场调查,了解目标客户需求倾向; 企业与各类客户打交道并积累经验的好机会	家庭或单位出于安全考虑,一般多会拒绝访问; 需耗费大量的人力,若赠送样品则成本更高; 推销人员为人处世的素质和能力是关键

2. 会议寻找法

会议寻找法是指推销人员到目标客户出席的各种会议中,如订货会、采购
会、交易会、展览会和博览会,捕捉机会与目标客户建立联系,从中寻找开发客
户机会的方法。例如,出版社利用"全国书市"聚集全国各地的大小书店、图书
馆等的机会,与他们接触、交谈,争取把他们培养成为自己的客户。运用会议
寻找法时要注意技巧,否则有时容易引起对方的反感。

3. 特定场所寻找法

"物以类聚、人以群分",每个人都有自己的小圈子和自己特定的活动场
所,因此,如果能够进入目标客户的社交圈子,对其的开发工作也就容易进行
了,胜算也大一些。例如,打高尔夫球的一般是高收入阶层的人士,有个叫小
张的保险推销员为了能够接触到这类人士,很用心,也花了不少钱,参加了一
家高尔夫球俱乐部,这使得他有机会经常与这些高收入人士交流球技,与他们
做朋友……结果,他签到了许多大的保险单。

【阅读材料】

几种快速接近客户的方法

（1）馈赠接近法。它是指通过赠送礼物来接近客户的方法，此法比较容易博得客户的欢心，取得他们的好感，从而拉近推销员与客户的关系，而且客户也比较乐于合作。

（2）赞美接近法。它是指利用客户的虚荣心，以称赞的语言博得客户好感，从而接近客户的方法。需要注意的是，推销人员称赞客户时要真诚、要恰如其分，切忌虚情假意，否则会引起客户的反感。

（3）服务接近法。它是指通过为客户提供有效的、符合需要的服务，如维修服务、信息服务、免费试用服务、咨询服务等来博得客户的好感，赢得客户的信任，从而接近客户的方法。

（4）求教接近法。它是指利用对方好为人师的特点，通过请客户帮忙解答问题，从而接近客户。但是，推销人员要提对方擅长的问题，而不要考问对方，在求教后要及时、自然地将话题导入有利于促成交易的谈话中。

4．人际关系网寻找法

人际关系网寻找法是指推销人员将自己接触过的亲戚、朋友列出清单，然后拜访，争取在其中寻找自己的客户。每个人都有一个关系网，如同学、同乡、同事等，因此可以依靠人际关系网进行客户开发。该方法的优点、缺点以及运用时候的注意事项如表 2-3 所示。

表 2-3　人际关系网寻找法的优缺点和注意事项

优　点	缺　点	注意事项
容易接近，不需要过多的寒暄和客套即可切入主题； 较易成功，比陌生拜访的成功率要高出许多倍	因为是亲朋好友，可能会害怕遭拒绝、丢面子而不敢提出； 碍于面子，有时候进行价格交涉时，患得患失，难以开口	为亲友负责，绝不欺骗、隐瞒，否则将众叛亲离； 绝不强迫营销，要提供最优质的服务

5．介绍寻找法

介绍寻找法是指企业通过老客户的介绍来寻找目标客户的一种方法。人与人之间有着普遍的交往与联系，消费需求和购买动机常常互相影响，同一个社交圈内的人可能具有某种共同的消费需求。只要取得现有客户的信任，给以他们一定的好处(给予优惠待遇和一定比例提成),就可以通过现有客户的自愿介绍,向其亲朋好友进行产品推荐,寻找到目标客户。

【阅读材料】

　　李女士是×××康养公司老客户介绍的朋友,平时非常喜欢旅游,经常跟着朋友去公司旗下的基地度假,对公司也有一定的了解,也考虑加入公司的会员。在一次公司举办客户答谢会的时候,被邀请参加后感觉公司的氛围非常好,听了公司的介绍后对公司的整体情况也非常信任。后来李女士多次参加公司的旅游活动,去公司的康养基地考察了解,公司有大型的活动都会邀请她参加,通过和公司老客户多次接触交流,李女士进一步增强了对公司的信任感。李女士生日当天,突然收到服务专员给她准备的生日蛋糕和一束鲜花,非常感动,最终下定决心加入×××康养温暖的大家庭。

此外,商业伙伴也可以帮助介绍和推荐。企业与其进货的"上家"和销售的"下家"都处在同一利益链中,很容易因"唇亡齿寒"的"同伴意识"而"互相捧场",如果能利用这种心态和利害关系,请"上家"和"下家"帮助介绍客户,将会有不小的收获。

【阅读材料】

吉拉德和他的"250 人法则"

　　乔·吉拉德是美国著名的汽车推销大王,他推销出 13000 多辆汽车,创下吉尼斯世界纪录。他曾自豪地说:"'250 人法则'的发现,使我成为世界上最伟大的推销员!"

　　有一次,吉拉德从朋友的母亲葬礼的主持人那里偶然了解到,每次葬礼来祭奠死者的人数为 250 人左右。后来,吉拉德参加一位朋友在教堂里举行的婚礼,又偶然从教堂主人那里得知,每次婚礼新娘方参加婚礼的人数大概为 250 人,新郎方大概也有 250 人参加婚礼。

　　由此,他总结出"社交圈 250 人法则",即认为一个人一生的亲戚、朋友、同学等经常往来的人数大约是 250 人。能把产品卖给一位客户,就意味着可能再卖给 250 位客户,但关键是要让他将亲朋好友介绍给自己。为此,吉拉德非常善于让老客户来帮助介绍新客户,并给以一定的"报酬"——如果介绍成功、生意谈成,则客户可提成 25 美元,就这样他不断开发了许多新的客户。

　　资料来源:俞继雄."二五〇人法则"的生意经[J].经营与管理,

1990(7):47-48.

介绍寻找法的优点、缺点,以及运用时候的注意事项,如表 2-4 所示。

表 2-4　介绍寻找法的优缺点和注意事项

优　点	缺　点	注意事项
客户知道何时、他的哪位朋友需要产品,信息比较准确,可减少客户开发的盲目性; 由于是经熟人介绍的,容易取得客户的信任,成功率较高	介绍的客户数量多,但质量不一,需要进行严格筛选和甄别; 只适用于寻找具有相同消费特点的客户,或在销售群体性较强的产品时采用; 不适合开发新型客户	不管业务是否能够达成,都请他尽力帮忙介绍,要坚持不懈,一定要让客户信任你的为人、你的产品,才有可能为你介绍,必须给介绍的客户一定的好处

6. 资料查询法

资料查询法是指通过查询与目标客户相关的资料来寻找目标客户,可供查询的资料如表 2-5 所示。

表 2-5　资料查询法寻找客户的主要来源

资料名称	主要内容
电话号码黄页	记录了部分个人、公司或机构的名称、地址和电话号码
团体会员名册	如刊物订阅者名册、协会会员名册、股份公司的股东名册、行业内公司名册等
证照核发机构	如工商企业名录、企业经营许可证、烟酒专卖证、驾驶执照等
税收缴纳名册	有助于确定一定财力范围的人员名单,可向他们营销诸如汽车、楼房一类的高档品
报纸、杂志	包含新公司成立、新商店开业、新工程修建以及一些公开招标信息等,他们往往需要多种产品和配套服务,企业可以主动上门,有可能会将他们发展成为企业客户
信息服务报告	利用信息服务机构、管理咨询公司、数据调查公司所提供的有偿报告来寻找目标客户

资料查询法的优点在于可以较快地了解市场需求量和目标客户情况,且成本较低。但其也有缺点,那就是时效性较差,有些最新的目标客户数据资料可能无法实时查到。

7. "中心开花"法

"中心开花"法是指企业在某一特定的目标客户群中选择有影响的"中心"人物(如政商要人、文体巨星、知名学者)或组织(名牌大学、星级酒店、知名企业),并使其成为自己的客户,然后借助其中心效应,将该目标客户群中的其他对象转化为现实客户。例如,当前很多企业产品广告中的请名人代言就是这种方法的典型应用。

"中心开花"法的优点在于,可利用"中心"人物或组织的影响力,迅速扩大产品影响,容易让更多的客户接受。但是,它也有一定的缺点:一方面,完全将开发客户的希望寄托在某一个人或组织上,风险较大;另一方面,这个"中心"的后期表现非常关键,这同样会影响其所介绍客户的忠诚,否则可能会出现"成也萧何,败也萧何"的局面。

8. 电话寻找法

电话寻找法是指以打电话给目标客户的形式来寻找客户的方法。这种方法的优点是成本较低,节约人力。但是,电话寻找法也有缺点,那就是无法从客户的表情、举止判断他的反应。

9. 信函寻找法

信函寻找法是指以邮寄信函的方式来寻找客户的方法。例如,企业向目标客户寄送邮购产品目录、宣传单、插页等,向他们介绍企业的产品或者服务以及订购和联系的方式。信函寻找法的优缺点和注意事项如表 2-6 所示。

表 2-6　信函寻找法的优缺点和注意事项

优　点	缺　点	注意事项
覆盖范围较广,传达信息较多,可涉及目标客户数较多,成本较低	除非产品有特殊的吸引力,否则一般回复率较低,时间较长	信函的格式必须符合商务信函的基本要求,内容要完整,电子邮件也要注意落款方式

10. 网络寻找法

网络寻找法是指企业借助互联网宣传、介绍自己的产品从而寻找客户的方法。随着上网人数的日渐增多,企业很容易在网络上找到客户,因此该方法前景广阔,其实施方式如表 2-7 所示。

网络寻找法的优点是方便、快捷,信息量大,成本低,其缺点是受到网络普及、上网条件以及网络诚信的影响,不过这些因素正随着我国电子商务发展在逐步改善。

表 2-7　网络寻找法的实施步骤

阶段	名称	主要内容
1	登录专业网站查找/发布信息	根据自己的经营范围登录专业网站,浏览国内外的需求信息,并与这些有需求的客户联系,还可以在网上发布供应信息,吸引客户,进而积累客户资源
2	登录专门商务网站寻找客户	登录专门的电子商务交易网站,如阿里巴巴的商务通、贸易通,去寻找客户并与之即时沟通,从而挖掘和开发客户;也可以在这些网上发布产品供应信息
3	通过网络公共空间发布信息	通过多种网络交流渠道,如可以进入聊天室、微信群等广交海内外的朋友,从中寻找客户,或者请结交的朋友帮忙介绍客户
4	自身网站宣传	企业在自己的公司网站上,设计产品宣传页,吸引潜在的客户来与自己联系

11. 短信寻找法

短信寻找法是指企业通过发送短信息来寻找客户的方法。这种方法具有以下的优点:省略电话的客套和迂回,方便、快捷;价格低廉,能够打破地域限制;发出的信息只要不删除,就一直能够保留在接收者的手机上,可以随时提醒接收者;客户可以针对一些他们感兴趣的问题进行交流;以短信的方式问候客户,可以增进与客户的感情。

但短信寻找法也有缺点:受虚假诈骗短信的影响,人们对短信信任度较低,另外,有的客户对无关短信很反感,也不愿意进行短信回复,因此该方式的信息反馈效果差。

12. 从竞争对手那里"挖"客户

从竞争对手那里"挖"客户是指企业运用各种竞争手段,如通过创新产品、免费培训和优惠价格等方式,从竞争对手手中争夺目标客户。当对手产品、服务明显不能满足目标客户需求时,此法最为适合。

2.3.2　说服目标客户加盟的技巧和方法

寻找到客户不等于开发成功,还需有一个说服客户的过程,下面介绍其技巧和方法。

1. 说服客户的方式和技巧

在说服客户的技巧上,一般可以采用"富兰克林式"说服方式,就是销售人员向客户说明,如果客户买了自己的产品,能够得到的第一个好处是什么,第二个好处是什么,第三个好处是什么,第四个好处是什么;同时也向客户说明不买自己的产品,蒙受的第一个损失是什么,第二个损失是什么,第三个损失是什么,第四个损失是什么。这样,客户权衡利弊得失之后,就会作出选择。例如,日产汽车公司的首席推销员奥成良治,整整想了 100 条客户买他的汽车能够得到的好处,以及说明客户不买他的汽车会蒙受的损失。

2. 不同客户类型的说服策略

由于客户的学识、修养、个性、习惯、兴趣及信仰等的不同,自然对于各种人、事、物的反应及感受有相当大的差异。因此,推销人员必须区别对待不同类型的客户,才能事半功倍。

下面的表 2-8 介绍了常见的十种不同类型客户的主要特点,以及相对应的说服策略。

表 2-8　不同类型客户的特点及其说服策略

类型名称	客户特点	说服策略
客观理智型	考虑周详,决策谨慎,客观理性	按部就班,不投机取巧,而要规规矩矩、不卑不亢、坦诚细心地向他们介绍产品的情况,耐心解答疑点,并尽可能提供有关证据
个性冲动型	情绪不稳定,易激动,且反复无常,对自己决策易反悔	对待这类客户一开始就应该大力强调所推销产品的特色和实惠,促使其尽快购买,但是要注意把握对方的情绪变动,要有足够的耐心,不能急躁,要顺其自然
思想顽固型	具有特别的消费偏好,对新产品往往不乐意轻易接受	对这类客户不要试图在短时间内改变他,否则容易引起对方强烈的反应及抵触情绪和逆反心理,要善于利用权威、有力的资料和数据来说服对方
争强好斗型	比较专横,征服欲强,喜欢将自己的想法强加于别人	对待这类客户要做好被他步步紧逼的心理准备,切不可意气用事,贪图一时痛快,与之争斗,相反,应以柔克刚,必要时丢点面子,适当做些让步也许会使事情好办得多

续表

类型名称	客户特点	说服策略
优柔寡断型	缺乏决策能力,没主见,胆小怯懦	应以忠实的态度,主动、热情、耐心地做介绍并解答提出的问题,要让这类客户觉得推销人员是可信赖的人,然后帮助他们作出决策
孤芳自赏型	喜欢表现自己,不喜欢听别人劝说,任性且忌妒心较重	首先,在维护其自尊的前提下向其客观地介绍情况;其次,要讲他感兴趣的话题,为他提供发表高见的机会,不轻易反驳他;再次,推销人员不能表现太突出,不要给对方造成他被极力劝说的印象
盛气凌人型	常摆出一副趾高气扬的样子,不通情达理,表现非常高傲,常自以为是	不卑不亢,用低姿态方式充当他的忠实听众,给予附和,表现出诚恳、羡慕及钦佩,并提出一些问题,向对方请教,让其尽情畅谈,以满足其发表欲。如仍遭受对方刻薄、恶劣地拒绝时,可用激将法,寻找突破口,但也不能言辞激烈,以免刺激对方,引起冲突
生性多疑型	不相信别人,无论是对产品还是销售人员都会疑心重重	要充满信心,以端庄外表与谨慎态度说明产品特点和客户将获得的实惠。某些专业数据、专家评论对建立这类客户的信任有帮助,但切记不要轻易在价格上让步,否则会使对方对推销的产品产生疑虑
沉默寡言型	性格比较内向,对外界事物表现冷淡	对待这类客户应主动向其介绍情况,态度要热情、亲切,要设法了解其对产品的真正需要,注意投其所好,耐心引导
斤斤计较型	精打细算,精明能干,讨价还价,爱贪便宜且不知足	应避免与其计较,一方面要强调产品的优惠和好处,且事先提高一些价格,让客户有讨价还价的余地;另一方面可先赠予小礼物,让他觉得占了便宜,一旦他有了兴趣,接下来就会跟定推销人员了

3. 客户被说服时所表现出的购买信号

客户一旦被说服、产生购买欲望时,往往会有意无意地发出如表2-9所示的一些购买信号。当发出以下信号时,表明客户即将被说服,且有成交意向,这时推销人员要再接再厉、把握时机,争取最终说服客户。反之,说明说服工作还没有做到家,应当继续说服。

表 2-9　客户被说服时所表现出的购买信号

信号内容	信号含义
当你将产品的有关细节以及各种交易条件介绍完之后,客户表现出认真的神情,并且与竞争对手的条件进行比较	第一印象较好,已经引起了对方的兴趣
诉说使用其他品牌的同类产品或服务的不满	开始进行产品比较,此时应强化自己的优势
以种种理由要求降低产品或服务的价格	对价格开始提出异议,说明有购买的倾向
要求详细说明产品或服务内容、注意事项、售后服务等	开始关注细节问题,有进一步深入的可能
主动、热情地将推销人员介绍给所在的部门经理或总经理	引见给具有决策权的人员,开始重点关注
对推销人员的接待态度明显好转,接待档次明显提高	合作比较明显,购买的意向已经非常明显

2.3.3　吸引目标客户的主要措施

客户关系开发的第二种策略,就是企业通过采取多种不同手段,依靠企业本身的产品、价格、渠道和促销等特色,积极吸引目标客户和潜在客户,最终成为现实客户。

1. 提供适当的产品或服务

适当的产品或服务是指企业提供给客户的产品或服务,确实能满足客户的实际需要,不仅包括功能、质量、外观、规格,还包括品牌、商标、包装以及相关服务保证等。

(1)产品或服务的功能。功能是吸引客户的最基本的立足点,一个功能上能够满足客户需要的产品或者服务肯定会吸引客户前来购买。对于相似的产品或者服务来说,功能越强的产品或服务对客户的吸引力就越大。例如,海尔在市场调研时,一个客户随意说到冰箱里的冻肉拿出来不好切,海尔意识到这是一个未引起冰箱生产企业重视的共性问题。根据食品在 $-7℃$ 时营养不易被破坏的原理,海尔很快研制出新产品"快乐王子 007"。冷藏冻肉出箱后可即时切割,于是这款冰箱很快走俏,受到了广大客户的追捧。

(2)产品或服务的质量。质量在吸引客户上起着重要的作用。一个质量有问题的产品或者服务，即使非常便宜也没有人愿意购买。相反，对于高质量的产品，即使价格高一些人们往往也愿意接受。人们之所以购买名牌产品或服务最主要的就是看中其过硬的质量。例如，德国麦德龙公司对产品质量的要求永远排在第一位，所有进入麦德龙采购系统的产品先要在国内的一个区域销售，如果效果好才可以进入全国市场，最后才能分销到国外。

【阅读材料】
航空公司以优质的产品——上乘的服务吸引乘客

　　法国航空公司上海至巴黎的空中客车是直航，可使乘客坐在飞机上15小时并不觉得烦闷，因为座位上配有耳机，有七八个频道的音乐节目可供选择，座椅旁拉出超薄型电视有15个频道的节目可选，并且配有中文字幕。虽然法国葡萄酒在世界各地卖得很贵，可是在法国航空公司的飞机上，乘客却可以像喝汽水和矿泉水一样喝红酒，过足瘾、喝个够。因此，法国航空公司吸引了许多往来上海和巴黎的乘客。

　　德国汉莎航空公司在头等舱和商务舱推出了机上卧床、自选菜单和不停播放影视节目等服务项目，还为旅游者设计了"快乐星期"，其中为短程游客设计"快乐一日"，为各季节设计"特别季节游"，所有这些项目都将租车、宾馆住宿、延伸服务、联运和转运捆绑为一体，实施"一条龙"服务。尽管德国汉莎航空公司的机票卖得很贵，但是这些周到的服务举措仍然有效地吸引了目标乘客。

　　此外，在激烈的航空市场竞争中，为更好地吸引乘客，有的航空公司推出了其他优质机上服务。例如：专为60岁以上的老年乘客提供的温情服务——提供专座、老花眼镜、热饮软食、御寒的毛毯以及引领如厕、专人护送等敬老服务；专为小乘客提供的游戏服务，让孩子开心，对无家长陪伴的小乘客还提供特殊的全程服务，让家长放心；为当天生日或蜜月旅行的新婚夫妇乘客，送上最诚挚的祝福和精美的纪念品；提供有营养且有当地特色的空中套餐，并考虑不同种族、不同信仰乘客的饮食习惯，特别提供专门服务。

　　资料来源：苏朝晖.航空公司的市场营销策略[J].中国市场，2005(6).

　　(3)产品或服务的特色。现在市场上同类同质的产品或者服务越来越多，因此，企业要想在激烈的市场竞争中脱颖而出，其产品或服务必须有足够特色才能吸引客户的光顾。

【阅读材料】
不同特色吸引不同的客户

在芝加哥斯泰特大街 3 个街区的短短距离内，就有美国最大的女鞋零售商爱迪生兄弟企业的 3 家不同定位的连锁店，虽然它们相互靠近，却不影响彼此的生意，这是因为它们针对不同的细分市场。

爱迪生兄弟企业经营了 900 多家鞋店，分为 4 种不同的连锁形式，每种连锁形式针对不同的细分市场。例如，钱德勒连锁店专卖高价鞋，贝克连锁店专卖中等价格的鞋，勃特连锁店专卖廉价鞋，瓦尔德派尔连锁店专卖时装鞋，各有各的特色。这就是为什么它们同处一地却相互不影响的原因——它们各自有自己的目标客户，所以相互不"打架"。

资料来源：黄文庆.市场细分——企业成功的关键[J].管理科学文摘，2000(7).

(4)产品或服务的品牌。品牌是用以识别某个产品或者服务，并使之与竞争对手的产品或者服务区别的标志。品牌对于客户的吸引力在于它是一种承诺。无论购买地点在哪里、无论分销形式如何，品牌向客户提供了一种统一的标准，减少了客户可能冒的风险，能够更好地维护客户的利益，能够让客户信任、放心。品牌对于客户的吸引力还在于，品牌不仅有利于维护客户的利益，还有助于提升客户的形象，特别是有些产品的购买被称为社会地位标志性的购买，如服装、酒、汽车等。品牌将自己的身份传递到人们的身上，提高了使用者的身价，给人们带来心理上、精神上更高层次和最大限度的满足感。

(5)产品或服务的包装。包装是指为产品设计并制作容器或包扎物的一系列活动。包装能够方便产品的保护、运输、储存、摆放上架、携带和使用，还有助于吸引客户的注意，从而促进产品或者服务的销售，增加企业的利润。包装吸引客户的作用，主要是体现在"无声销售员"上。一方面，当产品被放到自选柜台或者自选超市时，好的包装能够吸引客户的视线，引起或加强客户的购买欲望。例如，好的食品包装可以引起人们的食欲，并能够提示产品的口感和质量。另一方面，当各个品牌之间的"内在"差异很小，或很难被消费者感知的时候，包装在功能方面或视觉方面的优势就会让产品"占上风"，并左右客户的购买决策。此外，颜色、造型、风格、陈设、标签等功能因素，实际也是"大包装"的范畴，它们可以建立赏心悦目的形象，吸引客户的光临。例如，住房装潢设计室摆上计算机,给人以现代、高科技的感觉;面包房清新而芳香的空气能够提示所出售的面包新鲜程度高;温暖、宜人的气温,柔和的灯光和音乐能够提示西餐厅温情、细腻的服务。

(6)产品的附加服务。服务是指伴随着产品的出售,企业向客户提供的各种附加行为,如产品介绍、送货、安装、调试、维修、技术培训、产品保证等。企业向客户提供的各种服务越完备,产品的附加价值就越大,客户从中获得的实际利益就越大,产品也就越能够吸引客户。如今,为了提供优质和完善的服务,争取更多的客户,许多企业通过在时间上和空间上为客户提供方便,以吸引客户的购买。首先,越来越多的企业延长了营业时间。例如,"永和豆浆"为了方便客户,推出 24 小时服务,满足了喜欢休闲式"夜生活"客户的需要。再如,有些企业则开展流动服务和上门服务。例如,天津市的一些物流服务公司,将流动服务车开进大学校园,为毕业的学生提供上门递送包裹服务。

【阅读材料】

IBM 公司一个超一流客户服务的实例

IBM 公司曾经发生过这样一件事情:一位客户住在一个偏远小镇的小岛上,一天该客户 Think-Pad 型号的计算机发生了故障,呼叫中心咨询后,判断必须由服务人员现场解决,但当地没有服务网点,公司决定派工程师乘飞机到当地城市,然后再坐出租车到小镇,然后租用快艇到小岛进行维修。

碰巧当天下暴雨,工程师在凌晨 2 点才赶到小岛,为了不打扰客户,工程师露宿于小岛,第二天上门并很快排除了故障。这件事情不久后就得到了积极的市场响应,那就是小镇上几乎所有准备购买计算机的人全都选择了或者表示将选择 IBM——这就是优质服务的魅力。

资料来源:周贺来,陈国栋.客户关系管理实用教程[M].北京:机械工业出版社,2013

(7)承诺与保证。企业对提供的产品或服务做出承诺与担保,可以降低客户购买的心理压力,就会引起客户的好感和兴趣,从而促进客户放心购买和消费。例如,航空公司承诺航班准点,同时承诺当航班因非不可抗拒因素延误、延期、取消、提前时,保证赔偿乘客的损失,这样便可使乘客在一定程度上增强对航空服务可靠性的信心。例如,美国肯德基公司有两条服务标准,即"客户在任何一家肯德基快餐店付款后必须在两分钟内上餐"和"炸鸡在 15 分钟内没有售出,就不允许再出售"。再如,杭州大众出租汽车公司承诺:凡是气温在30℃以上时,一律打开空调,如没有打开的,乘客可以要求退回所有的车费,并且获得面值30元的乘车证一张,公司还将对违纪司机给予处罚。

【阅读材料】

BBBK 公司的承诺营销

美国强生公司所属的 BBBK 灭虫公司生产的杀虫剂的价格是其他同类产品的5倍,它之所以能够获得溢价价格是因为它把销售中心放在一个对质量特别敏感的市场,即旅店和餐馆,并且向旅店和餐馆提供它最有价值的东西:保证没有害虫而不只是控制害虫。

BBBK 灭虫公司对要求其提供服务的旅店和餐馆承诺:在您那里的所有害虫被灭光之前,您不欠我们一分钱;如果您对我们的服务不满意,您将收到相当于12个月服务的退款,外加第二年您选择新的灭虫公司的费用;如果您的客人在房间里看到一只害虫,我们将支付客人本次和下次的全部费用,并送上一封道歉信;如果您的酒店因为害虫的存在而停业,我们将赔偿全部罚金和利润损失,并再加5000美元。该公司为了提供如此高档的服务,在一年中花费了十多万美元的成本,但是赢来了3300万美元的服务销售——实际服务承诺的费用是营业额的0.36%。正是由于通过无条件的服务承诺与保证,使 BBBK 公司不但可以收取超过同行600%的费用,而且吸引了许多大客户。

资料来源:尹启华,单山鸣.销售溢价[J].上海企业,2002(1).

2. 适当的商品和服务价格

客户购买产品或服务时一般都有一个期望价格,当市场价格高于期望价格时,就会有更多的客户放弃购买这个产品或减少购买量;而当市场价格低于期望价格时,客户又可能认为"便宜没好货",而不购买。企业通过制定适当价格吸引客户的策略如下。

(1)折扣定价。它是指企业用价格折扣、数量折扣等方式,来吸引客户的购买。例如,宾馆把客房的价格定得低一些,就可以吸引更多的住客,或者将原定的价格打个折扣,以鼓励客户购买。再如,某城市一家超市采用数量折扣:购买10箱啤酒以下,按每箱30元计算,而购买10箱及以上,按每箱25元计算;国内某电视机生产厂家曾经推出以旧换新的价格折让,客户购买新的电视机可以用旧的电视机折价,这样可以吸引老客户重复购买,或者有相应旧货的新客户前来购买,因为可以享受一定的抵扣价。

（2）高价策略。它是指企业利用有些客户往往以价格高低来判断产品的质量的心理（认为高价位代表高质量,尤其是当这种产品会影响他们的形象、健康和威望时）,从而把产品或者服务定成高的价格。高价策略尤其适合对有声望需求的产品或服务的定价,如高档的汽车、别墅、西服、香水,高级酒店的房价,著名医院、学校的服务费用等。例如,1945 年美国雷诺公司最先制造出圆珠笔,圆珠笔被作为圣诞礼物投放到市场上成为畅销货。虽然当时每支成本只需 50 美分,但是美国雷诺公司以每支 10 美元的价格卖给零售商,零售商再以每支 20 美元卖出。尽管价格如此之高,但仍然受到追时尚、赶潮流的客户的追捧。

（3）心理定价。它是指依据消费者对数字的不同联想而进行定价,常见的技巧有以下三种。

· 吉利数字定价,像价格中带上 6、8、9 等数字。例如,饭店推出的宴席:一路顺风 666 元/桌,恭喜发财 888 元/桌,幸福到永久 999 元/桌。

· 整数定价。如某名牌白酒,三个档次分别定价为 60 元、80 元和 180 元,这给客户以产品的质量高也没有零头的感觉,可吸引对质量敏感而对价格不敏感的客户。

· 零头定价。即利用有些人的求廉心理,在价格上不进位,保留零头（如一台电视定价为 2195.90 元）,给人以便宜的感觉,或是让客户感觉到该价格是经过认真的成本核算的,给人以作风严谨、没有水分的感觉,从而吸引客户的购买。

（4）差别定价。它是指按照时间、客户、数量的不同进行差别定价,包括下面几种情况。

· 消费时间差别定价。指按照不同的时间（如季节、时期、日期、钟点）来制定不同的价格,从而达到吸引客户、刺激消费的目的。例如,在旅游淡季时,将旅游景点的门票改定低价,或使用折扣价、优惠价等,可以吸引游客。又如,北京音乐厅推出"开场打折"的措施,即无论什么音乐会,也无论日场或夜场,只要一到开场时间,售票大厅的计算机便会以半价自动售票。这项措施吸引了大量的对价格敏感的客户（只要迟到、少看那么一小会儿,就可以打很低的折扣——合算）,音乐厅的上座率大幅度增加。

· 客户差别定价。指针对不同的客户制定不同的价格,以吸引特定类型的客户群。例如,航空公司每年寒暑假向教师和学生提供优惠票价。又如,宾馆为吸引回头客,对一部分忠诚的老客户提供较优惠的价格。

·购买批量差价。指当客户成批购买时比单个购买要便宜。例如,足球赛的套票平均每场的价格低于单场票,城市公园、游乐场所、博物馆推出的通用年票,平均每场的价格也远低于单场票,从而吸引了频繁光顾的客户的购买。

(5)招徕定价。它是指利用部分客户求廉的心理,将某种产品的价格定得较低以吸引客户,而客户在采购了廉价品后,还往往会选购其他正常价格的产品,从而促进企业的销售。

(6)组合定价。它是指先为一个产品的销售定低价,以此吸引客户购买,然后通过客户以相对高价或者正常价购买同系列的其他"互补"产品来获利。这种定价方法主要用在同一个系列的产品上。例如,机械剃须刀要有刀片才能使用,穿婚纱时一般都要摄影。在这种情况下,可以将互补性产品的主体产品(婚纱、剃须刀具)以极低的价格进行销售,甚至可以不赚钱,以吸引客户的购买,然后寄希望于从其互补的产品(胶卷、摄影)的销售中获利。再如,美容院对初次惠顾美容院的客户实行很低的体验价格,而以后的护理费用则较高。

(7)关联定价。它是指企业对其关联企业的客户的消费实行优惠价,当然这种优惠是相互的。例如,上海新世界商厦与邻近的金门大酒店签订了联合促销协议,凡在金门大酒店住宿、用餐的游客可享受新世界商厦的购物优惠;在新世界商厦购物满 800 元以上,可在金门大酒店享受 8 折以上的住宿、用餐折扣。这种商厦与酒店的互惠互利,吸引和促进了客户在商厦更多的相关消费。再如,书店和快餐店联手,规定在书店一次性购买 50 元图书就可获得 10 元的餐饮券,而在快餐店一次消费满 50 元,在书店购买所有图书就可以享受九五折的优惠。书店和快餐店相互借力、聚敛人气,乃"双赢"之举。

(8)结果定价。有时,企业可以根据产品或者服务的使用效果或者服务效果进行定价,即保证客户得到某种效用后再付款,这有利于吸引客户放心地购买或消费。例如,职业介绍所推出"等到当事人获得了适当的工作职位后才收取费用",婚姻介绍所推出的"拿到结婚证再交手续费"等。再如,广告公司推出收费标准:广告后,产品销售额增长不低于 10%,全价收费;广告后,产品销售额增长低于 10%但不低于 5%,半价收费;广告后,产品销售额增长低于 5%,不收费。结果定价方法可以降低客户的风险,对客户有吸引力,尤其是当高质量的产品或者服务无法在削价竞争的环境中获取应有的竞争力,以及企业提供的产品或服务的效果是明确的、有把握的、可以保证的时候,特别适合使用。

3. 适当的商品和服务分销

适当的分销就是通过适当渠道,使客户很容易、很方便地购买到企业的产品或服务。例如,寿险公司为了吸引和方便客户购买寿险,面对新的市场情况和技术情况,开通了寿险超市、网上寿险、银行寿险、邮政寿险等形式来吸引和方便人们购买寿险。再如,商店、电影院、餐厅等,如果能够位于人口密集、人流量大、人均收入高、交通便利的地段,就能够吸引和方便客户的消费,其营业收入和利润也会比较高。

【阅读材料】

航空公司的分销策略

航空公司的分销策略很多,以下是随着航空市场的竞争和发展而不断推出的一些常用分销手段。

(1)在航空市场欠发达的地区建立代销网络,如通过当地旅游部门、民航等代理机票销售,可以方便有需求的乘客,还可在一定程度上使航空公司摆脱因资金和人力限制而对销售网络的发展产生的制约,同时降低机票的销售成本。

(2)在航空市场相对发达的地区建立直销网络,如在这些地区的主要城市的机场、繁华地段、高级宾馆、银行等开办机票直销处,可以吸引和方便乘客购买机票,同时增强航空公司自主营销的能力,减少销售代理费的长期支付,降低机票的销售成本,从而增加收益。

(3)开通网上机票销售业务。互联网是一种非常经济的分销渠道,它不需进行直销点建设,乘客可以通过信用卡来支付票款,航空公司通过邮递系统、传真或专门派员等手段将机票送给乘客。例如,英国易捷航空(Easy Jet Airine)90%的座位是通过互联网销售出去的——无论何时何地,只要拥有一台可上网的计算机,你就能够轻松订购到易捷航空的机票。

(4)航空公司还可以广泛地在机场、银行、高级宾馆等地方使用自动售票机,也可以通过问询电话和常旅客计划进行电话直销,这些都是吸引乘客购买机票的有效渠道。

资料来源:苏朝晖.航空公司的市场营销策略[J].中国市场,2005(6).

4. 适当的商品和服务促销

适当的促销是指企业利用各种适当的信息载体,将企业及其产品的信息传递给目标客户,并与目标客户进行沟通的传播活动,旨在引起客户注意,刺激客户的购买欲望。

(1)广告。广告可以大范围地进行信息传播和造势,起到提高产品或服务的知名度、吸引客户和激发客户购买欲望的作用。例如,耐克公司请著名的职业篮球明星乔丹在亚洲做广告,吸引了无数崇拜乔丹的亚洲球迷购买耐克运动鞋;再如,近几年"脑白金"保健饮品在我国的巨大成功,与其在中央电视台十年来频频投放广告不无关系。此外,广告运用象征、主题、造型等方式,也适合于品牌形象的推广,以及创造品牌的特色和价值。

【阅读材料】

西南航空公司的"省钱"广告

美国西南航空公司是美国盈利最多、定价最低的航空公司,它往往以低于竞争对手的价格扩大市场。因此,其竞争对手通过刻画"登上西南航空公司飞机的乘客须掩上面颊"的形象,来嘲笑西南航空公司的定价有损乘客的形象。作为回应,西南航空公司的总裁亲自登上广告,他手举一只大口袋,大声地说:"如果您认为乘坐西南航空公司的飞机让您尴尬,我给您这个口袋蒙住头;如果您并不觉得尴尬,就用这个口袋装您省下的钱。"画面上随之出现大量的钞票纷纷落入口袋,直至装满……

资料来源:周贺来.客户关系管理实用教程[M].北京:机械工业出版社,2013.

由于这则广告让客户明明白白地看到了西南航空公司提供的利益所在和服务优势——省钱!因此广告播出后,吸引了许多对价格敏感的乘客。

(2)销售促进。它是指企业利用短期诱因,刺激客户购买,主要手段如表 2-10 所示。

表 2-10 销售促进的主要手段以及实例

手 段	实 例
免费试用	早在中国改革开放之初,IBM 公司曾经免费赠送给中国工业科技管理(大连)培训中心 20 台 IBM 计算机。该中心的学员都是来自全国各地的大中型企业的厂长和经理,他们在培训中心使用 IBM 计算机后,印象很好,很多人回去后很快就做出了购买 IBM 计算机的决定

续表

手　段	实　例
免费服务	电器商店为购买者提供免费送货上门、免费安装、免费调试服务;皮革行除免费为客户保修外,在夏季还免费为用户收藏皮夹克,从而吸引了对服务要求甚高的客户前来购买。再如,很多酒楼看准每年国庆期间有很多新人办喜事,而竞相推出针对婚宴的附加优质服务——有的降价供应啤酒,有的免费代送宾客,有的免费提供新婚礼服、化妆品、花车及结婚蛋糕等
赠送礼品	某汽车4S店推出购买一辆汽车可获赠一台车载导航活动;某酒厂承诺凭若干个酒瓶盖就可换得若干奖金或者一瓶酒;各大航空公司纷纷推出"里程奖励"活动,对乘坐航空公司班机的乘客进行里程累计,当累积到一定公里数时,就奖励若干里程的免费机票
优惠券	在美国,人们在周五下班后纷纷走进商店采购,准备度周末,而在前一天,许多商店已经在报纸上刊登减价广告和赠券,客户如被赠券所说的产品吸引,可将赠券剪下来,然后持券购买该产品便可获得相应的优惠。再如,美国一家公司为了把它的咖啡打入匹兹堡市场,向潜在客户邮寄了一种代价券,客户每购一听咖啡凭代价券可享受35%的折扣,每听中又附有一张折价20美分的代价券,这样,客户就会不断地被这种小利小惠所刺激,从而对该产品保持长久的兴趣
会员制	持有上海华联商厦"会员卡"的客户在商厦购物可享受一定折扣,并根据消费金额自动累计积分;会员还可通过电话订购商厦的各种产品,不论大小,市区内全部免费送货上门,对电视机、音响等产品免费上门调试,礼品实行免费包装;商厦还注意倾听会员的意见和建议,不定期地向会员提供产品信息和市场动态等各种资料,会员生日还能收到商厦的祝福贺卡及小礼物
客户俱乐部	目前很多著名的化妆品公司都组建了客户俱乐部,规定:凡是老客户,每年可以免费美容若干次,购买产品可以享受优惠,介绍新客户参加俱乐部的,还给予一定奖励。这样的公司,经过一段时间的稳定运营,将能形成一支很大规模的忠诚客户队伍

(3)公共关系。它是指企业采用各种交际技巧、公关宣传、公关赞助等形式来加强与社会公众沟通的一种活动,其目的是为了树立或维护企业良好形象,建立或改善企业与社会公众的关系,并且控制和纠正对企业不利的舆论,

引导其朝着有利于企业的方向发展。与广告相比,公共关系更客观、更可信,影响更深远。公共关系的应用类型很多,如服务性公关、交际性公关、社会性公关、宣传性公关、营销性公关等,限于篇幅,表 2-11 仅给出了各类型的一些实例,关于公共关系的更详细内容介绍,请读者参阅专门的书籍。

表 2-11 公共关系的应用类型以及实例

类 型	实 例
服务公关	在美国纽约梅瑞公司的营业店堂里,有一个小小的咨询服务亭。如果你在梅瑞公司没有买到自己想要的产品,那么你可以去那个服务亭询问,它会指引你去另一家有这种产品的商店,即把你介绍到竞争对手那里。这种一反常态的做法收到了意想不到的效果——该公司既获得了广大客户的普遍好感,招徕了更多的客户,又向竞争对手表示了友好和亲善,从而改善了竞争环境
交际公关	法国化妆业巨子伊夫·罗歇,每年要向客户投寄 8000 万封信函,信函内容写得十分中肯,无一点招徕客户之嫌,并经常提醒大家有节制的生活比化妆更重要。罗歇作为一个经营化妆品的商人,能够这样做实在难能可贵,因此他得到了广大客户,尤其是妇女的信赖,其事业自然蒸蒸日上
社会公关	美国玩具商为创造我国儿童市场对"变形金刚"玩具的需求,先向我国的电视台赠送了星球大战儿童系列电视片,当小朋友对"变形金刚"产生了强烈兴趣后,便及时将产品投放到市场上,结果销路畅通。这是培育市场、吸引客户、开发客户的又一妙招
营销公关	某商店为推出一种最新"强力万能胶水",老板别出心裁,用这种胶水把一枚价值数千元的金币贴在墙上,并宣布谁能用手将其掰下,这枚金币就归其所有。一时间,该商店门庭若市,观者如潮,只可惜谁也无法将其掰下。这下"强力万能胶水"出名了,吸引了众多客户前来购买
宣传公关	法国白兰地在美国市场上没有贸然采用常规手段进行销售,而是借美国总统艾森豪威尔 67 岁寿辰之际,把窖藏达 67 年之久的白兰地作为贺礼,派专机送往美国,同时宣布将在总统寿辰之日举行隆重的赠送仪式。这个消息通过新闻媒介传播到美国后,一时间成了美国民众的热门话题。到了艾森豪威尔总统寿辰之日,为了观看赠酒仪式,不少人从各地赶来目睹盛况。就这样,新闻报道、新闻照片、专题特写,使法国白兰地在欢声笑语中昂首阔步地走上了美国的国宴和家庭餐桌

2.4　客户分类

对客户实行分类管理是有效管理客户关系的前提,也是提高客户关系管理效率的关键。所谓客户分类,就是企业依据客户对企业的不同价值和重要程度,将客户区分为不同的层级,从而为企业资源分配提供一定的依据。

2.4.1　对客户进行分类的必要性

企业只有对客户进行分级管理,才能强化与高价值客户的关系,降低为低价值客户服务的成本,也才能更好地在实现所有客户利益最大化的同时,实现企业利润的最大化。

1. 不同的客户带来的价值不同,应区别对待

在企业的所有客户中,因为大小各异,贡献不一,所以每个客户能给企业创造的收益是不同的。例如,据国外的一份统计资料证明,23%的成年男性消费了啤酒总量的81%,16%的家庭消费了蛋糕总量的62%,17%的家庭购买了79%的速溶咖啡。这正如帕累托定律所揭示的企业中的二八定律——企业80%的收益总是来自于20%的高贡献度的客户,即少量的客户为企业创造了大量的利润,其余80%的客户是微利、无利,甚至是负利润的。另外,根据美国学者雷奇汉的研究,企业从10%最重要的客户那里获得的利润,往往比企业从10%最次要的客户那里获得的利润多5~10倍,甚至更多。

正是因为不同客户所带来的价值不同,所以企业必须对他们进行合理分级管理。

2. 企业应该根据客户的不同价值,来分配不同的资源

尽管每一个客户的重要性都不容低估,但是由于不同的客户创造的价值不同,而企业资源又有限,因此企业没有必要为所有的客户提供同样卓越的产品或服务,否则,往往事倍功半,造成企业资源的浪费。对于为企业创造不同价值的客户,应该"分开抓",而不是"一把抓",企业不能将资源和努力平均分摊给每一个客户,而必须根据客户带来的不同价值对客户进行分级,然后依据客户的级别分配企业的资源。

【阅读材料】

IBM 公司客户服务宗旨的变化

　　IBM 公司原先的服务宗旨是"令所有客户满意",他们坚信任何一个客户都有可能成为 IBM 大宗产品和 IBM 主机的购买者,所以即便是小客户,他们也提供专家销售力量且上门服务;即便是盈利能力差的客户,他们也为其免费修理旧机器,为此公司赢得了很高的美誉度,然而,这是以牺牲利润为代价的。

　　后来他们意识到,在短期内产生极佳效果的"令所有客户满意"的策略在长期来看并不可行。于是,20 世纪 90 年代后,IBM 公司果断地决定,要区别对待不同层级的客户,以便降低服务小客户的成本,并开始向非盈利客户适当地收取维修费,这些措施实行一年以后,公司的整体利润大幅上扬。

　　资料来源:https://www.jianshu.com/p/6b2bce17564a

　　3. 不同价值的客户有不同的需求,企业应该分别满足

　　一方面,每个客户为企业带来的价值不同,他们对企业的预期价值也就会有差别。一般来说,为企业创造主要利润、为企业带来较大价值的关键客户期望能得到有别于普通客户的待遇,如更贴心的产品或服务以及更优惠的条件等。企业如果能区分出这部分利润贡献大的客户,然后为他们提供有针对性的服务,他们就有可能成为企业的忠诚客户,从而持续不断地为企业创造更多的利润。例如,航空公司将客舱分为头等舱、公务舱、经济舱,每种客舱对应的客户都有不同的需求。航空公司通过不同的营销组合,如机票价格的差异、服务的差异来区别对待不同客舱的乘客。这样做的结果是,在从伦敦飞往纽约的同一个航班上,对于同样 7 小时的飞行,乘客所付的费用可以从 200 英镑到 6000 英镑不等。而这样大的差价,乘客不仅没有意见反而各得其乐,因为他们的需求不同。

　　另一方面,客户个性化、多样化的需求决定了其希望企业能够提供差异化的产品或服务,因此企业必须对客户进行分级,然后根据不同级别客户的不同需求给予不同的服务和待遇,这样才能有效地满足不同级别客户的个性化需求。例如,沃尔玛针对不同的目标消费者,采取了不同的零售经营形式。例如,针对中层及中下层消费者的沃尔玛平价购物广场,只针对会员提供各项优惠及服务的山姆会员商店,以及深受上层消费者欢迎的沃尔玛综合性百货商店等。通过这些不同的经营形式,沃尔玛分别占领了零售的各档市场。

【阅读材料】

不同类别,不同服务

美国第一联合银行(First Union Corporation)客户服务中心采用了一套客户分级系统,它能在计算机屏幕上用颜色对客户的分级进行区别。例如,红色标注的是不能为银行带来盈利的客户,对他们不需要给予特殊的服务,利率不得降低,透支也不准通融;绿色标注的是能为银行带来高盈利的客户,需多方取悦,并给予额外的服务。

英国巴克莱银行也有一套划分客户的办法,主要标准就是看客户给银行带来利润的大小,同时注意潜在的重点客户,即能给银行带来潜在利润的客户。巴克莱银行将客户共分为四级,相应地,服务也分为四个层次:第一层次是基本的、必不可少的服务;第二层次是一般服务,即在基本服务基础上增加一些不是对所有客户都提供的服务,如电话银行;第三层次是高级服务,包括一些可以不提供但提供了能使客户很高兴的服务;第四层次是全面服务,包括一些客户本身都没有想到的、为客户特定提供的服务。

资料来源:邵景波,宁淑慧.基于金字塔模型的顾客关系资产管理[J].中国软科学,2005,(4).

4. 客户分类是有效进行客户沟通、实现客户满意的前提

有效的客户沟通是指企业应当根据客户的不同采取不同的沟通策略,如果客户的重要性和价值不同,就应当根据客户的重要性和价值的不同采取不同的沟通策略。因此,区分不同客户的重要性和价值是有效进行客户沟通的前提。实现客户满意也要根据客户的不同采取不同的策略,因为不同客户的满意标准是不一样的。所以,实现客户满意的前提是要区分客户的满意标准,这就要区分客户之间的差别。因此,企业应该对客户进行分级,然后才能根据不同级别的客户实施不同的客户满意策略。

2.4.2 客户金字塔模型

为进行客户分级,企业可根据客户给企业创造的利润和价值的大小按由小到大的顺序排列,将给企业创造利润和价值最大的客户置于客户金字塔模型的顶部,将给企业创造利润和价值最小的客户置于客户金字塔模型的底部,从而得到如图 2-1 所示的客户金字塔模型,该模型对客户划分了四个层级,分别是:重要客户、主要客户、普通客户和小客户。

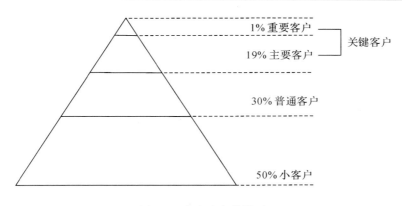

图 2-1　客户金字塔模型

1. 重要客户

重要客户，在有的行业中也被称为 VIP 客户，是客户金字塔模型中处于最高层的客户，他们是那些能够给企业带来最大价值的前 1% 的客户。对于企业来说，重要客户是最有吸引力的一类客户，可以说，企业拥有重要客户的多少，决定了其在市场上的竞争地位。

重要客户一般都对企业非常忠诚，是企业客户资产中最稳定的部分，他们为企业创造了绝大部分和长期的利润；他们对价格不敏感，也乐意试用新产品，还可帮助企业介绍潜在客户，为企业节省开发新客户的成本；他们不但有很高的当前价值，而且有巨大的增值潜力，其业务总量在不断增大，未来在增量销售、交叉销售等方面仍有潜力可挖。

2. 主要客户

主要客户是客户金字塔模型中次高层客户，他们和重要客户一起构成了企业的关键客户，二者占企业客户总数的 20%，企业 80% 的利润靠他们贡献，因此是企业的重点保护对象。

主要客户也是企业产品或服务的大量使用者或中度使用者，但他们对价格的敏感度比较高，因而为企业创造的利润和价值没有重要客户高；他们也没有重要客户忠诚，为了降低风险，他们会同时与多家同类型的企业（供应商）保持长期关系；他们也在真诚、积极地为本企业介绍新客户，但在增量销售、交叉销售方面已经没有多少潜力可供进一步挖掘。

3. 普通客户

普通客户是客户金字塔模型中处在第三层的客户，是除重要客户与主要客户之外的为企业创造最大价值的前 50% 的客户，一般占到客户总数的 30%。

普通客户包含的客户数量较大,但他们的购买力、忠诚度、能够带来的价值却远比不上重要客户与主要客户,不值得企业去特殊地对待。

4.小客户

小客户是客户金字塔模型中最底层的客户,指除了上述三种客户外,剩下的后 50%的客户。小客户既包含了利润低的"小客户",也包含了信用低的"劣质客户"。

这类客户是最没有吸引力的一类客户,购买量不多,忠诚度也很低,偶尔购买,却经常延期支付甚至不付款;他们还经常提出苛刻的服务要求,几乎不能给企业带来盈利,而又消耗企业的资源;有时他们还是问题客户,会向他人抱怨,破坏企业的形象。

图 2-2(a)、(b)分别是客户数量金字塔模型和客户利润倒金字塔模型,其中体现了客户类型、数量分布和创造利润能力之间的关系。

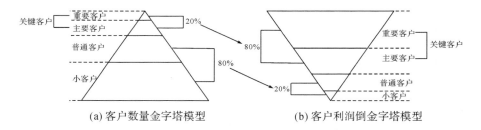

图 2-2　客户类型、数量分布和创造利润能力之间的关系

客户金字塔模型等级划分方法包含着一种重要的思想,那就是:企业应为对本企业的利润贡献最大的关键客户,尤其是重要客户提供最优质的服务,配置最强大的资源,并加强与这类客户的关系,从而使企业的盈利能力最大化。

2.4.3　不同类别客户的管理方法

客户分类管理是指企业在依据客户带来利润和价值的多少对客户进行分级的基础上,依据客户级别高低的不同设计不同的客户服务和关怀项目——不是对所有客户都平等对待,而是区别对待不同贡献的客户,将重点放在为企业提供 80%利润的关键客户上,为他们提供上乘的服务和特殊的待遇,提高他们的满意度,维系他们的忠诚度,同时,积极提升各级客户在客户金字塔模型中的级别,放弃不具盈利能力的客户(尤其是"劣质客户")。

2.4.3.1　关键客户管理法

关键客户管理的目标是提高关键客户的忠诚度。为此,企业要做好以下三方面的工作。

1. 成立为关键客户服务的专门机构

目前,许多企业对关键客户都比较重视,经常由企业高层管理者亲自出面处理与他们的关系,但是这样势必分散高层管理者的精力。如果企业成立一个专门服务关键客户的机构,便可一举两得。一方面可使企业高层管理者不会因为频繁处理与关键客户的关系分散精力,以便集中注意力考虑企业的重大战略决策;另一方面也有利于企业对关键客户管理的系统化。

企业设置为关键客户服务的机构,可以提供如下服务功能:

第一,负责联系关键客户,一般来说,要给重要的关键客户安排一名优秀的客户经理,并长期固定地为其服务,对规模较小的关键客户可以几个客户安排一名客户经理。

第二,为高层提供准确的关键客户信息,包括获取关键客户相关人员的个人资料,并协调技术、生产、营销、销售、物流等部门,根据关键客户的不同要求设计不同的产品。

第三,利用客户数据库分析关键客户的交易历史,注意了解其产品需求和采购情况,及时与关键客户就市场趋势、合理存量进行商讨。在销售旺季到来之前,要协调好生产及运输等部门,保证在旺季对关键客户的供应,避免出现因缺货而导致关键客户的不满。

第四,关心关键客户的利益得失,把服务做在前面,并且注意竞争对手对他们所抛的"媚眼",千方百计地保持关键客户,决不能让他们转向竞争对手。

第五,要关注关键客户的动态,并强化对关键客户的跟踪管理,对出现衰退和困难的关键客户要进行深入分析,必要时伸出援手。当然,也要密切注意关键客户的经营状况、财务状况、人事状况的异常动向等,以避免出现倒账的风险。

【阅读材料】

英国巴克莱银行客户经理的设置

英国巴克莱银行为其重要的个人客户(收入或金融资产 5 万英镑以上)设立了要客经理,为特大户(收入或金融资产在 25 万英镑以上)设立了私人银行部。该行在全英设立了 42 个与分行并行的要客中心,有 700 多名要客经理,每人配一名助理,每个要客经理大约负责为 300 名要客提供全面的服务。

资料来源:刘亚梅,任玲.境外商业银行服务的经验与借鉴[J].
中小企业管理与科技,2014:110.

2. 集中优势资源服务于关键客户

由于关键客户对企业的价值贡献最大,因而对服务的要求也比较高,但是目前有些企业没有为关键客户提供特殊服务,而让关键客户与小客户享受同等待遇,以至于关键客户的不满情绪不断地增长。其实,为了提高企业的盈利水平,只要按帕累托定律的反向操作即可,也就是:要为 20%的客户花上 80%的努力,即企业要将有限的资源用在前 20%最有价值的客户上,用在能为企业创造 80%利润的关键客户上。为此,企业应该保证足够的投入,集中优势"兵力",优先配置最多最好的资源,加大对关键客户的服务力度,采取倾斜政策加强对关键客户的营销工作,并向其提供"优质、优先、优惠"的个性化服务。

企业除了为关键客户优先安排生产、提供能令其满意的产品外,还要主动提供售前、售中、售后的全程、全面、高档次的服务,包括专门定制的服务,以及针对性、个性化、一对一、精细化的服务,甚至可以邀请关键客户参与企业产品或服务的研发、决策,从而更好地满足关键客户的需要。企业还要准确预测关键客户的需求,把服务想到他们的前面,领先一步为他们提供能为其带来最大效益的全套方案,持续不断地向他们提供超预期的价值,给关键客户更多的惊喜。例如,当出现供货紧张的现象时,企业要优先保证关键客户的需要,从而提高关键客户的满意度,使他们坚信本企业是他们最好的供应商。

此外,企业也要增加关键客户的财务利益,为他们提供优惠的价格和折扣,如一次性数量折扣、定期累计数量折扣、无期限累计数量折扣、直接折扣等,以及为关键客户提供灵活的支付条件和安全便利的支付方式,并且适当放宽付款时间限制,甚至允许关键客户一定时间的赊账,目的是奖励关键客户的忠诚,提高其流失成本。

另外,企业还可实行 VIP 制,创建 VIP 客户服务通道,从而更好地为关键客户服务。这对拓展和巩固与关键客户的关系,提高关键客户的忠诚度,可以起到很好的作用。

【阅读材料】

福州银行服务贵宾又多了一种新模式

中国建设银行(以下简称"建行")福州金龙支行,是一家并不显眼的银行网点,位于福州市五四路金龙大厦一楼。"金龙支行于去年年底开业,是全国建行系统内第一个仅面向贵宾客户专属服务的网点。"该支行行长黄晓清介绍说。

事实上,此经营模式的银行,不仅在建行系统内是首创,就整个福州市而言,也是第一次出现。

第一,专属网点如何诞生

金龙支行的前身是建行城北支行七星井储蓄所。去年底搬到繁华的五四路,变化的不仅是地点,建行将此营业部改造成了面向高端客户的专属网点。"普通客户可以在这里的自助设备上操作,进网点内则要刷贵宾卡。"黄晓清说,"建行城北支行将全行1/3的专业金融理财师(AFP)配备在我们行,保证提供相对专业的服务。"从业十年的黄晓清认为,这种创新可以为客户提供真正的"一站式"服务。"这是银行业务发展到一定阶段的产物。高端人士的理财需求日趋强烈,各家银行也积极通过创新服务和产品来满足客户的需求。"她如此分析。现在,如果你到福州各家银行办理业务,会发现几乎每家网点都配备了理财室。它们一般位于柜台的边上,有一扇小门进去,里头比较安静,也不用排队。这只是目前最低层次的贵宾服务,享受的也只是办理业务的优先权。

第二,追溯:贵宾服务如此出现

从优先排队到专门开辟贵宾理财室,福州各家银行的贵宾服务一步步升级。

十几年前,大家对这种"优先权"都可能比较陌生。那时候是这么一幅场景:一排柜台,大家站着排队,取钱存钱,隔着玻璃,银行的工作人员不紧不慢地办理着业务。

"最开始的贵宾服务雏形,应该是银行柜台出现'贵宾优先办理'的字样。"黄晓清说。

不过,这种情况却在执行过程中引起不少争议。很多散户排队办理业务时,突然冒出一个贵宾客户插队,这让很多人不满。去年,福州仓山的一位客户就因为不满银行贵宾插队,将银行告上法庭。

为了避免这种纠纷,银行想出另一招,就是在几个柜台中专门设立"贵宾专窗"。

再后来,在网点原先布局的基础上,福州各家银行纷纷开辟"贵宾理财室"。

2007年下半年,福州掀起贵宾理财室升级的高潮。建行福州城区四家支行分批对网点进行改造升级;工行福建省 100 家网点升级设立贵宾理财中心;各家股份制银行也纷纷进行网点改造。

建行福州金龙支行就是在这种趋势下成立的。

第三,探秘:客户层次这么划分

银行业内将客户分为一般客户、金卡客户、白金卡客户、财富管理中心客户、私人银行客户等几个等级。每家银行的门槛也大概相近,如 20 万～50 万元是金卡;50 万～300 万元是白金卡;300 万～1000 万元是财管中心客户;1000 万元以上就是私人银行。目前,北京、上海、深圳已经陆续有私人银行开业。而福州,目前只有唯一的一家财富管理中心,位于古田路建行城东支行。

不过,多家银行的相关人士在接受记者采访时都表示,他们的财富管理中心即将成立。

你到一般网点内的理财室,可以享受"一对一"的服务,一个理财师跟你聊天,建议你买什么产品。但财富管理中心背后的是整个团队。随着客户层次的提高,银行提供的服务场所也不同,从网点内的单间理财室进化到会所式的场所。目前建行金龙支行似乎介于两者之间。

资料来源:蓝晋平.福州银行服务贵宾有了新招[N].东南快报,2008-06-17.

3. 通过沟通和感情交流,密切双方的关系

第一,有目的、有计划地拜访关键客户。一般来说,有着良好业绩的企业营销主管每年大约有 1/3 的时间是在拜访客户中度过的,其中关键客户正是他们拜访的主要对象。企业营销人员对关键客户的定期拜访,有利于熟悉关键客户的经营动态,并且能够及时发现问题和有效解决问题,有利于与关键客户搞好关系。

第二,经常性地征求关键客户的意见。企业高层管理者经常性地征求关键客户的意见,将有助于增加关键客户的信任度。例如,每年组织一次企业高层管理者与关键客户之间的座谈会,听取他们对企业产品、服务、营销、研发等方面的意见和建议,以及对企业下一步的发展计划进行研讨等,这些都有益于企业与关键客户建立长期、稳定的战略合作伙伴关系。

第三,及时、有效地处理关键客户的投诉或者抱怨。客户的问题体现了客户的需求,无论是投诉或者抱怨,都是寻求答案的标志。处理投诉或者抱怨是企业向关键客户提供售后服务的必不可少的环节之一,企业要积极建立有效的机制,优先、认真、迅速、有效及专业地处理关键客户的投诉或者抱怨。关于客户投诉的处理策略,将在后面章节介绍。

第四,企业应充分利用包括网络在内的各种手段与关键客户建立快速、双向的沟通渠道,不断地、主动地与关键客户进行有效沟通,真正地了解他们的需求,甚至了解他们的客户的需求或能影响他们购买决策的群体的偏好,只有这样才能够密切与关键客户的关系。

第五,增进与关键客户的感情交流。企业应利用一切机会,如关键客户开业周年庆典,关键客户获得特别荣誉、有重大商业举措的时候,表示祝贺与支持,这些都能加强企业与关键客户之间的感情。此外,当关键客户遇到困难时,如果企业能够及时伸出援手,也能提升关键客户对企业的感情。

【阅读材料】
宝洁与沃尔玛的合作实现了双赢

宝洁与沃尔玛的合作堪称企业与关键客户合作的典范。1987年,沃尔玛公司成为宝洁公司的主要零售商,两家公司的高层主管经过会晤,提出双方的主要目标和关注的焦点始终应该是:不断改进工作,提供良好的服务和丰富优质的商品,保证客户满意。

此后,宝洁公司安排了一个战略性的客户管理小组与沃尔玛公司总部的工作人员一起工作,双方共同制订出长期遵守的合约。宝洁公司还向沃尔玛公司透露了各类产品的成本价,保证沃尔玛有稳定的货源,并享受尽可能低的价格;沃尔玛公司也把连锁店的销售和存货情况向宝洁公司传达。

双方还共同讨论了运用计算机交换每日信息的方法,宝洁公司每天将各类产品的价格信息和货源信息通过计算机传给沃尔玛公司,而沃尔玛公司每天也通过计算机把连锁店的销售和存货信息传给宝洁公司。

这种合作关系让宝洁公司更加高效地管理存货,因而节约了约300亿美元的资金,而且毛利大约增加了11%。另一方面,这种合作关系也使沃尔玛公司能自行调整各商店的商品构成,做到价格低廉,种类丰富,从而使其客户受益。

资料来源:李伟.从"宝洁-沃尔玛模式"看渠道创新合作策略[J].现代家电,2004(10).

2.4.3.2　普通客户管理法
企业应根据普通客户创造价值的特点,重点将管理放在提升级别和控制成本两个方面。

1. 针对有升级潜力的普通客户，努力培养其成为关键客户

企业要增加从普通客户上获得的价值，就要设计鼓励普通客户消费的项目，如常客奖励计划，及对一次性或累计购买达到一定标准的客户给予相应级别的奖励，或者让其参加相应级别的抽奖活动等，以鼓励普通客户购买更多数量的产品或服务。例如，影音租售连锁店百视达公司（Blockbuster）运用"放长线钓大鱼"策略，让客户以约 10 美元的会费获得各种租片优惠，包括每月租五张送一张、每周一到周三租一张送一张等，从而提升了客户的层级。

企业还可根据普通客户的需要扩充相关的产品线，或者为普通客户提供"一条龙"服务，以充分满足他们的潜在需求，这样就可以增加普通客户的购买量，提升他们的层级。例如，美国时装零售业巨头丽姿·克莱朋（Liz Clai-borne）通过扩充产品线，使产品涵盖了上班服、休闲服、超大号服装及设计师服装等系列，有效地增加了客户的购买量，从而实现了客户层级的提升。

总之，对于有升级潜力的普通客户，企业要制订周密、可行的升级计划，吸引普通客户加强与企业的合作。随着普通客户升级为关键客户，他们理当获得更多更好的服务。

【阅读材料】

家得宝公司通过"一条龙"服务提升了客户的层级

美国家居装修用品巨人家得宝公司（Home Depot）锁定两大潜力客户群——想要大举翻修住宅的传统客户以及住宅小区与连锁旅馆的专业维护人员。为此，家得宝公司刻意在卖场内增加"设计博览区"，展示了运用各种五金、建材与电器组成的新颖厨房、浴室，用系列产品装修的高档样品房。这些设计中心为客户提供他们可能会需要的一切产品和服务，包括装修设计服务和装修用品。此外，家得宝公司还提供技术指导、员工培训、管理咨询等附加服务。

由于家得宝公司为客户提供了"一条龙"服务，增加了客户对企业的需要，也因此增强了客户与企业的关系，伴随着客户级别的提升，企业的利润也提升了。

资料来源：邵景波，宁淑慧.基于金字塔模型的客户关系资产管理[J].中国软科学，2005(4).

2. 针对没有升级潜力的普通客户，减少服务，降低成本

针对没有升级潜力的普通客户，企业可以采取维持战略，在人力、财力、物

力等限制条件下,不增加投入,甚至减少促销努力,以降低交易成本,还可以要求普通客户以现款支付甚至提前预付。另外,企业还可以缩减对普通客户的服务时间、服务项目、服务内容,或对普通客户只提供普通档次的产品或一般性的服务,甚至不提供任何附加服务。例如,航空公司用豪华轿车接送能带来高额利润的关键客户,而普通客户则没有此等待遇。

2.4.3.3　小客户管理法

对于小客户,企业要准确判断,合理对待,对能升级的要不断努力,对实在不行的要考虑淘汰。

1. 认真判断有无升级的可能

企业要在认真分析小客户价值低的原因之后,准确甄别这类客户是否有升级的可能。

企业对小客户的评判要科学,不能只看目前的表象,要立足于一段时间的跟踪,而不能根据某一时间点的表现就轻易否定,要用动态的眼光看待小客户,要看未来的发展趋势。

如果认定这类小客户有升级的可能,企业就应加强对他们的培育,帮助其成长,挖掘其潜力,可通过客户回访、邮寄赠品或刊物等不同的手段与这类小客户建立特殊的关系。

如果认定这类小客户没有升级的可能(通常来说,把小客户转变成高层级客户不是一件容易的事,除非其深具未来获利潜力,例如目前还是"赔钱客户"的大学生,可能在就业后会成为好客户),企业也不能说淘汰就淘汰,而要搞清楚是不是非淘汰不可。

2. 确定是不是非淘汰不可

开发一个新客户的成本相当于维护 5~6 个老客户的成本,因此,企业必须珍惜现有的每一个客户,慎重对待每一个客户。客户在自己手里的时候,企业往往不珍惜,虽然一些小客户给企业带来的利润很少甚至根本没有利润,但是他们仍然为企业创造和形成了规模优势,在降低企业成本方面功不可没。因此,保持一定数量的低价值客户是企业实现规模经济的重要保证,是企业保住市场份额、保持成本优势、遏制竞争对手的重要手段。

然而,企业一旦放弃这些低价值的小客户,听任其流失到竞争对手那边,就可能会使企业失去成本优势,同时可能会壮大了竞争对手的客户队伍和规模,而一旦竞争对手由于客户多了,生产服务规模大了,成本得以下降了,就会对企业不利。所以,企业在决定淘汰小客户时,要权衡利弊得失,纵观全局,认真地研究是不是非淘汰不可。

3. 有理有节地淘汰部分小客户

假如企业非淘汰某些小客户不可,那么也应当做到有理有节地淘汰。之所以这样,是因为如果企业生硬地把小客户"扫地出门",可能会使客户对企业口碑造成损害,他们可能会向其他客户或者亲戚朋友表达他们的不满,从而给企业形象造成不良的影响。此外,被"裁减"的小客户还可能投诉企业,而且媒体、行业协会等社会力量也有可能介入,弄不好企业就会背上"歧视消费者"这个"黑锅"。所以企业不能直接拒绝为小客户提供产品或服务,不能随意地把小客户甩掉,而只能小心谨慎,间接地、灵活地、有理有节地将其淘汰。一般来讲,企业可以考虑采取提高价格或降低成本两种基本方法。

在提高价格方面,可以有如下的三种具体策略:第一,向小客户收取以前属于免费服务的费用。这样,真正的小客户就会流失掉,因为他们不会付费,而其他选择留下的小客户就会增加企业的收入,从而壮大普通客户的行列。例如,香港汇丰银行对存款不足 5000 港元的储户每月征收 40 港元的服务费,这样储户要么增加存款达到 5000 港元,要么自行退出。第二,提高无利润产品或服务的价格,或者取消这些无利润的产品或服务。具体操作是,如果该产品或者服务在市场上仍然有良好的发展前景,值得保留,那么企业可以提高其价格,从而使其变成盈利产品;如果该产品或者服务已经没有发展前景,根本不值得保留,那么企业就应该放弃它,取消这些无利润的产品或者服务,把资源转到能带来更大利润的产品或者服务上去。第三,向小客户推销高利润的产品,使其变成有利可图的客户。

在降低成本方面,首先可以适当限制为小客户提供的服务内容和范围,压缩、减少为小客户服务的时间,如从原来的天天服务改为每周只提供一天服务,从而降低成本,节约企业的资源。其次,可以运用更经济、更省钱的方式提供服务,如从原来面对面的直接销售方式转为电话销售或由经销商销售,这样不仅保证了销售收入,也减少了成本,提高了利润水平。例如,银行通过减少分支机构的数量,以及用自动柜员机代替柜员和银行职工,从而降低服务成本。如能够削减花在低价值客户上的成本,企业就能创造出高的收益。

实际上,提高价格或降低成本的目的是使那些小客户要么接受提高价格或降低成本,成为产生利润的客户,要么选择离开,通过间接的方式,让小客户自行选择去留。

2.4.3.4 劣质客户管理法

企业对于劣质客户,与其让他们消耗企业的利润,还不如及早终止与他们的关系,压缩、减少直至终止与其的业务往来,以减少利润损失,将企业的资源尽快投入到其他客户群体中。适时终止与没有价值、负价值或者前景不好的客户的关系,企业才能节省有限的资源去寻找和服务于能够更好地与企业的利润、成长和定位目标相匹配的新客户和老客户。

企业针对不同级别的客户采取分级管理和差异化的激励措施,可以使关键客户自豪地享受企业提供的特殊待遇;可以刺激和鞭策有潜力的客户不断升级,以争取享受更高级别客户所拥有的"优待";还可以让不带来利润的客户要么成为产生利润的客户,要么选择离开。这样,就可以使企业在客户管理整体成本不变的情况下,产生可观的利润增长。

复习思考

1. 企业为什么要对客户进行识别? 一般的识别标准是什么?
2. 潜在客户的定义是什么? 寻找潜在客户的原则是什么?
3. 寻找目标客户的主要方法有哪些? 各有什么特点?
4. 对于找到的不同目标客户,企业应该如何分类型地进行说服?
5. 企业吸引目标客户的主要措施有哪些?
6. 为什么要对客户进行分类? 一般的分类结果是怎样表示的?
7. 什么是客户金字塔模型? 它有什么实际用途?
8. 对于不同类别的客户,企业应该如何进行分类管理?

案例分析

储户不满 VIP 客户插队,状告银行但最终败诉

中央电视台 5 月 13 日报道,因不满 VIP 客户插队办理业务侵犯了小户的利益,福州市民李先生把银行告了,这在当时是全国首例。2008 年 5 月 12 日该案一审判决,李先生输了。"实在没想到是这样的结果!"李先生说,宣判后他表示很难理解,一个简单的民事案件,这样的宣判结果,为什么让他足足等了一年多。

宣判结果出来后,引起各方争议,银行嫌贫爱富,使普通客户尊严受损,一时间,骂声四起……有网友称:恭喜银行,贺喜银行,今后可以把"为有钱人提供更优质的服务,让穷人排队去吧"坚持到底了。

原来,2007 年 4 月 7 日,福州市民李先生来到中国农业银行福州仓山支

行三高路分理处,准备领取1万元的1年期定期存款。由于办理业务的人很多,营业窗口排起了长队。李先生排队等候了20多分钟后仍未轮到办理业务。这时,一个客户径直走到营业窗口,要求办理业务。为了维护自己和其他排队人员的权益,李先生当即提醒这名客户要排队,对方未予理睬。银行保安随即走过来解释说,这名客户是贵宾,可优先办理。原来营业窗口上张贴有"VIP客户西联汇款优先办理"的告示。

李先生认为,银行张贴告示并优先办理VIP客户业务,侵害了普通客户的人格尊严,遂向法院提起诉讼,要求法院确认该告示无效、银行赔礼道歉。储户不满VIP插队状告银行,这个受到很多人关注的案子,一年多之后一审结果终于出来了:储户败诉! 福州大学法学教授叶知年表示,银行允许VIP客户在普通窗口插队,这种做法体现其职业道德方面存在问题,是不妥的。但上升到法律层面,却很难认定银行违法。因此,这样的结果既在意料之外,更在意料之中;有悖道德,却法无禁止。

资料来源:根据网站资料整理而得。客户世界. 为有钱人提供更优质的服务,让穷人排队去吧[Z]. http://www.ccmw.net/article/23685.html,2008-05-17

案例讨论

1. 在本例中,你认为李先生状告银行的主要理由和依据是什么?

2. 银行张贴"VIP客户优先办理"的告示,体现了银行客户关系管理中的什么思想?

3. 法院为什么最终做出李先生败诉的判决结果? 整个官司一年多之后才出结果说明什么?

4. 对于该案件你如何评判? 现实生活中你还能举出类似"VIP优先办理"的例子吗?

本章实训

实训 1:通过会议模式寻找客户

一、实训目的

1. 了解会议推销的意义
2. 把握会议推销的基本程序,了解如何做到全程办好会议推销
3. 掌握会议推销需要重点关注的问题

二、场景设计

会议主讲人向潜在客户推销四种不同的主打产品,具体推销品由小组自行决定,建议可重点考虑净水产品、保健品、书籍、电子产品等。

三、角色扮演

1. 会议主讲人:各组推荐 1 名同学
2. 会议工作人员:3～6 人
3. 潜在客户:由观摩老师、其他同学扮演
4. 观察员:教师及全体同学
5. 评论员:任课老师

四、任务要求

通过会议推销的方式锻炼语言能力,了解过程中会遇到的阻力,掌握应注意的细节,学会如何妥善处理现场潜在客户的异议。

实训 2:模拟第一次打工经历

一、实训目的

1. 锻炼学习能力
2. 锻炼领悟能力
3. 锻炼模仿能力

二、场景设计

案例场景:第一次打工经历。

三、角色扮演

推销员:案例中的我(各小组自行决定)。
潜在客户:同学扮演(各小组自行决定)。
观察员:全体同学。
评论员:老师。
(注:推销员、潜在客户不能由同一小组成员扮演,必须交叉互演。)

四、任务要求

通过模拟案例场景再现,可以帮助推销员了解现实推销中可能遇到的阻力,掌握现场推销中应该注意的细节,锻炼推销员的语言能力和勇气。

第3章　客户满意及其管理

来自公交车的启示

设想一下,在烈日炎炎的夏日里,当你经过一路狂奔,气喘吁吁地在车门关上的最后一刹那,登上一辆早已拥挤不堪的公交车时,洋溢在你心里的是何等的庆幸和满足! 而在秋高气爽的秋日,你悠闲地等了 10 多分钟,却没有在起点站"争先恐后"的战斗中抢到一个意想之中的座位时,又是何等的失落和沮丧!

同样的结果——都是搭上没有座位的公交车,却因为过程不同,在你心里的满意度也会大不一样,这到底是为什么?

显然问题的答案在于你的期望不一样,炎热的夏天里,你的期望仅在于能"搭"上车,如果有座位那是意外之喜,而在凉爽的秋天里你的期望却是要"坐"上车,而且最好是比较好的座位。同样的结果,不同的期望值,满意度自然不同。

由上述例子,至少可以得到以下两点结论:

客户满意度是一个相对的概念,是客户期望值与最终获得值之间的匹配程度。客户的期望值与其付出的成本相关,付出的成本越高,期望值越高。公交车的例子中付出的主要是时间成本。

客户参与程度越高,付出的努力越多,客户满意度就越高。所谓越难得到的便会越珍惜,因为你一路狂奔,因为你气喘吁吁,所以你知道"搭"上这趟车有多么不容易,而静静地等待却是非常容易做到的。

资料来源:张永红.客户关系管理[M].北京:北京理工大学出版社,2009.

3.1 客户满意的意义

客户满意(Customer Satisfaction)理论被誉为 20 世纪 90 年代管理科学的最新发展之一,它抓住了管理科学以人为本的本质,如今客户满意已经形成一种全新的大质量观。质量应是消费者满意的质量,质量指标应该以客户满意为评价基础。对客户满意的重视体现在各国评审质量奖的标准中。如欧洲质量奖的 9 大指标中,仅"客户满意"一项的分值就定为 200 分,占整个质量奖总分(1000 分)的 20%,这还不包括在"领导""政策和战略""过程""实施结果"等其他指标中有关客户满意的要求,是 9 大指标中分值最高的一项重点指标。

3.1.1 关于客户满意的名人名言

许多著名的学者和企业家都视客户为企业的重要资源,他们非常重视客户对企业及其产品的满意程度。

(1)菲利普·科特勒(现代营销学之父):除了满足客户以外,你还必须取悦他们。

(2)李·亚柯卡(克莱斯勒公司前总裁):这家公司中每一个人所拥有的唯一的保证来自于质量、生产率和满意的客户。

(3)简·卡尔森(斯堪的纳维亚航空公司):在资产方面,我们应该填的内容是去年我们的班机共有多少愉悦的乘客,因为这才是我们的资产——对我们的服务感到高兴,并会再来买票的乘客。

(4)佛莱德·史密斯(联邦快递的创始者):"想称霸市场,首先要让客户的心跟着你走,然后让客户的腰包跟着你走。"

(5)约瑟夫·威尔森(施乐前董事兼创办人):"我们究竟有没有饭吃,最后还是由客户来决定。"

从以上名言可知这些专家和学者对客户满意的重视,也从一个侧面反映了客户满意对企业的重要意义。

3.1.2 客户满意的重要意义

1. 客户满意是企业战胜竞争对手的重要手段

在当今的买方市场上,客户对产品或服务能满足或超越他们期望的要求日趋强烈。例如,他们不但需要优质的产品或服务,同时希望能以最低的价格、最好的服务获得它们。

客户是企业建立和发展的基础,如何更好地满足客户的需要,是企业成功的关键。如果企业不能满足客户的需要,而竞争对手能够使他们满足,那么客户很可能就会投向竞争对手。只有能够让客户满意的企业才能在激烈的竞争中获得长期的、起决定作用的优势。

市场竞争的加剧,使客户有了充裕的选择空间。在这场竞争中,谁能更有效地满足客户需要,让客户满意,谁就能够获得竞争优势,从而战胜竞争对手。

2. 客户满意是企业取得长期成功的必要条件

客户满意是企业实现效益的基础。客户满意与企业盈利间具有明显的正相关性。客户只有对自己以往的购买经历感到满意,才可能继续重复购买同一家企业的产品或者服务。

现实中经常发生这样的事情,客户因为一个心愿未能得到满足,就毅然离开一家长期合作的企业,为此企业失去一位老客户,损失很大。某企业评估其一位忠诚客户 10 年的终身价值是 8000 美元,并以此来教育员工失误一次很可能就会失去全部,要以 8000 美元的价值而不是一次 20 美元的营业额来接待每一位忠诚客户,并提醒员工要时刻让客户满意,才能确保企业得到客户的终身价值。此外,客户满意还可以节省企业维系老客户的费用,同时,满意客户的口头宣传还有助于降低企业开发新客户的成本,并且树立企业的良好形象。

【阅读材料】
关于客户满意的几个影响数据

美国客户事务办公室提供的调查数据表明:平均每个满意的客户会把他满意的购买经历告诉至少 12 个人,在这 12 个人里面,在没有其他因素干扰的情况下,有超过 10 个人表示一定会光临;平均每个不满意的客户会把他不满意的购买经历告诉至少 20 个人,而且这些人都表示不愿接受这种恶劣的服务。另据美国汽车业的调查显示,一个满意的客户会向 25 个人进行宣传,并能引发 8 笔潜在生意,其中至少有 1 笔能成交(著名的 1:25:8:1 定理);而一个不满意的客户也会影响 25 个人的购买意愿。

资料来源:http://www.ctoutiao.com/621873.html.

3. 客户满意是实现客户忠诚的基础

从客户的角度来讲,曾经带给客户满意经历的企业意味着可能继续使客户满意,或者是减少再次消费的风险和不确定性。因此,企业如果上次能够让客户满意,就很可能再次得到客户的垂青。客户忠诚通常被定义为重复购买同一品牌的产品或者服务,不为其他品牌所动摇,这对企业来说是非常理想的。但是,如果没有令客户满意的产品或服务,则无法形成忠诚的客户——只有让客户满意,他们才可能成为忠诚的客户,也只有持续让客户满意,客户的忠诚度才能进一步得到提高。可见,客户满意是形成客户忠诚的基础。

3.2　客户满意的概念

客户满意度理论研究有其悠久的历史和社会背景。早在 1802 年英国的法学家和哲学家本瑟姆(Bentham)就提出用户满意的研究问题,但是没有得到当时学术界的认可。一直到 20 世纪中后期,一方面,人类行为学(Human Behavior)方面的理论研究逐步成形;另一方面,市场经济的充分发展使消费者的地位得到进一步提高,在这种情况下客户满意度研究的问题才得到肯定并发展。到 80 年代末,客户满意度理论研究已经比较成熟并应用于许多国家和区域的实践。

在 2000 版的 ISO/DIS9000 中,客户满意被定义为:"客户对某一事项已满足其需求和期望的程度的意见",并注明:"某一事项是指在彼此需求和期望及有关各方对此沟通的基础上的特定事件。"

菲利普·科特勒认为:满意是指一个人通过对一种产品的可感知的效果(或结果)与他或她的期望值相比较后,所形成的愉悦或失望的感觉状态。Barky 等认为客户满意是客户满意水平的量化。如果可感知的效果低于期望,客户就会不满意,可感知的效果与期望值相匹配,客户就会满意,若感知的效果超过期望值,客户就会高度满意或欣喜。因此满意水平是可感知的效果与期望值之间的差异函数,用公式表示为:

$$客户满意水平 = f(事前预期,可感知的效果)$$

理查德·奥利弗(Oliver)认为满意度是一种影响态度的情感反应。针对某种产品和服务的消费,他提出了一个具有扩展性的客户满意度定义:满意是客户对于自己愿望的兑现程度的一种反映,是一种判断方式。这种判断方式的对象是一种产品和服务的特性以及这种产品和服务本身,判断的标准是看这种产品和服务满足客户需求的程度,包括低于或高于客户的预期。该定义包含了三种满意情况:未达到客户要求、达到客户要求和超出客户要求。未达到客户的要求客户就会不满,达到客户要求就会使客户勉强满意。

本书认为,客户满意是客户对某种产品或服务可感知的实际体验与他们对产品或服务的期望之间的比较。顾客满意是指客户通过一个产品或服务的可感知的效果,与他的期望值相比较后形成的愉悦或失望的"感觉状态",是一种客户心理反应,而不是一种客户行为。

客户满意度是指客户满意程度的高低,为客户体验与客户期望之差,用公式可表示为:

$$客户满意度＝客户体验－客户期望$$

当客户体验与期望一致时,上述差值为零,客户是基本满意的。当客户体验超出客户期望时,上述差值为正数,客户就感到"物超所值",就会很高兴,甚至赞叹,这个正数数值越大,客户满意度越高。

例如,旅客奔波一天回到房间,惊喜地发现饭店送的生日蛋糕和鲜花,出乎他的预料,旅客的高兴和满意程度是不言而喻的。相反,当差值为负数时,即客户体验低于客户期望,客户是不满意的,这个负数数值越大,客户满意度越低。

3.3　影响客户满意度的因素

客户满意度对企业十分重要,企业欲创造或提高本企业的客户满意,首先要了解影响客户满意程度的因素,以便有针对性地采取措施,从而提高客户对该消费经历的整体满意程度。

3.2.1　客户满意度模型

影响客户满意度的因素很多,许多学者从不同的角度对此进行了研究,其中客户满意的双因素模型、差距模型以及卡诺模型是典型的对其作出解释的理论。

3.2.1.1　客户满意的双因素理论

双因素理论是美国心理学家弗雷德里克·赫茨伯格(Frederick Herzberg)于 1959 年提出来的。运用该理论,本文把影响客户满意的因素分为两类不同性质的因素,一类是保健因素(卫生因素),另一类是激励因素(愉悦因素)。保健因素是客户所期望的,没有满足的话,客户就不满意;激励因素是雇员提供给客户的,提供后,客户感到愉悦和满意。这两类因素对客户满意度的影响是完全不同的。保健因素是引起客户低满意度的因素,激励因素是导致客户满意度提高的因素。即没有提供保健因素,客户很不满意,提供后,客户只是没有不满意,而并不是满意。反过来,企业若提供了激励因素,客户很满意,若没有提供激励因素,客户只是没有满意,而不会不满意。也就是说无论企业在保健因素上如何出色,结果只是客户没有不满意而已,并不会因此有很高的满意度。而客户没有得到激励因素也并不会因此对企业怨恨,只是有些遗憾,并不会导致客户的不满意。

在此利用客户满意的双因素来分析行业内公司业绩的类型。如图 3-1 所示。

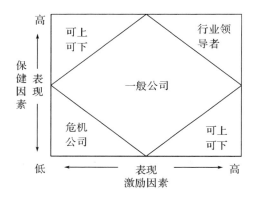

图 3-1　客户满意度坐标方格

图中的四个角代表了完全不同的情况,尽管行业不同或商业类型不同。

(1)处于左下角的情况:公司面临危机,客户的满意度低,将会流失更多的客户。尽管公司可以随便应付一阵,但是长期的前景是暗淡的,除非处于这种情况的公司进行根本的变革去接近客户,否则过不了多久就会倒闭。

(2)处于左上角的情况:公司较之前者生存的机会大一些,这样的公司能够满足客户的基本需要,但忽略了其他因素。如一家餐馆,可以提供可口的食物,但是用餐环境很差,而且服务也很差。竞争的激烈程度决定了公司的生存机会。若其竞争者没有获得较高的客户满意度,它还有可能维持现状,但当其竞争对手的绩效更好,能够提供更好的服务时,它就会在市场竞争中迅速衰败。

(3)处于右下角的情况:公司所处的局面是很令人困惑的。公司的业绩水平在某些地方甚至所有愉悦度方面都是很高的,然而保健因素方面却不完善,这些公司只需要在保健因素上努力得到客户的认可,即可摆脱困境。

(4)处于右上角的情况:创新的企业领袖。处于这种情况下的企业,掌握了所有客户的期望,形成并贯彻了有效的增值运转系统,这样的企业,已经形成了持久的、有竞争力的优势。

行业内大多数公司处于中间状态,无论是在保健因素还是激励因素上都是表现平平,是一般公司。

3.2.1.2　差距模型

服务质量差距模型是 20 世纪 80 年代中期到 90 年代初,由美国营销学家帕拉休拉曼(A. Parasuraman)、赞瑟姆(V. A. Zeithaml)和贝利(L. Berry)等人提出的。三位教授(简称 PZB)认为,服务质量体现了客户所期望的服务与商家提供的实际服务之间的差距——这一差距发生在企业内部,由企业与客户交互过程中的其他四个差距累计造成。GAP 模型描述了这四个差距累计形成服务质量差距的过程,如图 3-2 所示。

此模式提出服务质量有五个差距(GAP),而这五个差距就是服务业的服务质量无法满足客户需求或期望的原因。如果企业要让客户的需求达到满意水平,就必须缩小这五个差距。而这五个差距中,前四个差距是服务业者提供服务质量的主要障碍,第五个差距是由客户认知服务与期望服务所形成的,且第五个差距是前面四个差距的函数。

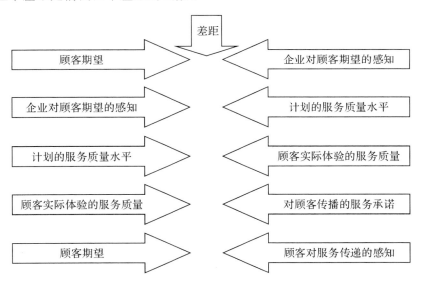

图 3-2　描述服务质量差距的 GAP 模型

（1）差距一：客户对企业产品的期望与企业对客户期望的感知存在差距。很多企业不能满足客户的需求，是因为他们根本不了解客户的期望。如果不注重客户满意度的话，企业只是在为它的产品寻找客户，而不是为其客户生产产品。

（2）差距二：虽然企业知道客户的期望，但可能由于成本、企业资源等问题无法满足客户的全部期望，企业所提供的服务质量水平达不到客户的要求。

（3）差距三：企业原计划向客户提供的服务质量水平，经过员工、渠道传递后，客户实际感受到的水平可能会小于计划水平，这方面的差异体现了企业的执行力强度，著名的大企业在这方面要比小企业做得出色。

（4）差距四：从客户的角度出发，客户购买产品或者服务后，他实际体验到的感受会与企业所宣传的承诺有差别。例如企业承诺七天内无条件退货，但客户购买后，企业却拒绝退货，客户就会不满意。

（5）差距五：是客户对事前的服务期望和感知的服务之间的差距，此差距是客户对接受服务前预期的服务水平和接受服务后认知到的服务水平之间的差距。如果事后的认知未达到事前的期望，则客户对企业提供的服务质量会感到满意；如果事后的认知未达到事前的期望，则客户对企业所提供的服务质量会感到不满意。而口碑、个人需求、过去经验都会影响到客户的期望。因此得知，要使客户达到满意的服务质量，必须缩小这一差距，因为客户对服务的期望和认知的差距，决定了客户对服务质量满意的程度。

此外 Parasuraman，Zeithaml 和 Berry 将第五个差距独立出来，单从客户的期望服务和认知的差距来衡量客户感知的服务质量，并归纳出十个影响服务质量的决定因素。在 1988 年对五家服务公司（电器维修公司、银行、电信公司、证券经纪商、信用卡公司）做实证研究后发现，有些因素可以合并成一个新的因素，于是将服务质量的 10 个因素缩减成 5 个因素。[①]

（1）可靠性（Reliability）：可靠性被定义为准确可靠地执行所承诺服务的能力。从更广泛的意义上说，可靠性意味着企业按照其承诺行事，包括送货、

---

① Berry 等人最先提出的是决定服务质量的 10 个因素，它们是可靠性、响应性、能力、可接近性、礼仪、沟通、可信度、安全性、理解和有形性等，后来在此基础上才抽象出决定服务质量和客户满意程度的五个维度。

A. Parasuraman，V. A. Zeithaml，L. Berry. A conceptual model of service quality and its implications for future research[J]. Journal of Marketing，1985，49：41-50.

瓦拉瑞尔 A. 泽丝曼尔，玛丽 J. 比特纳. 服务营销[M]. 张金成，白长虹，译. 北京：机械工业出版社，2002：80-82.

提供服务、问题解决、定价方面的承诺。客户喜欢与信守承诺的企业打交道，特别是那些能信守关于核心服务方面承诺的企业。

（2）响应性（Responsiveness）：响应性是指帮助客户及提供便捷服务的自发性。该维度强调在处理客户要求、询问、投诉问题时的专注和快捷。响应性表现在客户在获得帮助、询问的答案及问题被注意前等待的时间上，也包括为客户提供其所需要服务的柔性和能力。

（3）保证性（Assurance）：保证性被定义为雇员的知识和谦恭态度，以及其能使客户信任的能力。它包括客户身体上的安全性、财务上的安全性和对企业及其员工的信任程度。在客户感知服务包含高风险、客户不能确定自己有能力评价服务的产出、客户关系形成的早期阶段等情况下，保证性这一维度可能特别重要。

（4）移情性（Empathy）：移情性是企业给予客户的关心和个性化服务。移情性的本质是通过个性化的或者定制化的服务使每个客户感到自己是唯一和特殊的。

（5）有形性（Tangibles）：有形性被定义为有形的工具、设备、人员和书面材料的外表。一般新客户喜欢用它来评价服务的质量及满意程度。

这五个因素形成衡量服务质量的量表，称为 SERVQUAL（Service Quality）。本书认为，影响客户对某种产品的感知价值的因素有很多，其中客户使用产品或服务的目的，客户所掌握的信息的多少，客户的消费偏好，市场供给情况以及代替品的可获得性，客户购买和使用体验等为其主要因素。

3.2.1.3　卡诺（KANO）模型

KANO 模型是由日本的卡诺博士（Noritaki Kano）提出的，Kano 认为产品和服务质量分为三类：当然质量、期望质量和迷人质量，具体内容如下。

（1）当然质量：是指产品和服务应当具备的质量，对这类质量客户不做任何表述，因为客户假定这是产品和服务所必须提供的，如电视机的清晰度、汽车的安全性等。客户认为这类质量特性的重要程度很高，如果在这类质量特性上企业的业绩很好，并不会显著增加客户的满意度。但反之，即使重要程度不高，如果企业在这类质量特性上的业绩不好，则会导致客户的极度不满。当然质量和客户满意度非线性相关。

（2）期望质量：是指客户对产品和服务有具体要求的质量特性，如汽车的省油，服务的快捷性，这类质量特性上的重要程度与客户的满意度同步增长。客户对产品和服务的这种质量特性的期望，以及企业在这种质量特性上的业绩都容易度量，这种质量与客户满意线性相关。

（3）迷人质量：是指产品和服务所具备的质量特性超越了客户期望的质量特性，这类质量特性（即使重要程度不高）能激起客户的购买欲望，并使客户十分满意，如 3M 公司的"方便贴"、索尼公司的随身听等皆是典型例子。此类质量与当然质量一样，与客户满意成非线性相关（见图 3-3）。

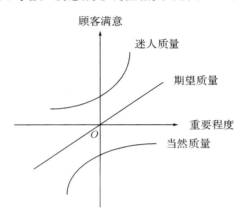

图 3-3　卡诺客户满意模型

上述三种客户满意影响因素理论都从不同角度定性地对其影响因素进行了分析。

3.2.2　影响客户满意度因素

本书认为，客户满意是客户的一种心理感受，是一个复杂的心理过程，不同的客户其心理过程都不一样，即使是同一客户在不同的情景消费同一产品和服务，其满意度也会不一样。菲利普·科特勒认为："满意指个人通过对产品的可感知效果与他的期望值相比较后所形成的愉悦或失望的感觉状态。"从中可以知道客户满意是客户期望和客户感知价值比较的结果。因此，本书得出影响客户满意度的因素是客户期望和客户感知价值。

3.2.2.1　客户期望

客户期望是指客户在购买、消费产品或服务之前对产品或服务的价值、品质、服务、价格等方面的主观认识或预期。

1. 客户期望对客户满意的影响

不同的人在接受同一产品或服务时，会出现对同一产品或服务的满意程度不同的现象，有人满意，有人不满意，而出现这种情况的原因往往是他们的期望不同。

例如,客户对自己等待时间满意与否,取决于客户等待时间的期望值和实际等待时间,比如,客户期望等 10 分钟却等了 30 分钟,这很可能引起客户的极度不满意。而同样等了 10 分钟,期望 6 分钟等待时间的客户会比期望 30 分钟等待时间的客户不满意。

这个例子说明客户期望对客户满意是有重要影响的。也就是说,如果企业提供的产品或者服务达到或超过客户期望,那么客户就会满意或很满意。而如果达不到客户期望,那么客户就会不满意。

现实中很多人认为,让客户满意的办法就是要尽可能地为客户提供最好的产品和最好的服务。这个出发点没有问题,也容易被大家接受,但它忽略了其中隐含的问题,那就是究竟要用多大的代价才能实现客户满意? 有没有考虑成本问题? 要不要考虑效益问题?

回答是肯定的,企业必须讲成本、讲效益,而不能不顾一切地付出代价,否则,很可能得不偿失。如果企业能够用较小的代价实现客户满意,何乐而不为呢?

那么,如何做到花最小的代价获得客户满意呢?

这就要知道客户的期望是什么、是多少。如果企业能够掌握甚至引导客户的期望,那么,就可以用最小的代价——只要稍稍超出客户期望一点点,就能够获得客户的满意。这既是最经济的思路,也是最科学的思路。

2. 影响客户期望的因素

(1)客户以往的消费经历、消费经验、消费阅历。客户在购买某种产品或服务之前,往往会结合以往的消费经历、消费经验,对即将要购买的产品或服务产生一个心理期望值。

例如,以往打热线电话在 10 秒钟之内就能够接通,这一次超过 20 秒仍无人接听就会难以接受;反之,以往热线电话很难打进,现在 1 分钟内被受理感觉就比较好。

也就是说,客户以往的消费经历、消费经验会影响他下次购买的期望。而没有消费经历和消费经验的客户如果有消费阅历(即亲眼看到别人消费),那么也会影响他的期望:如果看上去感觉不错就会形成较高的期望,如果看上去感觉不好则会形成较低的期望。

(2)客户的价值观、需求、习惯、偏好、消费阶段。不同的客户由于身世、身份及消费能力等的差异会产生不同的价值观、需求、习惯、偏好,不同的客户面对同样的产品或者服务会产生不同的期望。

同一个客户在不同的阶段也会产生不同的期望。例如,上一次消费时客户对产品或服务提出了意见或建议,那么,下一次他对该产品或者服务的期望就较高。如果他提出意见或建议的产品或服务没有改进,就会令他不满意。

(3)他人的介绍。人们的消费决定总是很容易受到他人尤其是亲戚朋友的影响,特别是在中国这样从众心理普遍存在的国家,他人的介绍对客户期望的影响远远超出我们的想象。如果客户身边的人极力赞扬,说企业的好话,就容易让客户对该企业的产品或服务产生较高的期望;相反,如果客户身边的人对企业进行负面宣传,则会使客户对该企业的产品或服务产生较低的期望。

例如,某客户的朋友告诉客户,某宾馆的服务好极了,自然该客户对该宾馆的期望值就会很高;如果朋友告诉客户,某宾馆的服务糟糕透了,自然该客户对该宾馆的期望值就会很低。

(4)企业宣传。企业的宣传主要包括广告、产品外包装上的说明、员工的介绍和讲解等。根据这些,客户会对企业的产品或者服务在心中产生一个期望值。

例如,药品的广告宣称服用 3 天见效,那么药品的服用者也就期望 3 天见效;如广告宣称是服用 3 周见效,那么药品的服用者也就期望 3 周见效。

肆意地夸大宣传自己的产品或服务,会让客户产生过高的期望值;而客观地宣传,就会使客户的期望比较理性。

此外,企业预先提醒客户可能需要等待的时间,也会使客户有一个心理准备,产生一个合理的期望。一些研究表明,那些预先获得需要等待通知的客户会比那些没有获得需要等待通知的客户满意。

(5)价格、包装、有形展示的线索等。客户还会凭借价格、包装、环境等看得见的有形展示线索,来形成对产品或者服务的预期。

例如,如果餐厅环境脏乱,服务人员穿着邋遢、不修边幅的话,显然会令客户将其定位为低档消费场所,认为其根本不可能提供好的服务。相反,较高的价格、精美或豪华的包装、舒适高雅的环境等可使客户产生较高的预期。

3.2.2.2 客户感知价值

客户感知价值是客户在购买或者消费过程中,企业提供的产品或服务给客户的感觉价值。客户感知价值实际上就是客户的让渡价值,它等于客户购买产品或服务所获得的总价值与客户为购买该产品或服务所付出的总成本之间的差额。

1. 客户感知价值对客户满意的影响

例如,假设客户对食物的最基本期望是干净卫生,餐厅 A 让客户实际感受到的卫生情况就是客户感知价值,如果客户实际感受到的卫生状况不好,客户就会不满意,如果客户感受到的卫生状况很好,客户就会满意,如果客户在感受到良好的卫生状况的情况下,还感受到良好的服务,客户就会很满意。

客户感知价值对客户满意也有着很重要的影响,如果企业提供的产品或者服务的感知价值达到或超过客户期望,那么客户就会满意或者非常满意。但若感知价值达不到客户期望,那么客户就会不满意。

2. 影响客户感知价值的因素

影响客户感知价值的因素有客户总价值和客户总成本两大方面,即一方面是客户从消费产品或服务中所获得的总价值,包括产品价值、服务价值、人员价值、形象价值等;另一方面是客户在消费产品或服务中需要耗费的总成本,包括货币成本、时间成本、精神成本、体力成本等。

也就是说,客户感知价值受到产品价值、服务价值、人员价值、形象价值、货币成本、时间成本、精神成本、体力成本八个因素的影响。进一步说,客户感知价值与产品价值、服务价值、人员价值、形象价值成正比,与货币成本、时间成本、精神成本、体力成本成反比。

总之,客户总是希望获得最多的产品价值、服务价值、人员价值、形象价值,同时又希望把货币成本、时间成本、精神成本、体力成本降到最低限度,只有这样客户的感知价值才会最高。

3.4 客户满意度的测评

3.4.1 客户满意度评价指标体系的有关论述

测量客户的满意度,核心的问题是确定客户满意指标体系。

客户满意指标是一组与提供物有关的、能反映客户对提供物满意程度的项目因素。

由于客户对提供物需求的强度不同,而提供物又由许多部分组成,每个组成部分又有许多属性,当提供物的某个部分或属性不符合客户要求时,他们都会做出否定的评价,产生不满意感。可见,影响客户满意水平的因素非常繁多,所以,如何从中选择既能全面反映客户满意状况又有代表性的项目,建立科学的指标体系成为正确测量客户满意度的关键。

国内外的许多学者从不同的角度提出了略有差异的客户满意度评价指标

体系,为具体研究提供了极其有益的借鉴。

3.4.1.1　客户满意度评价的维度

在确定详细具体的指标体系之前,需要明确客户满意度评价的大致方向、内容和维度,在维度构建的框架内来细化客户满意度评价指标体系。由于服务的无形性,对它的满意程度的测量明显要难于有形产品,所以学者们喜欢将客户满意度评价研究的重点集中在服务领域,很多经典的评价维度和指标体系都来源于服务营销专家的智慧与实践。

服务营销的著名专家 Parasuraman,Zeithaml 和 Berry 从一般性原则的角度出发,提出消费者在评价服务的质量和满意程度时,会主要考虑 5 个维度(具体见 3.2.1.2)。

另一个服务营销的著名专家格罗鲁斯在综合 Bitner,Rust 和 Oliver 等人的研究基础上,从评价内容的角度出发,提出了客户感知质量和满意程度的 7 项标准[①]:

(1)职业化程度和技能——客户认为服务提供者及其员工、经营系统和有形资源应当具有以专业方式来解决他们问题的知识和技能。

(2)态度与行为——客户认为企业员工(与客户接触的员工)应当关注他们,并且积极主动地解决他们在接受服务过程中所面临的问题。

(3)易获得性与灵活性——服务的地点、时间、服务企业员工和运营系统应当根据客户的要求灵活地加以设计和运营,这样客户可以很容易地接受企业的服务;如果客户有要求,也可以根据客户的要求灵活地对服务做出调整。

(4)可靠性与可信度——如果服务提供者及其员工能够信守诺言而且全心全意地为客户服务,那么,客户就会对企业产生信任感,认为企业是非常可靠的。

(5)服务补救能力——如果出现客户意料之外的事情或服务失误,企业应当立即和主动地采取措施来控制局面,并找到新的、客户可以接受的解决方案。

(6)服务环境组合——服务的有形环境和其他环境应当对服务过程起到有力的支持作用。

(7)声誉与信用——客户对服务提供者应当具有信任感,服务应当是"物有所值"的,客户可以与企业一起分享良好的服务绩效和价值。

---

① 克里斯汀·格罗鲁斯.服务管理与营销(第二版)[M].韩经纶,等译.北京:电子工业出版社,2002:59.

PZB 和格罗斯的评价维度尽管角度不同,但彼此的一致性是非常明显的。他们都是从客户的角度来评判企业所提供的服务的质量状况以及给客户带来的满足程度,而且涉及的内容非常全面,评价的项目不仅包括服务的结果方面,也广泛涵盖了服务提供的过程,如格罗斯的评价维度中"职业化程度和技能""声誉与信用"是与服务结果有关的评价维度,而"态度与行为""易获得性与灵活性""可靠性与可信度""服务补救能力"和"服务环境组合"等都是与服务过程有关的评价维度,并且这些维度都或多或少地必须遵循"可靠性""响应性""保证性""移情性""有形性"等一般性原则。

尽管 PZB 等人的研究具有普遍的指导意义,但是,他们的局限性也是很明显的。第一,他们的研究毕竟是从服务的角度出发的,并不能涵盖所有的行业和市场,评价维度不具有普遍适用性。第二,他们并没有指出各个维度之间的相对权重,也没有指出寻找和界定相对权重的方法和途径,给实际的运作带来一定的困扰。第三,他们的研究在强调关系、承诺、互动的今天需要做适当的扩展。

为了有效地避免第一种和第三种情况,需要从新的角度来确定客户满意度评价的维度。巴诺斯(Barnes)[①]的研究提供了很好的借鉴,他从客户价值内涵的角度提出了客户满意度评价维度。根据马斯洛(Maslow)的需求层次理论,巴诺斯将一个企业或组织提供给客户的东西相对应地分为五个层次,这些东西可以被称为"供给"或者是"价值主张",不管企业或者组织是何种类型的,它们都会在这五个层次中的每一个层次上为客户提供一些东西。这五个层次按照从下到上的顺序分别是核心产品或服务、流程和系统支持、技术表现、与组织的互动、情感要素等。本书在价值设计的论述中,在这五个层次的基础上,抽象出了三个层次的价值内涵:核心产品、服务支持与流程以及人员互动。本书将客户价值的三个层次列为评价客户满意度的主要维度。本书认为,从价值内涵的本身来评价客户满意度,具有本原性和深入性,在越来越忽视价值载体(实体产品和服务)而重视价值内涵的今天,这种评价维度非常适用。

3.4.1.2　客户满意度评价的指标体系

在客户满意度评价的具体指标体系方面,也有很多学者进行了理论性和

---

① 杰姆·G.巴诺斯.客户关系管理成功奥秘——感知客户[M].刘祥亚,郭奔宇,王歌,译.北京:机械工业出版社,2002:94-104.

实证性的探讨。美国学者杜卡（Dutka）[①]认为不同行业与市场中的客户满意度评价指标具有一定的同质性，事实上存在着一个可以适用于许多不同产品和服务的通用指标体系，这个抽象的、普遍适用的指标体系分为三个方面：与产品有关的指标、与服务有关的指标和与购买有关的指标。其中，与产品有关的指标具体包括价值与价格的关系、产品质量、产品利益、产品特色、产品设计、产品可靠性和统一性、产品或服务的范围等；与服务有关的指标具体包括保修期或担保期、送货服务、处理客户抱怨、问题的解决等；与购买有关的指标具体包括礼貌、沟通、获得的难易和方便程度、企业名誉、企业竞争实力等。当然，处于不同行业和市场的企业每次在具体运用这些指标时，还必须进一步定义、阐述、解释和细化。

国内学者李蔚[②]认为服务满意度指标体系应该包括：绩效（指服务的核心功能及它所达到的程度，绩效通常是结果导向），保证（核心服务功能提供的过程中的正确性及回应性，它强调的是服务过程中的态度，因此它是过程导向的体现），完整性（涉及所提供的服务的多样性以及是否周到），便于使用（指有关服务的可接近性、简易性以及使用的灵巧度）和情绪/环境（核心服务功能以外的感受）等内容。产品满意度指标体系则可以从品质（品质方面包括功能、使用寿命、用料、可靠性、安全性、经济性），设计（设计方面包括色彩、包装、造型、体积、装饰、质感、手感、质地），数量（数量方面包括容量、成套性、供求平衡），时间（时间方面包括及时性、随时性），价格（价格方面包括最低价位、最低价质比即产品价位和质量的比值、心理价格、商值即产品价位与产品使用时间之比），服务（服务方面包括全面性、适应性、配套性、全纵深性、全过程性、态度、价格、方便性），品位（品位方面包括名牌感、风格化、个性化、多样化、特殊化、身份感），等方面进行评估。

3.4.2　CRM体系中的客户满意度评价指标体系

综合以上学者的研究，本书从客户价值内涵的角度出发，认为CRM体系中客户满意度的评价指标体系可以归结为三大类，每一大类下面又包含具体的评价指标和项目。

---

① 阿伦·杜卡.美国市场营销学会客户满意度手册[M].北京：宇宙出版社，香港：科文（香港）出版有限公司，1998：58.
② 李蔚.推销革命——超越CI的CS战略[M].成都：四川大学出版社，1995：88-97.

3.4.2.1　核心产品满意度评价指标

在容忍区域理论中,核心产品层次属于必要的价值范畴。在赫茨伯格的双因素理论中,核心产品层次属于保健因素的范畴,所以它所包括的具体指标主要侧重于基本价值和利益的考察。比如产品性能(产品主要特点在运用中的水平)、产品特色(产品基本功能的某些增补)、产品的一致性(产品的设计和使用与产品说明书所列的标准一致)、产品的耐用性(产品的使用寿命)、产品的可靠性(在一定的时间内产品将保持不坏的可能性)、产品的可维修性(产品出了故障或用坏后可以修理的容易程度)、产品的安全性(在使用和处置的过程中不会有伤害人身和财产的隐患)、产品的外形和风格(产品给予客户的视觉和感觉效果)、产品的性价比(性能与价格的比较)等。

3.4.2.2　服务支持与流程满意度评价指标

在这个层面主要考察的是企业的可靠性、对客户需求的反应速度与反应质量以及差异化的情况,具体的指标比如:可靠性(在指定的时间内完成服务、准确结账、精确提供企业财务数据和客户数据记录准确),响应性(及时服务、迅速回复客户打来的电话、对客户抱怨的即时处理、即刻办理邮寄服务),方便性(营业的时间便利、通过电话可以很容易联系到服务、接受服务等待的时间不长、服务地点便利、支付方式可以自由选择、信息获取方便),等。

3.4.2.3　人员互动满意度评价指标

在这个层面主要考察企业给予客户的信任感、尊重感和理解程度。具体的指标包括:礼仪(考虑客户的立场、与客户接触员工的外表干净而整洁、接待友善),沟通(用客户听得懂的语言表达、耐心倾听客户的陈述、向客户确认能解决的问题、邀请客户参与),理解(了解客户的特殊需求、提供个性化的关心、认出老客户),等。

由于不同企业的具体情况不同,本书不可能提供一个全面、详细、具体而普遍适用的客户满意度评价指标体系,这里只能做一个初步的理论性探讨,提出客户满意度评价的大致框架,具体内容的充实需要结合具体的情况来实现,在有些情况下可能还要增加或减少一些指标以满足特殊的要求。

在确定了客户满意指标体系后,企业还需要解决的一个技术性问题是如何决定各个指标之间的权重。很明显,每一个指标对客户满意度的影响程度是不一样的,有些指标的影响程度大,而有些指标的影响程度小。这种影响程度的差异有时还因人和因时而表现出来。有的客户非常在意的某些指标可能对其他客户来说并不是那么重要;有的客户在某种状况下非常在意的指标到了另外一种环境下却又变得次要。所以,由企业单方面确定的权重肯定过于武断而不科学,企业应该在与客户充分交流的基础上来确定指标彼此之间的相对权重,这可以通过一些试验性的调查、访谈来实现。同时,对于一些具有重要价值的客户,企业甚至可以像定制产品那样来定制指标权重,在持续的交往过程中,企业不仅要关注不同客户之间满意程度的比较、与竞争者客户满意程度的比较,更要注意客户满意程度的历史纵向比较,通过客户自身感受的提高来增强企业与客户之间良好的关系。

在确定了客户满意指标体系后,接下来就是客户满意跟踪调查。

企业可以通过以下七个渠道来收集客户方面的信息:客户投诉,与客户的直接沟通,问卷和调查,密切关注的团体,消费者组织的报告,各种媒体的报告,行业研究的结果。其中,问卷和调查是一种比较全面的常用方法。应该将客户满意跟踪调查的结果与客户信息库对接起来。

3.4.3 规划客户满意度的调查工作

1. 确定调查的目标、对象和范围

作为客户满意度研究体系的开端,首先应当明了对客户满意度进行研究和评价的目标,一般而言,进行客户满意度的研究,需要达成如下的几个目标:

(1)确定影响满意度的关键决定因素;

(2)测定当前的客户满意水平;

(3)发现提升产品或服务的机会;

(4)从客户的意见和建议中寻找解决客户不满的办法,为管理者提供建议。

另外,还应当弄清的有:谁是该项服务或产品的客户? 有多少这样的客户? 有没有一个客户数据库? 企业的客户如何分类? 目标客户是哪些? 怎样向客户提供服务? 企业的竞争对手是哪些? 他们的客户服务开展得怎样? 客户满意度怎么样? 等等。

通过这一步,还要弄清楚,在企业的运营中组织结构怎样提供服务,以及有哪些部门直接与客户接触,有哪些部门为与客户接触的第一线工作人员提供支持,等等。

2. 确定调查方法

客户满意度调查方法通常包括二手资料搜集、内部访谈、问卷调查、深度访谈和焦点访谈。

(1)二手资料搜集。二手资料来源渠道比较广,可来自于企业内部报告、人口普查报告、世界银行报告、统计年鉴等出版物,也可来自报纸、杂志、各类书籍以及一些商业性的调查公司资料等。二手资料的优点是成本低,可立即使用,但详细程度和有用程度均不够,因而需要其他方法补充。不过在进行问卷设计的时候,二手资料能提供行业的大致轮廓,有助于增加人员对拟调查问题的把握。

(2)内部访谈。内部访谈是对二手资料的确认和重要补充。通过内部访谈,可以了解企业经营者对所要进行的调查项目的大致想法。

(3)问卷调查。它是一种最常用的有效搜集方式。问卷调查通常采用抽样法。抽样的方法有随机抽样、等距抽样、分层抽样和整体抽样。抽样调查使客户从自身利益出发来评估企业的服务质量,能客观地反映客户满意水平。

(4)深度访谈。为了弥补问卷调查存在的不足,有必要实施典型用户的深度访谈。深度访谈是针对某一论点或话题进行一对一(或 2~3 人)的交谈,在交谈过程中提出一些探究性问题,用以探知被访者对某事的看法或做出某种行为的原因。

(5)焦点访谈。为了更周到地设计问卷,可采用焦点访谈的方式获取信息。焦点访谈就是一名主持人引导 8~12 人(客户)对某一主题或观念进行深入的讨论。焦点访谈通常避免采用直截了当的问题,而是以间接的提问激发与会者自发的讨论,从中发现重要的信息。

3. 设计问卷并进行调查

问卷设计完成之后,必须选择部分人群进行小范围的问卷调查,以发现问卷中的问题,及时改正,从而提高问卷的有效性。

4. 挑选和培训调查人员

企业根据调查所要达到的目标,挑选调查人员并对其进行培训,以保证调查实施人员理解问卷内容以及调查中的注意事项,确保调查进行过程中的公正性和客观性,提高有效答卷的比例。

5. 实际执行调查

定量调研可以采取的方式有:面访(包括入户访问和拦截式访问)、邮寄调查(包括传统邮件和电子邮件)、电话调查、网络调查、短信调查等。

6. 回收和复核调查内容

进行满意度调查的企业应该提供多种方式便于客户回送答卷,以提高问卷回收的比例。

7. 编码录入和统计分析调查数据

调查完成后,调查人员应该进行数据的统计和分析处理,写出调查报告,供管理层参考。客户满意度测评的本质是一个定量分析的过程,即用数字去反映客户对测量对象的态度。根据设定的规则,对不同的态度特性赋予不同的数值。例如,第一档为"很满意(很好)",得 10 分;第二档为"比较满意(较好)",得 8 分;第三档为"满意(一般)",得 6 分;第四档为"不满意(较差)",得 3 分;第五档为"非常不满意(很差)",得 0 分;这样便于数据录入和统计。

3.4.4　设计调查问卷

调查问卷的结构一般包括前言、正文、结束三部分。

前言主要说明调查目的及意义,以打消被调查者的顾虑,并说明问卷回收方法等。

正文包括两部分:①客户购买行为特征问题,即如何时购买、何地购买、购买何物、如何购买等问题;②满意度测评指标体系,这是问卷的核心部分。

结束包括两部分:①被调查者的基本情况,如性别、年龄、教育水平、职业收入等有关社会人口特征的问题,以了解消费者特征;②对被调查者表示感谢。

1. 设定调查内容

设定调查内容,即确定影响客户满意度的因素。客户满意度的调查项目如表 3-1 所示。

表 3-1　客户满意度调查项目

调查项目	解释
基本项目	客户基本情况,购买的产品或服务,产品取得的方式及时间
总体满意度	客户对企业总体满意度评价
产品指标	产品的性能、价格、质量、包装等
服务指标	包括服务承诺、服务内容、响应时间、服务人员态度等
沟通与客户关怀指标	如沟通渠道、主动服务等
与竞争对手比较	产品、服务等方面的比较
客户再次购买和向其他人推荐	从中可分析客户的忠诚度
问题与建议	让客户没有限制地提出问题,并对企业提出宝贵建议

具体到每一家企业,满意度调查项目组应首先采用深度访谈、焦点访谈或抽样调查的方法,采集来自企业内部不同岗位员工和消费者关于客户满意度影响因素的看法,从而发现影响客户满意度的因素,并对每个因素进行充分分

解,初步建立起客户满意度影响指标体系。

2. 确定满意度指标

确定满意度指标即确定哪些满意因素能成为满意指标。初步建立的客户满意度影响指标体系,包含了几乎所有可能影响客户满意度的指标,多数都以三级或四级指标的形式表现出来。首先,满足问卷的编制者需要依据企业发展战略和调查目标的需要,删除与发展战略和调查目标关联性较小的因素,仅保留与客户满意度指数有较强相关关系的满意指标。其次,需要剔除与其他因素高度相关的指标,使剩余的指标保持相对独立。比如,有两个客户满意指标,分别是"货品种类是否齐全"和"是否能够购买到您需要的货品",这两个指标的相关程度较高,只能选择一个作为满意指标。

世界知名家居零售商美家家居集团认为客户满意度是由三个指标构成的:一是参观商场的满意度,二是愿意再来美家购物,三是愿意向朋友推荐美家。最终确定能够影响消费者满意度的因素有:①购物满足感;②最低的价格;③轻松的购物;④乐于帮助、友好和专业的员工;⑤获得灵感。其中前四项为核心指标。具体分解为:等候时间、欢迎全家人来购物、如何购物、商场保持整洁如新、如何获得购物信息、路标明确、便于找到产品、自助服务、明确产品信息、便于找到停车场等。

3. 将满意度指标转化为客户能够回答的问题

比如,调查项目"沟通与客户关怀指标",可以用类似的问题来表述:你知道的企业联系方式有几种?你最常使用的企业沟通渠道有哪些?企业客服人员一般多久回访您一次?

购物满意度指标可以由下列问题组成:您认为可以方便地获得购物信息吗?您认为到达商场的指示路标清晰吗?您在商场购物时能很容易地找到自己要买的商品吗?您在购物时产品标签上的信息能为您选择商品提供帮助吗?您是否能很快地找到停车场?

4. 测试方法(问题)的设计

第一种方法:可以通过询问直接衡量,如"请按下面的提示说出你对某服务的满意程度:非常满意、满意、一般、不满意、非常不满意"(直接报告满意程度)。

第二种方法:可以要求受访者说出他们期望获得一个什么样的产品属性,以及他们实际得到的是什么(引申出来不满意的原因)。

第三种方法:可以要求受访者说出他们在产品上发现的任何问题及提出的任何改进措施(问题分析)。

第四种方法：企业可以要求受访者按产品各要素的不同重要性进行排列，并对公司在每个要素上的表现做出评价（重要性/绩效等级排列）。

5．问卷设计注意事项

（1）提出问题应注意策略，不能涉及客户隐私。

（2）提出的语言应保持客观、中立，不能让客户有不舒服或哗众取宠之嫌。

（3）调查内容和指标不能太多，一般根据调查目的有侧重点地提出。

（4）表格结构与问题应简洁明了，让客户容易回答，不能让客户计算或推理，而只能让客户根据设计好的答案选择。

（5）问题的排列应井然有序，逻辑清晰。

（6）语言的表述应尽可能前后一致。

3.4.5 执行客户满意度问卷调查

根据客户满意度调查实施方案中确定的内容和修改设计完成的问卷，实施客户满意度问卷调查，确保尽可能多地回收问卷。在这一步，应当遵照系统论的观点，从内到外，从浅到深地展开。具体论述如下。

第1步，内部调研和评估。这一步主要面向企业内部的部门和员工，通过对他们进行调研，在企业内部分析和评估客户满意度，从企业的角度分析评估的指标有哪些。在这一步要特别弄清楚如下两方面的情况：

（1）企业内部对客户满意度的自评结果怎么样，包括成功的、不利的和亟须改进的各个方面以及整体评价如何；

（2）从企业的角度来看，影响客户满意度的因素有哪些。

第2步，客户的浅层调研（访问调研）。在这一步，主要通过座谈和采访的方式针对一些有代表性的客户，重点了解他们认为的影响客户满意度的因素有哪些。要完成的工作有：

（1）将客户的观点与企业的看法进行对比，寻找它们之间的共同因素；

（2）从客户的角度挖掘新的影响满意度的因素。

第3步，客户的中层调研（抽样调研）。在前面工作的基础之上，确定出基本的范围，对客户采用抽样调查，进一步了解影响客户满意度的因素和客户对企业的评价。通过这一步骤的工作，希望能够找到影响客户满意度的具有代表性的测试指标，为下一步进行定量调研做好准备。需要达到的目标有：

（1）基本了解客户对企业满意度的评价；

（2）确定影响客户满意度的具有代表性的指标；

（3）重新检测前面所确定的指标，发掘、更新有价值的新指标。

第 4 步,客户的深层调研(定量调研)。这一步的主要工作是以前三步所得到的调研信息为基础确定出量化标准,定量测量消费者的满意度,基本得到企业客户满意度的情况。在这一步要做的工作有:

(1)量化评价指标;

(2)进行客户的广泛调研;

(3)对企业目前的客户满意度状况进行评估;

(4)寻找企业的优点和缺点。

在定量调研的过程中需要注意两点,一是需要界定调研对象的范围,以及在何处可以得到有效的样本总体,有什么抽样方法能够使选中的样本更具代表性;二是要确定采用何种调研方法。一般而言,在拥有客户数据库的情况下,电话访问能够快速得出结果;邮寄问卷调查在问卷较长、对调查时间要求不高的情况下可以适用;而入户和定点访问在难以获得有效样本总体的情况下,能使抽样更具控制性。具体采用什么样的调研方式应当依据客户的类型和企业的具体情况而定。

通过以上的 4 个步骤,基本可以明了企业的客户满意度情况。

至此,系统评估的工作基本上就完成了,但是,只是找到影响客户满意度的因素、了解当前企业的客户满意度情况还不是真正目的,企业需要的是怎样通过对客户满意度的研究和评估来指导企业的运营,来更好地进行客户关系管理。

3.4.6　分析客户满意度

客户满意度分析就是在客户满意度调查基础上,分析各满意指标对客户满意度影响的程度,以此来确认改善服务的重心。

在满意度的量化分析中,数据分析既包括对各满意度指标百分率变化的描述性分析,也包括运用复杂的统计技术确定不同的满意度指标对整体满意度的重要性,根据历史数据预测整体满意度以及比较本企业与竞争对手在各满意度指标上的优势和劣势。

在满意度的定性分析中,通过对满意度调查得出的开放性问题的答案进行分析,可以确定客户对各个满意度指标的评价和其重要性,也可以找出客户满意或不满意的主要原因。

最终在这些分析的基础上,由专业人员出具调研报告,包括技术报告、数据报告、分析报告及附件。技术报告详述如何定义调查对象、其代表性如何、样本如何构成、采用何种抽样方法等。数据报告通过频数和百分比列表、图形、简单文字等说明本次调查的主要结果,确定企业在改进产品、服务和提高满意度上应该采取的措施。分析报告及附件根据调研数据给出本次满意度研究的结论与建议,对决策者有直接的参考意义。

将调查后的数据进行分析后,相关部门将分析结果在工作中进行检验,如果分析结果有偏差,就需要进行适当调整,以保证分析的结果更接近现实。

3.5　提高客户满意度的措施

从客户满意度的定义可知:影响客户满意度的因素有客户的期望值与客户感知价值,而客户价值又取决于客户感知所得与客户感知所失的差值大小。因此,提高客户满意度的措施即为:管理客户的期望;增加客户感知所得,减少客户感知所失;以客户为中心,实现客户满意。

3.5.1　把握客户期望

要提高客户满意度,企业必须采取措施来引导客户消费前对企业的期望,让客户对企业有合理的期望值,这样既可以吸引客户,又不至于让客户因期望落空而失望,产生不满。

(1)不过度承诺。如果企业的承诺过度,客户的期望就会被抬高,从而会造成客户感知与客户期望的差距。可见,企业只能谈自己能够做得到的事,而不能夸大其词。

(2)宣传留有余地。企业在宣传时要恰到好处并且留有余地,使客户的预期保持在一个合理的状态,那么客户感知就很可能轻松地超过客户期望,客户就会感到"物超所值"。

【阅读材料】
日本美津浓公司留有余地的许诺

日本美津浓公司销售的运动服里,有纸条写着:此运动服用最优染料、最优技术制造,遗憾的是还做不到完全不褪色,会稍微褪色。这种诚实的态度既赢得了客户的信任,又使客户容易达到满意——因为期望值不高。假如运动服的褪色不明显,客户还会很满意。因此,这家公司每年的销售额都达4亿日元。

资料来源:笔者根据网上资料整理而得。

（3）适时超越客户期望。企业如果善于把握客户期望，然后根据具体情况适时地超越客户期望，就能够使客户产生惊喜，这对于提高客户满意度将起到事半功倍的作用。

3.5.2　提高客户感知价值（客户体验价值）

企业提高客户体验价值，既要增加客户总价值，包括产品价值、服务价值、人员价值、形象价值，还要设法降低客户总成本，包括货币成本、时间成本、精神成本、体力成本。

1. 提升企业的产品价值。

在提升产品价值方面，企业需要做到如下几点：第一，要不断创新。企业要顺应客户的需求趋势，站在客户的立场上去研究和设计产品，不断地开发出客户真正需要的产品。第二，要为客户提供定制产品或者服务。企业通过提供特色的产品或超值的服务来满足客户需求，提高客户的感知价值。第三，树立"质量是企业生命线"的意识。提高产品质量是提高客户体验价值的基础，高质量的产品是维系客户的有效手段。企业如果不能保证产品的质量，或是产品的质量随时间的推移有所下降，那么，即使客户曾经满意，也会逐渐不满，最终降低客户的感知价值。第四，塑造品牌。品牌可以帮助客户节省时间成本、精神成本和体力成本，可以提高客户的体验价值，进而可以提高客户的满意水平。

2. 提升企业的服务价值

随着购买力水平的提高，客户对服务的要求也越来越高，服务的质量对购买决策的影响越来越大，能否给客户提供优质的服务已经成为提高客户的体验价值和客户满意度的重要因素。这就要求企业站在客户的角度，想客户所想，在服务内容、服务质量、服务水平、物流配送等方面提高档次，提供全过程、全方位的服务，从而提升客户的体验价值，进而提高客户的满意度。如果客户想到的企业都能给予，客户没想到的企业也能提供，这必然使客户感到企业对他时时刻刻的关心，从而会对企业产生满意。

3. 提升企业的人员价值

提升人员价值包括提高企业全体员工的经营思想、工作效益与作风、业务能力、应变能力以及服务态度等，从而提高客户的感知价值及客户的满意度。企业可通过培训和加强制度建设来提高员工的业务知识和专业技术水平，提高员工为客户服务的娴熟程度和准确性，从而提高客户的感知水平，进而提高客户的满意度。提高员工满意度也是提升人员价值，进而提升客户感知价值和客户满意度的手段。20世纪70年代,日本企业的崛起,很重要的原因是由于日本企业采用了人性化管理,大大提升了员工的满意度,激励员工为客户提供优质的产品或者服务,从而提高了客户感知价值和满意度。

4. 提升形象价值

企业的良好形象,能为企业的经营发展创造一个良好的氛围,也提升了客户对企业的感知价值,从而提高对企业的满意度,因此企业应高度重视自身形象的塑造。企业形象的提升可通过公益广告、赞助活动、形象广告、新闻宣传、庆典活动、展览活动等方式来进行,尤其是公益广告、赞助活动对于提升企业形象具有重要的作用。

5. 降低货币成本

合理地制定产品价格也是提高客户感知价值和满意度的重要手段。因此,企业定价应以确保客户满意为出发点,依据市场形势、竞争程度和客户的接受能力来考虑,尽可能做到按客户的"预期价格"定价,并且千方百计地降低客户的货币成本,坚决抛弃追求暴利的短期行为,这样才能提升客户的体验价值,提高客户的满意度。

6. 降低时间成本

是指在保证产品与服务质量的前提下,尽可能减少客户的时间支出,从而降低客户购买的总成本,提高客户的感知价值和满意度。例如,花王公司在销售其产品的商场中安装摄像头,以此来记录每位客户在决定购买"花王产品"时所用的时间。花王公司根据这些信息改进了产品的包装,对产品陈列进行重新布置,让客户可以在最短时间内完成消费行为。据公司统计,经过产品的重新摆设布置和品种调整后,客户决定购买花王洗发精所用的时间为由原来的83秒降低到47秒。

7. 降低精神成本

降低客户的精神成本最常见的做法是推出承诺与保证。另外,企业为客户买保险,或者提供细致周到、温暖的服务也都可以降低客户的精神成本。

8. 降低客户的体力成本

如果企业能够通过多种销售渠道接近潜在客户,并且提供相关的服务,那么就可以减少客户为购买产品或者服务所花费的体力成本,从而提高客户的感知价值和满意度。例如,对于装卸和搬运不太方便、安装比较复杂的产品,如果企业能为客户提供良好的售后服务,如送货上门、安装调试、定期维修、供应零配件等,就会减少客户为此所耗费的体力成本,从而提高客户的感知价值和满意度。

【阅读材料】

零售企业应为客户提供的几项便利

当零售企业的服务出现供不应求时,就可能会怠慢客户,导致客户的时间成本、体力成本、精神成本增加,而造成客户的反感与不满。国外的研究成果表明,83%的女性和91%的男性会因为需要排长队结账而放弃购物。因此,零售企业要为客户减少时间成本、精神成本、体力成本提供各种便利,从而创造美好的购买体验。从国外的经验来看,零售企业至少可以为客户提供四个方面的便利。

一是进入便利,即要让客户很方便地与商家进行往来。首先,零售企业的选址起着关键的作用,应该选择人口密集、交通便利的地段;其次,营业时间也影响客户的进入便利,所以零售企业要尽可能延长营业时间;再次,通过提高服务效率,如电话订货、网上服务、特快专递服务等也可以为客户创造进入的便利。

二是搜寻便利,即要让客户很容易找到自己所需要的产品。浪费客户的时间和体力是零售经营中的通病,造成这种通病的主要原因有产品陈列不当、结算不便等,所以零售企业在产品布局、场地布置、通道线路设置上要合理,要根据客户的时间价值来进行设计,以方便客户选购。

三是占有便利,即要让客户能够很快地得到自己所选购的产品。这就要求零售企业存货要合理,交货要及时、快捷,并且提供送货上门、上门安装等服务。

四是交易便利,即要让客户很快和很容易地完成交易。服务设施是影响服务质量的重要因素,如果服务设施落后、故障多,就会妨碍服务质量的提高。例如,收款机经常出故障,影响和延长了客户结算付款的时间,客户的满意度就会下降。因此,零售企业应该不断改善自己的服务设施,提高设施的完好率。

为了提供上述便利,零售企业还要努力提高服务人员的技能和积极性,必要时增加员工或兼职雇员,或者通过外部合作与互助协议以备不时之需。

资料来源:苏朝晖. 如何提升零售市场服务管理水平[J].商业时代,2005(30).

3.5.3　以客户为中心,实现客户满意

目前,"以客户为中心"的客户导向理念大多停留在口头上,很少落实在行动上。究其原因,无外乎三个:第一,很多企业根本就不知道什么是客户导向,或者是对客户导向一知半解,要做到客户导向更无从谈起;第二,企业在制度建设上没有跟上,缺乏制度保障;第三,没有将客户导向渗透在企业文化的建设中,没有使客户导向成为一种习惯、一种潜意识的行为,在这种情况下,要真正做到客户导向也很难。

那么,企业怎么才能真正做到客户导向呢?首先必须有强有力的制度作为保障,企业的所有活动必须围绕客户的需求展开,对非客户导向的行为进行约束。例如,有的医院推出了"病人选医生"的制度,将医生分成若干治疗小组,让病人自由选择,而且一旦病人不满意还可以重选。此项举措明确了服务关系中的角色定位。首先,病人成了医院的"主人",而医生无论水平多高都是服务者。其次,企业要真正做到客户导向,还需要在强化制度保障的基础上,把客户导向融入企业文化中,并使之成为企业文化的核心。最后,企业为强化"以客户为中心"的经营理念,实现客户满意,还必须做到以下几点:第一,充分掌握客户信息,实施有针对性的客户满意策略;第二,针对不同级别的客户实行不同的客户满意策略;第三,加强与客户进行充分的双向互动和沟通,让客户了解企业,也要使企业了解客户;第四,要重视对客户投诉和抱怨的及时处理,只有这样才能增进企业与客户的感情。

【阅读材料】

蒋先生退休以后一直关注着老年旅游度假产业的信息,2015年认识了山屿海康养公司,并通过山屿海一对一的专员服务,成功组织了一次15人的海南避寒度假活动,从出行交通、酒店住宿,到当地吃喝玩乐的信息推送等,山屿海一站式地解决了他带老朋友们出游的所有难题,玩得轻松、有档次。之后蒋先生每年都会带着自己十几位老朋友入住山屿海旗下各地的酒店,再也没有参加过其他公司的报团旅游活动,成为山屿海康养公司的大客户。

资料来源:笔者调研山屿海康养公司后整理资料所得。

3.6 客户满意度战略的制定与实施

测定客户满意度的目的是为了提高客户感知价值和满意度。而影响客户感知价值的因素很多,这些因素对企业客户满意度的影响大小取决于其重要程度,因此分析提高客户满意度途径时应考虑客户对产品和服务各因素的重要性和满意度。

通过客户对因素重要性和满意度的评价,能够区分出四种类型的因素:

(1)急需改进的因素。对客户是重要的,满意度评价是较低的。

(2)应该继续保持的因素(优势的因素)。对客户是重要的,满意度评价是较高的。

(3)不占优先地位的因素。对客户是不重要的,满意度评价是较低的。

(4)锦上添花的因素。对客户是不重要的,满意度评价是较高的。

3.6.1 客户满意度战略的制定

通过上述分析,可以制定相应的客户满意度战略框架,该框架可以分为四个区域,如图 3-4 所示。

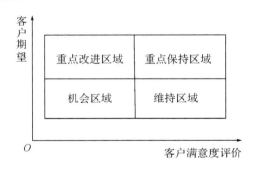

图 3-4 客户满意度战略选择

重点改进区域。客户对急需改进的因素期望过高,而企业在这些方面的表现比较差,如果问题不能得到解决,就导致客户的流失,这些因素是企业提高客户满意度的切入点,必须重点改进。

重点保持区域。客户对优势的因素期望较高,而企业在这些方面的表现也非常好,企业要继续保持并发展这些优势因素。

　　机会区域。不占优先地位的因素,是目前客户和企业都忽略的区域,客户期望较低,企业在这些方面的表现比较差,但是可以从中挖掘出提升客户满意度的机会点。

　　维持区域。锦上添花的因素,对决定整体客户满意度的重要程度较低,企业在这些方面的表现也比较好,但它对企业的实际意义不大,不需花太大的精力,只要维持现状就可以了。

　　这里有一份对某速递公司的客户满意度评价的数值结果(见表 3-2),通过分析后,可以将邮件的安全可靠性、收件的投交方式、人员服务态度归入重点保持区;把邮件递送时间、邮件的查询服务归入重点改进区域;把所提供的服务种类是否齐全、窗口与上门揽收的服务效率、付费方式归入机会区域;而收费标准、能否提供国际性服务则属于维持区域。

表 3-2　某速递公司的客户满意度评估数值结果

因素编号	因素	重要性	满意度
1	邮件递送时间	4.60	3.45
2	邮件的安全可靠性	4.44	3.86
3	收件的投交方式(是否上门揽收)	4.23	3.54
4	人员服务态度	4.10	3.60
5	所提供的服务种类是否齐全	3.75	3.64
6	邮件的查询服务	4.12	3.14
7	窗口与上门揽收的服务效率	3.65	3.53
8	收费标准	3.49	3.23
9	能否提供国际性服务	3.13	3.38
10	付费方式	3.04	3.60

3.6.2　客户满意度战略的实施

　　根据上述战略目标框架,企业就可以制订并实施相应的客户满意计划,从而和客户建立长期稳定的合作关系。企业可以采用 PDCA 的思想和方法实施客户满意计划,"PDCA"循环是质量管理专家戴明博士提出的概念,所以又称为"戴明环",P、D、C、A 四个英文字母所代表的意义如下:

　　P(Plan)——计划,确定工作目标,制定实现目标的方法、计划。

　　D(Do)——执行,执行计划。

C(Check)——检查,检查计划实际执行的效果,比较和目标的差距。

A(Action)——处理,包括两个内容:总结成功的经验,并予以标准化以巩固成绩;对于没有解决的问题,查明原因,其解决的方法也就成为下一个PDCA 循环进行的内容。如此周而复始,不断推进工作的进展。

PDCA 在质量管理中得到了广泛的应用,成为“质量改进”环节中一个不可缺少的工具,其实 PDCA 是对持续改进、螺旋式上升工作的一种科学的总结,可以广泛地应用于企业管理工作,包括客户关系管理。如前面“建立维持客户满意度的测评指标体系”可以作为 PDCA 环中的 P,那么“客户满意度调研方案的制订与实施”作为实现这个目标的重要方法就成为 D 的主要内容。

PDCA 循环在客户关系管理中不断循环的结果就是从微观水平方向上体现企业客户关系的“维持—改善—维持”的持续改进过程,从宏观垂直方向上体现企业客户关系的螺旋式上升过程,如图 3-5 所示。

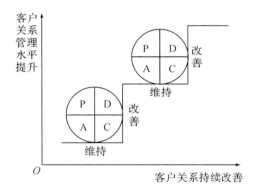

图 3-5　客户关系管理 PDCA 循环

复习思考

1. 什么是客户满意?客户满意有什么重要意义?

2. 什么是客户满意度?影响客户满意度的因素有哪些?

3. 如何测评客户满意度?

4. 企业应如何提高客户满意度?

5. 客户满意度战略如何制订和实施?

案例分析

海底捞追求两个满意度

海底捞考核一个店长或区域经理的主要标准不是被很多企业视为最高指标的营业额和利润,而是客户满意度和员工满意度。用海底捞董事袁华强的话说:"超越客户期望为海底捞赢得了名声,而让为客户创造体验的员工过得舒适才是海底捞的安身立命之道。"

1. 追求客户满意度——为客户提供"五星级"服务

管理真是一门实践的艺术,没读过大学,没受过任何管理教育的张勇,在根本不知道竞争差异化是何物时,竟在偏僻的四川简阳悟出了服务差异化战略,而且把这个战略成功灌输给所有一线员工。

怎么才能让客户体会到差异化服务?张勇通过经营实践总结出:就是要超出客人的期望,让人们在海底捞享受在其他火锅店享受不到的服务。要做到这点不能仅靠标准化的服务,更要根据每个客人的喜好提供创造性的个性服务。在海底捞,服务项目数不胜数,以下是概括出来的一些差异化服务的环节与细节。

(1)代客泊车

每一家海底捞门店都有专门的泊车服务生,主动代客泊车,停放妥当后将钥匙交给客人,等到客人结账时,泊车服务生会主动询问:"是否需要帮忙提车?"如果客人需要,立即提车到店门前,客人只需要在店前稍作等待。如果你选择在周一到周五中午去用餐的话,海底捞还会提供免费擦车服务。按照客户的话说,"泊车小弟的笑容也很温暖,完全不以车型来决定笑容的真诚与温暖程度"。

(2)让等待充满欢乐

如果没有事先预订,你很可能会面对较为漫长的等待,不过过程也许不像你想象的那么糟糕。晚饭时间,北京任何一家海底捞的等候区里都可以看到如下的景象:大屏幕上不断打出最新的座位信息,几十位排号的客户吃着免费水果,喝着免费的饮料,享受店内提供的免费上网、擦皮鞋和美甲服务,如果是一帮子朋友在等待,服务员还会拿出扑克牌和跳棋供你打发时间,减轻等待的焦躁。排队等位服务也成了海底捞的特色和招牌之一。

(3)节约的点菜服务

如果客人点的量已经超过了可食用量,服务员会及时提醒客人,可想而知这样善意的提醒会在客户的内心形成一道暖流。此外,服务员还会主动提醒食客,各式食材都可以点半份,这样同样的价钱就可以享受平常两倍的菜色了。

(4)及时到位的席间服务

大堂里,女服务员会为长发的女士扎起头发,并提供小发夹夹住前面的刘海,防止头发垂到食物里;戴眼镜的朋友可以得到擦镜布;放在桌上的手机会被小塑料袋装起以防油腻;每隔 15 分钟,就会有服务员主动更换你面前的热毛巾,如果你带了小孩子,服务员还会帮你喂孩子吃饭,陪他/她在儿童天地做游戏,使客户能轻松快乐地享受美食。当然给每位进餐者提供围裙更是一道靓丽的风景线。

(5)星级般的 WC 服务

海底捞的卫生间不仅环境不错,卫生干净,而且还配备了一名专职人员为客户洗手后递上纸巾,以便客户能够擦干湿漉漉的手。

(6)细致周到的餐后服务

餐后,服务员马上送上口香糖,一路遇到的所有服务员都会向你微笑道别。一个流传甚广的故事是,一个客户结完账,临走时随口问了一句:"有冰激凌送吗?"服务员回答:"请你们等一下。"五分钟后,这个服务员拿着"可爱多"气喘吁吁地跑回来:"小姐,你们的冰激凌,让你们久等了,这是刚从易初莲花超市买来的。"

"超越客户期望"的服务为张勇赢来了客户。在大众点评网北京、上海、郑州、西安的"服务最佳"榜单上,海底捞从未跌出前两位。北京分店单店平均每天接待客户 2000 人,日营业额达到了 10 万元。

2. 让员工满意——高的内部服务质量

海底捞制胜的法则是:让员工"用心"服务每一位客户。可是,如何让服务员也像自己一样用心呢?毕竟,自己是老板,员工只是做一份工作而已。张勇的答案是:让员工把公司当成家,他们就会把心放在工作上。为什么?一个家庭不可能每个人都是家长,如果每个家庭成员的心都在家里的话,大家都会对这个家尽可能作出贡献。那么,怎样才能让员工把海底捞当成自己的家?张勇觉得这简单得不能再简单了:把员工当成家里的人。为此,海底捞从如下方面让员工感觉是海底捞家中的一员。

(1)良好的福利

张勇认为要把员工当成家里人对待,首先就得给员工提供良好的待遇。在整个餐饮行业,海底捞的工资只能算中上,但是隐性的福利却比较多。在人们的理解中,餐饮服务业的员工往往住在潮湿的地下室里,蓬头垢面。但是海底捞的员工都住在公司附近正式的公寓楼里,可以享受到 24 小时的热水和空调。为了减少员工外出上网可能带来的危险,公司还为每套房子都安装了可以上网的电脑。而且,海底捞为员工提供的住房非常方便,他们只需步行 30 分钟就能到工作地点。不仅如此,海底捞还雇人给员工宿舍打扫卫生,换洗被单。海底捞还想到了员工的父母,公司每月将优秀员工的一部分奖金直接寄给他们在家乡的父母。员工的工装是 100 元一套的衣服,鞋子是李宁牌的。公司还鼓励夫妻同时在海底捞工作,且提供有公司补贴的夫妻房。公司提倡内部推荐,于是越来越多的老乡、同学、亲戚一起到海底捞工作。

除了给他们提供良好的生活环境,海底捞还为员工提供休疗养计划。此外,海底捞还为员工子女提供教育条件,在四川简阳建了一所私立寄宿制学校,海底捞员工的孩子可以免费在那里上学,只需要交书本费。

这让海底捞的运营成本变得比较高。单是住宿一项,海底捞一年中一家店给员工租房的费用就得花费 50 万。这么高的成本费用,必须靠高营业额才能支撑。海底捞较出色的店一天翻台的次数是七次,而最差的不会少于四次。因为按照餐饮业的一般规律,除去高端饭店外,一天三轮的利用率是要亏本的。"在这么大众化的消费群体里,要尽可能地多翻台。"

在海底捞公司看来,员工和企业之间这种相辅相成的关系,可以让员工感觉到物有所值。企业为员工考虑得更多一些,他就会增加对企业的责任感。

(2)晋升——用双手改变命运

中国餐饮业没有全国性的品牌,原因是中国各地口味差异很大。四川火锅大同小异,客户唯一能感受到的差别就是服务。餐饮业与客户接触最多的是服务员,也就是大家通常说的"农民工"。他们大多来自农村,怀着梦想来到城里,希望通过自己的辛勤劳动改变命运。据此,张勇先生提出了"用双手改变命运"的企业价值观,希望能打造一个平台,让员工在这个平台上通过努力实现自己的人生价值。

海底捞的管理层很少有"空降兵",除了少数技术型很强的岗位,其他都是从基层服务员干起。海底捞对员工的考核采用自评和考评相结合的形式,达到一定的标准就可以升职。张勇设计的绩效考核和晋升模式,让每个员工看到了自己广阔的发展前景,让海底捞人感到自己只要努力工作就会有更好的发展,更重要的是海底捞的晋升制度让他们看到了真切的希望。任何新来的员工都有三条晋升途径可以选择。

管理线的晋升途径:新员工—合格员工—一线员工—优秀员工—领班—

大堂经理—店经理—区域经理—大区经理。

技术线的晋升途径:新员工—合格员工——级员工—先进员工—标兵员工—劳模员工—功勋员工。

后勤线的晋升途径:新员工—合格员工——级员工—先进员工—办公室人员或者出纳—会计、采购、技术部、开发部等。

学历不再是必要条件,工龄也不再是必要条件。这种不拘一格选人才的晋升政策,不仅让这些处在社会底层的员工有了尊严,更是在这些没上过大学的外来务工人员心里打开了一扇亮堂堂的窗户:只要努力,我的人生就有希望。对他们来说,袁华强就是一个很好的榜样:他是农村人,高中毕业,19 岁加入海底捞,最初的职位是门童,现在是北京和上海地区总经理。他说:"只要正直、勤奋、诚实,每个海底捞的员工都能够复制我的经历。"这样的事例确实不少。区域经理林忆只有 21 岁,掌管海底捞西单、牡丹园等三个店。店长王燕只有 22 岁,独立管理着几百名员工,每天接待上千名客户,每年创造几千万的营业额。这些员工不曾读过大学,但是他们脸上有着名牌大学毕业生未必能有的自信。

(3)信任与平等

人是群居动物,天生追求公平。海底捞知道,要让员工感到幸福,不仅要提供好的物质待遇,还要让人感觉公平,被人信任。没有管理才能的员工,通过任劳任怨的苦干也可以得到认可,普通员工如果做到功勋员工,工资收入只比店长差一点。海底捞的员工很少从社会招聘,大部分是现有员工介绍来的亲戚朋友。在大家彼此都熟悉的环境里,无论好的或是坏的,都容易蔓延和生长。作为公司的创始人,张勇在极力推行一种信任平等的价值观。基于一切以客户服务为重和对员工的信任的理念,海底捞给一线服务员的授权很大,包括可以为客户免单的权力。每个员工都有一张卡,员工在店里的所有服务行为,都需要刷卡记录在案。这种信任一旦发现被滥用,则不会再有第二次机会。

作为公司董事,袁华强每个月都有一项特殊的任务:去员工的宿舍生活三天,目的在于体验员工的衣食住行是否舒适,以便及时地改善。员工对待他,从来不叫"袁总",而是亲切地唤他"袁哥"。

在袁华强看来,这很大程度上得益于张勇充满理想主义的"人生而平等"的价值观念。现在海底捞的核心高管,除了财务和工程师是外聘外,其他都是在海底捞从基层开始,一步步走到现在的普通人。袁华强几乎干过海底捞所有的工作:门童,厨师,洗碗工……从最底层成长起来的亲身经历让那些海底捞的管理者保持着一颗平常心。

（4）平台、授权

聪明的管理者能让员工的大脑为他工作。要让员工的大脑起作用，除了让他们把心放在工作上，还必须给他们权力。200万元以下的财务权都交给了各级经理，而海底捞的一线员工都有免单权。不论什么原因，只要员工认为有必要，都可以给客人免费送一些菜，甚至免掉一餐的费用。在其他餐厅，这种权利起码要经理才会有。聪明的管理者能让员工的大脑为他工作，当员工不仅仅是机械地执行上级的命令，他就是一个管理者了。按照这个定义，海底捞是一个由几万名管理者组成的公司。如果说张勇对管理层的授权让人吃惊，那么他对一线员工的信任更让同行匪夷所思。张勇的逻辑是：客人从进店到离店始终是跟服务员打交道，如果客人对服务不满意，还得通过经理来解决，这只会使客户更加不满，因此把解决问题的权利交给一线员工，才能最大限度消除客户的不满意。

有人会问：难道张勇就不怕有人利用免单权换取个人利益？这种情况确实发生过，只不过极少，而且那些员工做第二次的时候就被查处开除了。

（5）培训员工

海底捞把培养合格员工的工作称为"造人"。张勇将"造人"视为海底捞发展战略的基石。海底捞要求每个店按照实际需要的110%配备员工，为扩张提供人员保障。海底捞这种以人为本、稳扎稳打的发展战略值得不少中国企业借鉴。其员工的入职培训很简单，只有3天，主要讲一些基本的生活常识和火锅服务常识。真正的培训是在进入门店之后的实习中，每个新员工都会有一个师傅传帮带。"新员工要达到海底捞优秀员工的水平，一般需要两到三个月的时间"，袁华强解释。体会海底捞的价值观和人性化的服务理念，学会处理不同问题的方法，比起那些固定的服务动作规范困难多了。

为了保证这种价值观和氛围不被稀释，需要培养后续储备干部，将培训员工设置成考核中高层管理人员的重要指标。海底捞现在包括袁华强在内的7人核心管理团队，都是跟了张勇近10年的人。也因此，海底捞的扩张根本不可能快。现在新开店的核心人员，至少要在老店里有三五年的经验。而一般的服务员工，也会保证有80%是从老店里调来的。海底捞有一段时间集中开了7家新店，新店开张大量抽调了老店的员工，新员工数量增多，管理层已明显感觉到客户满意度的下滑。虽然公司做好了必要时候全民皆兵，把熟悉业务的配菜员、传菜员等二线人员调往一线的准备，但客户满意度的提升还是需要一个过程。

张勇既没有选择风投，又没有让海底捞上市，也没有盲目扩张店面。而如何储备更多拥有"海底捞思维"的管理者和一线员工,占据了他如今绝大部分精力。

"我们培训有很多种方式,一种是理论培训,一个老师讲 n 个学生听,还有一种是在现实生活中摸索,一个师傅带一个徒弟。"张勇介绍道。

"餐饮业是低附加值、劳动密集型的行业,怎么点火、怎么开门并不需要反复教育,最重要的是如何让员工喜欢这份工作,愿意干下去,只要愿意干,就不会干不好。"张勇直言:"标准化固然重要,但是笑容是没有办法标准化的。"

在海底捞的公司目标里,"将海底捞开向全国"只排到第 3 位,而"创造一个公平公正的工作环境""致力于用双手改变命运的价值观在海底捞变成现实"则排在前面。海底捞已经婉拒过几家著名的想要投资的风投公司,张勇对此的解释是:扩张得太快,海底捞就不是海底捞了。对一个公司而言,这显然已不再是纯粹的商业目标,而将其对员工和社会的责任,甚至理想放在了更高的位置。随着新开店面不断增加,如何保障根本的理念能够始终如一、不打折扣地坚持下去,恐怕是海底捞在成长过程中的最大变数。

案例讨论

1. 分析海底捞成功的原因是什么。
2. 该案例给你何种启示?

本章实训

实训任务 1:方案设计题

图 3-6 为出租汽车服务的客户满意度测评指标体系,请以此为例,在表 3-3 中选择某一类产品或服务,为其构建客户满意度的三级测评指标体系。

表 3-3　相关产品/服务列表

1.电视机	2.电冰箱	3.空调	4.洗衣机	5.热水器
6.饮水机	7.抽油烟机	8.微波炉	9.照相机	10.共享单车
11.汽车	12.手表	13.笔记本电脑	14.打印机	15.物业服务
16.矿泉水	17.方便面	18.果汁饮料	19.洗发水	20.牙膏
20.连锁超市	22.银行	23.快餐店	24.速递公司	25.网上商店

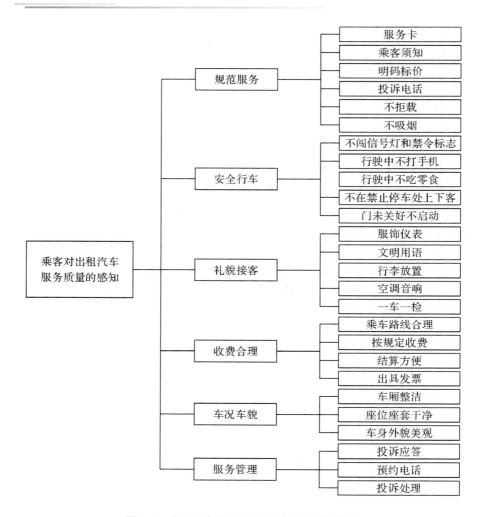

图 3-6　出租汽车服务的客户满意度测评指标

提示：可登录国家质量监督检验总局的网站查看。

实训任务 2：客户满意度调查

背景资料：选择校园内或附近的服务单位（如餐厅、图书馆、快递公司、打印店、超市等）并与该单位的负责人取得联系，共同进行客户满意度的调查工作。你所在学习小组负责具体执行该项目。

任务：

1. 参照所学知识，完成以下工作

(1)制订客户满意度调查工作计划。

(2)制作一份客户满意度的调查问卷。

(3)实施调查。

(4)拟写一份分析报告交给相关管理人员供其评价和参考。

2. 评价标准

(1)工作计划结构完整、全面、具体，具有指导意义。

(2)调查问卷结构完整，问题排列逻辑清晰。

(3)满意度评价指标体系设计严密，能够综合反映影响客户满意度的因素。

(4)封闭性问题的选项设计、等级差距合理，全卷具有一致性。

(5)至少发放问卷 100 份，回收率达到 90% 以上。

(6)分析报告能够概述调查过程，指出影响客户满意度的主要原因，提供改进意见。

3. 成果

(1)客户满意度调查工作计划(请另附纸作答)。

(2)客户满意度调查问卷(请另附纸作答)。

(3)客户满意度调查分析报告(请另附纸作答)。

(4)制作 PPT 进行 15 分钟左右的汇报。

第4章 客户忠诚及其管理

新加坡航空：做到两个忠诚度，创造非凡价值

1993年，英国伦敦著名的杜莎夫人蜡像馆出现了一尊东方空姐蜡像。这是杜莎夫人蜡像馆第一次以商业人像为原形而塑造的蜡像，其原形是美丽的新加坡航空公司小姐，人们称她们为"新加坡女孩"（Singapore Girl）。杜莎夫人蜡像馆破例的原因，则是基于新加坡航空公司（以下简称新航）完善的机舱服务和长久以来成功塑造的东方空姐以客为尊的服务形象。

如何通过高质量的产品或者服务，保持客户的忠诚度，这是一个令众多公司绞尽脑汁、冥思苦想的问题，因为忠诚的客户往往带来高额的商业利润。不可否认，享誉世界的新航无疑是最有资格回答这一问题的公司之一。

关注客户——优质服务塑造客户对公司忠诚度

在长达七十几年的经营中，新航总是果断地增加最好的旅客服务，特别是通过旅客的需求和预测来推动自身服务向更高标准前进。早在20世纪70年代，新航就开始为旅客提供可选择餐食、免费饮料和免费耳机服务；20世纪80年代末，新航开始第一班新加坡至吉隆坡之间的"无烟班机"；1992年初，所有飞离新加坡的新航客机都可以收看美国有线电视网络的国际新闻；2001年，新航在一架从新加坡飞往洛杉矶的班机上首次推出了空中上网服务——乘客只需将自己的手提电脑接入座位上的网络接口，就可以在飞机上收发电子邮件和进行网上冲浪。在过去3年内，新航花费将近4亿元提升舱内视听娱乐系统，为将近七成（所有远程飞机）飞机换上这个系统，花费了超过6亿元提升机舱娱乐设施和商务舱座位。

"如果你的客户选择了竞争对手，那将是一件让人沮丧的事情。而避免沮

丧的有效办法是获得客户忠诚度",学者 Abel Chica 在 MBA 教程中写道,"获得客户忠诚度并不仅仅是让他们感到真正的满意。这只是实现忠诚度的一个必要条件。对于客户,最直接的关于满意的概念是,拿你提供给他的'价值'与竞争对手所提供的加以比较。同时,如果想使客户忠诚,就不能只考虑短期的利益,而必须考虑怎样长期地发展这种关系。"

随着竞争的加剧,客户对服务的要求也像雨后破土的植物一样疯长,"人们不仅仅把新航和别的航空公司做对比,还会把新航和其他行业的公司,从多个不同的角度进行比较。"Yap 先生清醒地意识到新航遇到的挑战永无止境。任何时候都要从整个服务过程出发,去寻找可以改进的地方,这样的理念在新航已经成为一个清晰的文化和政策。

为了在竞争中保持优势地位,新航成为世界上第一家引入国际烹饪顾问团和品酒师的航空公司,该顾问每年为新航提供 4 次食谱和酒单。硬件只是基础,软件才是真功夫。

当然,服务的一致性与灵动性同时受到关注。比如,怎样让一个有十三四个人的团队在每次飞行中提供同样高标准的服务? 新航在对服务进行任何改变之前,所有的程序都会经过精雕细琢,研究、测试的内容包括服务的时间和动作,以及进行模拟练习,记录每个动作所花的时间,评估客户的反应。

力求服务做到灵活且富有创造性,这一点也是新航对员工的要求。当一位乘客要求吃素食,而飞机上正好没有准备这种食物,新航希望乘务人员做到的是返回厨房想办法找出一个解决方案,比如把各式各样的蔬菜和水果拼在一起,而不是告诉乘客没有准备这种食物。

向内"吆喝"——培育员工对公司的忠诚度

所有培养客户忠诚度的理念文化、规章制度都需要人来执行。这就意味着,如果新航内部员工没有对公司保持足够的满意度和忠诚度,从而不能努力工作,把好的服务传递给客户,那么,客户的忠诚度将无从谈起。

注意倾听一线员工的意见,关注对员工的培训,这些都是新航能够在市场上取得优异表现的根本所在。换句话说,只有内部员工对企业忠诚,才能使外部客户对企业忠诚。

在以动态和专注于培训而闻名的新航,从上到下,包括高级副总,每个人都有一个培训的计划,一年会有 9000 名员工被送去培训。新航所属的新加坡航空集团有好几个培训学校,专门提供几个核心的职能培训。即使受到经济不景气打击时,员工培训仍然是新航重点优先投资的项目。假如你完成很多培训课程,就可以去休息一段时间,甚至还可以去学习一门语言,做一点儿新的事情,其目的是"使员工精神振奋"。

在 1972 年,新航还只是一个拥有 10 架飞机的小型航空公司,如今,几乎每年新航都会获得各种世界性的营销服务大奖,也一直是世界上最盈利的航空公司之一。对于这家保持多年领先,并总是能够获得丰厚利润的航空公司而言,成功的原因可能很多,但是,"致力于培养员工和客户对企业的忠诚度"无疑是其中一个重要的答案。

厉林.新加坡航空 两个忠诚度创造非凡价值[J].商学院,2004(8):30-31.

4.1 客户忠诚的内涵及分类

4.1.1 客户忠诚的内涵

牛津词典对忠诚的定义:(对职责、爱或者义务)真诚或者守信;对效忠坚定不移,献身于一个人所在国家的合法统治者或政府。在商业字典中忠诚被解释为"相对于竞争者更偏爱购买某一产品或服务的心理状态或态度""对某种品牌的一种长久的忠心"。商业环境中的客户忠诚被定义为客户行为的持续性。它是指客户对某一企业的某一产品或服务形成偏爱并长期频繁地重复购买的行为。所以通常企业衡量客户忠诚度的标志是客户的长期光顾和重复购买。在其他情况下,忠诚被等价于甚至被定义为在某种产品或者服务上的支出占总支出的比重。时间和联系的持续性都可以是忠诚度的指标,但这些指标并不能断定一个客户是否忠诚。有的客户一直光顾一家公司,却并没有真正忠诚于它。实际上很多客户是很勉强地维持与公司的关系,因为他们被有些限制因素锁定在这样的关系中,不能轻易转移到其他公司。客户忠诚来源于多次愉快的购买体验,这些体验增加了客户的舒适感、信任感和忠诚感。忠诚的客户是这样的客户:当他想买一种他曾经使用过的商品或者是将来可能需要的商品时,他首先想到的就是你的公司。

雅各比等人认为:"营销文献对客户忠诚的定义主要有两种方式。"[①]第一种认为,"客户忠诚是一种态度""不同的感觉造就个人对产品、服务或组织

---

① Jacoby,J. Kyner,D. B. Brand Loyalty vs Repeat Purchasing Behavior[J]. Journal of Marketing Research. 1973,10(1):1-9.

的整体依附感"①,而"这种感觉就是个人完全感知性的忠诚度"②;对客户忠诚的第二种定义认为,"客户忠诚是一种行为",忠诚行为包括"重复购买、增加关系的程度和范围、自愿的推荐"③。

本书综合了以上两种观点,认为客户忠诚是一个量化概念,指由于商品质量、价格、服务等诸多客观因素的影响使客户对某一企业的产品或服务产生感情,形成偏爱而产生的一系列行为,忠诚行为包括重复购买、交叉购买、自愿地推荐该企业的产品或服务等。

一个客户对产品或服务的依恋程度取决于两个方面,一是喜好程度——客户对产品或服务承认的延伸;二是产品或服务的差异化程度——客户对其产品或服务不同于其他类产品或服务的认知。这两种因素有高有低,交叉组合,就出现如图 4-1 所示的四种情况。

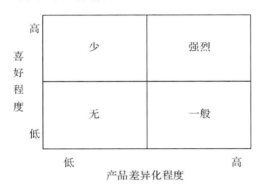

图 4-1　四种不同程度的依恋

(1)客户对某种产品或服务非常喜好,同时又很清楚这种产品或服务的特别之处时,其依恋程度就很高(强烈)。

(2)当客户对公司的产品或者服务的态度比较淡薄(谈不上喜欢),但是它与另外一些竞争公司的产品或服务相比差异性很明显,也会转化成一般程度的依恋,也可能进一步变为忠诚。

①　Roger Hallowell. The Relationships of Customer Satisfaction,Customer Loyalty,and Profitability:An Empirical Study[J]. International Journal of Service Industry Management,1996,7(4):27-42.

②　Yi,Y. A Critical Review of Customer Satisfaction,in Zeithaml,V. (ed.)[J]. Review of Marketing,Americal Marketing Associate,Chicago,Ⅱ,1990(2):68-123.

③　Jill Griffin,M. W. Lowenstein. Customer Winback:How to Recapture Lost Customers and Keep Them Loyal[M]. San Francisco:Jossey-bass,2011:23.

（3）对公司产品强烈的喜好加上很少的区别特征，可能引起的则是对多个产品的忠诚。

（4）对公司产品和服务的否定加上没有任何区别特征，导致的是最低程度的依恋，此时重复消费的概率小很多。

4.1.2　客户忠诚的分类①

一般情况下客户忠诚常有以下几种。

1. 垄断忠诚

指客户别无选择下的顺从态度。这种客户忠诚源于产品或服务的垄断。一些企业在行业中处于垄断的地位，在这种情况下不论满不满意，用户别无选择，只能够长期使用这些企业的产品或服务。客户的特征是低依恋、高重复购买。比如，因为政府规定只能有一个供应商，客户就只能有一种选择。公用事业公司就是垄断忠诚的一个最好实例。微软公司就具有垄断忠诚的性质。一位客户形容自己是"每月100美元的比尔·盖茨俱乐部"会员，因为他每个月至少要为他的各种微软产品进行一次升级，以保证其不落伍。

2. 亲缘忠诚

企业自身的雇员甚至包括雇员的亲属会义无反顾地使用该企业的产品、选择该企业的服务，这是一种很牢固的用户忠诚，但是在很多的情况下，这些用户对该产品或是服务并非感到满意，甚至还会产生抱怨。他们选择该产品或服务，仅仅是因为他们属于这个企业，或是他们的亲属属于这个企业，用户的这种忠诚称为亲缘忠诚。

3. 惰性忠诚

指客户由于惰性而不愿意去寻找其他的供应商。这些客户是低依恋、高重复的购买者，他们对企业并不满意。如果其他的企业能够让他们得到更多的实惠，这些客户便很容易被人挖走。拥有惰性忠诚客户的企业应该通过产品和服务的差异化来改变客户对企业的印象。

4. 方便忠诚

方便忠诚的客户是低依恋、高重复购买的客户。某个客户重复购买是由于地理位置比较方便，这就是方便忠诚。这种忠诚类似于惰性忠诚。同样，方便忠诚的客户很容易被竞争对手挖走。

---

① 赵忠秀.奢侈品客户关系管理[M].北京:北京对外经济贸易大学出版社,2009,108-109.

5．利益忠诚（价格忠诚、激励忠诚）

这种忠诚来源于企业给予客户的额外利益，比如价格刺激、促销政策激励等等。有些客户对产品价格很敏感，较低价格的产品对于他们有很大的诱惑力，因此在同类产品中，他们对于价格低的产品保持着一种忠诚。另外，一些企业，尤其是一些新进入市场的企业在推广产品时会出一些优惠政策，这些政策对很多的用户同样存在很大的诱惑，因此在此期间这些用户往往对这种产品保持着一种忠诚，这类客户的忠诚是不稳定的。

6．信赖忠诚（超值忠诚）

当客户对企业的产品和服务感到满意，并逐渐建立起一种信赖感时，他们会逐渐形成一种信赖忠诚。这种忠诚不同于前面的几种，它是高可靠度、高持久性的。这一类型的忠诚客户可以看成是企业的热心追随者和义务推销者，他们不仅仅是个人对企业的产品或服务情有独钟，还会主动将他们感受到的满意告诉自己的亲朋好友，并向人们推荐使用该企业的产品或服务。这类客户才是企业最为宝贵的资源，这种客户忠诚才是企业最为渴求的。

7．潜在忠诚

潜在忠诚就是指客户虽然拥有但是还没有表现出来的忠诚。潜在忠诚的客户是低依恋、低重复购买的客户。通常情况，客户可能很希望继续购买企业的产品或服务，但是企业的一些特殊规定或是一些额外的客观因素限制了客户的这种需求。例如，客户原本希望再来购买，但是企业只对消费额超过2000 元的客户提供免费送货，由于商品运输方面的问题，该客户就会放弃购买。企业可以通过了解客户的这些特别需求，对产品或服务进行适当的调整，将这种潜在忠诚转变为其他类型的忠诚，尤其是信赖忠诚。

4.2　客户忠诚度的发展过程

培养忠诚客户是一个过程，不仅需要时间，还需要用心，以及对每个环节的关注。一个客户的忠诚发展过程包括图 4-2 所示的几个阶段。

每个环节都有特定的需求。明确了每个环节并满足了各环节的特定需求之后，一个公司才有更大的机会让一个买者变成一个忠诚的客户。其中的每一个环节代表客户与公司关系的级别，或者忠诚的程度。

（1）可疑者——对企业的产品服务没有任何兴趣的个人或公司。企业不可能从这个群体中赚到一分钱，所以要慎重考虑对这些客户的营销成本。

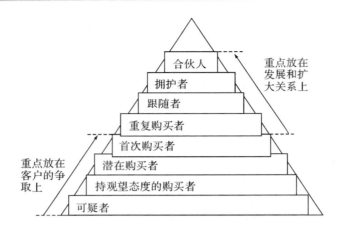

图 4-2　客户忠诚度金字塔

(2)持观望态度的购买者——企业的产品和服务能够满足这些客户的需要,只不过目前还没有与这类客户建立任何联系。企业应与这些客户建立联系,将他们发展成潜在客户,甚至是活跃客户。

(3)潜在购买者——企业与这些客户有某些联系,但他们还未曾购买公司的产品和服务。企业应将该类客户发展成为活跃客户。

(4)首次购买者——对企业的产品和服务进行过首次购买的人或组织。

(5)重复购买者——对企业的产品和服务进行过多次购买的人或组织。

(6)跟随者——对企业有肯定的归属感的重复购买者,但他们除了购买以外对企业的支持不够主动。

(7)拥护者——那些通过把企业推荐给别人来主动支持企业的客户。

(8)合伙人——最强的客户—供应商关系模式,这种模式是互利双赢的,而且能够长期进行下去。

从客户忠诚的发展过程来看,本书认为:

(1)对于企业而言,拥护者和合伙人有极大的价值。

(2)对任何一家企业而言,首先就要区分可疑者与持观望态度的购买者,然后努力将持观望态度的购买者发展成为新客户。这是市场营销中最具挑战性的也是投资成本最高的部分。

(3)在关系的发展中,从可疑者到首次购买者,企业的重点应放在如何吸引新客户,即客户的争取上,从重复购买者到合伙人,企业的重点应放在如何维持和发展客户的关系,即客户的保留上。

4.3　影响客户忠诚的主要因素

客户忠诚建立在多个要素之上，而不仅仅是建立在商家对客户偏好的记录上。要想建立客户忠诚，需要深入了解影响客户忠诚的各个要素，主要从内在和外在两个方面来理解。

1. 信任

信任是客户忠诚的一个决定性的因素。从本质上来说，信任支持了客户"可以在交易或者服务中得到积极成果"的信念。信任的效果可以表述为这样一种感觉，即商家可以把事情做好。只有在客户产生了对产品、品牌和商家的信任之后，重复购买才能产生。大致说来，信任有三个支持性的部分：商家提供产品和服务的能力、善意和信誉。只有这三个部分合一，才能让客户产生信任。商家必须在和客户接触的早期就向客户表现出这三个方面，并且在和客户的全期接触中不断深化客户对这三个方面的认知。

2. 感知价值

影响建立客户忠诚的要素中，感知价值是仅次于信任的要素。感知价值是指客户在市场交易情况下，对于收益和成本的总体评价。通常所说的客户满意度，在相当程度上来源于感知价值。企业和客户间的关系终究是一种追求各自利益与满足的价值交换关系，客户忠诚的是企业提供的优异价值，而不是特定的某家企业或某个产品。企业让渡给客户价值的多少决定了客户对其忠诚的程度。许多相关研究在一定程度上支持这一结论。如 Blackwell 等人在其提出的价值-忠诚度模型中就认为，感知价值对客户的再购买意愿起决定性作用，情境因素在直接影响客户忠诚度的同时，还通过作用于客户感知价值的构成而间接地影响客户忠诚。

3. 情感

实际上，客户的所有购买决定都在某种程度上和情感因素有些联系。把这种依恋感情进行细分，主要有信赖感、信誉感、自豪感和激情。信赖感和信誉感来源于商家和企业构建信任的努力，商家和企业确保产品和服务的一致性并承担相关责任之后的成果。自豪感则属于一个更高的层次，反映了客户对于商家和企业的深层次认同。激情则反映了品牌、产品和服务对于消费者的无可替代性，体现了商家和企业对消费者需求的完美满足，这对企业和商家的要求更高，一般说来，在高端产品或服务领域相对比较容易发生。

如果一个商家已经在客户群中成功地建立起信任，就可以开始和客户建立更深的关系。如果客户在较长时间内，反复购买某个特定品牌的产品或者服务，那么这就不再是客户和品牌之间的某种离散的交易关系，也不是单纯的重复购买行为，而是一种建立在一系列的心理动机之上的依恋。

4. 客户满意因素

客户满意程度越高，则该客户的购买越多，对公司及其品牌越忠诚。大量的有关客户满意和客户忠诚的研究表明：无论行业竞争情况如何，客户忠诚都会随着客户满意度的提高而提高。如若客户不满意，大多数客户会无言地离去，不给公司任何留住他们的机会。所以说，客户满意是推动客户忠诚的最重要因素之一。

5. 消费者个人特征

消费者个人特征也是影响客户忠诚的重要因素。如消费者的经济条件、文化背景对消费者的忠诚影响很大。因为经济条件是品牌忠诚的基础，从总体情况来看，高收入人群对自己认可的品牌忠诚度高，低收入人群对自己认可的品牌忠诚度低。因为一旦竞争品牌提供优惠或折扣，低收入人群很容易转换品牌，而高收入人群相对来说对价格不太敏感。据抽样调查，中国和美国相比，中国人就喜欢转换品牌，竞争品牌只要提供一些额外的利益，消费者就会见"利"忘"义"，弃自己偏爱的品牌，而购买竞争者的产品和服务。

6. 客户的转移成本

转移成本最早是由迈克尔·波特在1980年提出来的，指的是当消费者从一个产品或服务的提供者转向另一个提供者时所产生的一次性成本。客户的转移成本是客户为更换产品或服务的供应商所需付出的各种代价的总和，包括货币成本、精神成本、体力成本和时间成本。转移成本是阻止客户关系倒退的一个缓冲力，转移成本的加大有利于客户忠诚的建立和维系。因为转移成本越高，客户在更换品牌时越会慎重考虑，不会轻易背叛，而会尽可能地忠诚。

如忠诚计划，它就是通过维持客户关系和培养客户忠诚度而建立客户长期需求、并降低其品牌转换率的客户计划，该计划增加了客户从一个品牌转换到另一个品牌的成本，通常的形式包括客户分级会员制、累计消费奖励制度等。

如某电信运营商主要从三个方面来培育客户的忠诚度：一是提高客户的满意度，二是加大客户的跳网成本，三是留住有核心客户的员工。而据统计，65%～85%的流失客户说他们对原来的供应商是满意的。因此，为了建立客户忠诚度，电信运营商必须将功夫下在其他方面，尤其是努力加大客户的跳网成本,从而将客户留住。这个跳网成本就是客户的转移成本。

7. 企业员工的素质

由于员工的文化素质和个人修养的参差不齐,以及敬业精神等因素的影响,服务态度不佳、与客户发生争吵甚至打架等现象将严重影响企业形象,降低客户满意度,阻碍提高客户忠诚度的进程。

4.4　客户忠诚度的衡量指标

客户对品牌忠诚度的高低可以用客户忠诚度来表示。对客户忠诚度的评价可以从两个方面入手,一是行为忠诚指标,二是态度忠诚指标。

4.4.1　行为忠诚指标

1. 货币测定指标

企业生存的首要目标是获取利润,它最关心的是客户的钱包问题。指标具体计算公式如下:

$$钱包份额 = \frac{消费者对该品牌的购买金额}{消费者对所有该种类产品的购买金额} \times 100\%$$

这个指标主要是反映客户从钱包支出的花销中分给企业的份额,还表明被竞争者拿走的份额。由于综合了企业自身与竞争者的情况,所以有了这方面的信息,企业就可以调整策略,有的放矢地开展竞争。另外,这个指标也体现了购买频率和购买量的综合效果,所以对企业比较具有实际意义。

2. 频率测定指标

从客户购买频率这个角度出发,一般采用的是"重复购买率"这个指标。具体计算公式如下:

$$重复购买率 = \frac{消费者对该品牌的购买次数}{消费者对所有该种类产品的购买次数} \times 100\%$$

一段时间内,客户对某一种产品或服务重复购买的次数越多,说明他对这一产品或服务的忠诚度可能越高。反之,则可能越低。如果一个客户的重复购买率越来越低,这是客户发生转移的信号。企业应该及时查明原因,采取有效措施,防止客户流失。可以说,重复购买率是企业经营效果的一个"预警"指标。

3. 客户向他人推荐和介绍指标

具体计算公式如下:

客户向他人推荐和介绍率

$$= \frac{消费者对该品牌的推荐和介绍次数}{消费者对所有该种类产品的推荐和介绍次数} \times 100\%$$

客户向其他客户的推荐和介绍,即为客户口碑。忠诚的客户会对企业进行正面的口头宣传,会对其朋友或家人推荐公司的产品和服务,因此客户忠诚度与客户向其他客户推荐和介绍的力度成正相关关系。口碑好的企业其客户忠诚度会比较高,口碑不好的企业其客户忠诚度必低无疑。

4. 交叉购买的数量

交叉销售是指向一位客户销售多种相关的服务或产品。这一位客户必须是能够追踪并了解的单位客户,而这里的相关因素可以有多种参数,例如销售场地相关,品牌相关,服务提供商相关,等等。

交叉销售是建立在双赢原则的基础之上的,也就是对企业和客户都有好处,客户因得到更加符合他需求的服务而获益,企业也因销售增长而获益。

5. 增加购买的数量

与交叉销售不同,对增量销售的更好理解应该是追加销售。增量销售是指向客户销售某一特定产品或服务的升级品、附加品,或者其他用以加强其原有功能或者用途的产品或服务。这里的特定产品或者服务必须具有可延展性,追加的销售标准与原产品或者服务相关甚至相同,有补充、加强或者升级的作用。

4.4.2 态度忠诚指标

衡量客户态度忠诚,一般采用如下方法。

1. 客户对价格的敏感程度

客户对产品和服务价格的敏感程度也可以用来衡量其忠诚度的高低。敏感程度越低,其忠诚度可能越高;反之,则可能越低。

2. 客户对竞争产品或服务的态度

客户对某一企业的态度,大多是通过与其竞争产品或服务的比较而产生的。所以根据客户对竞争产品或服务的态度,能够从反面判断其对企业的忠诚度。如果客户对竞争产品或服务有好感、有兴趣,那么就说明对本企业的忠诚度较低,购买选择时很有可能以其取而代之;如果客户对竞争产品或服务没有好感、兴趣不大,则说明其对本企业产品或服务忠诚度较高,购买指向比较稳定。

3．客户对产品质量事故的承受能力

客户对产品和服务或品牌的忠诚度越高，对出现的质量事故也可能就越宽容；反之，则越不宽容。

4．购买时挑选商品的时间

客户在购买产品和服务时挑选的时间越短，忠诚度可能越高，反之，则可能越低。对于具有最高忠诚度的客户来说，挑选几乎不需要时间，往往是指名购买。

5．企业在客户心目中的地位

包括：对产品的总体评价以及对产品各属性的综合性评价；与同类竞争品牌相比，该品牌在主要的产品特征方面给消费者的联想；与同类竞争品牌相比，该品牌主要的优势性特征；与同类竞争者相比，品牌个性、情感联想方面的表现。

管理学大师彼得·德鲁克曾说过，商业的唯一目的就是创造消费者。在今天这样一个产品丰富、收入提高的年代，客户具有重要的发言权，谁了解客户，谁拥有客户，谁留住客户，谁就是最大的赢家。当前，产品种类琳琅满目，服务方式推陈出新，客户期望越来越高，市场竞争异常激烈，要想在竞争中获得一席之地就必须要建立与客户的良好关系，拥有自己的忠诚客户。

4.5　客户忠诚的经济价值分析

以下就极具经济价值的忠诚客户——超值忠诚客户或"传道者"进行经济价值分析。

一般而言，企业的目标是追求利润的最大化。利润是企业优胜劣汰的信号：企业利润越大，表示市场越需要这个企业，此企业才会有条件更好地生存和发展。否则，企业就会被市场淘汰出局。

设企业的总收益为 TR，总成本为 TC，则

$$利润 = f(TR, TC) = TR - TC$$

即企业利润是收入和成本的函数，其大小取决于收入和成本的差值。根据公式，在成本一定的情况下，收入越高利润越大，收入越低，利润就越低；在收入一定的情况下，成本越低，利润就越高，成本越高，利润就越低。故企业增加利润有开源和节流两个途径。忠诚的客户，不仅能为企业带来可观的、有形的货币价值，还能为企业带来巨大的、无形的非货币价值，既可增加企业的收入，又可降低其成本，从而为企业带来巨大的利润空间。具体分析如下。

4.5.1 货币价值

1．增加收入

(1)客户重复购买：忠诚客户往往会重复购买，重复购买的客户对产品熟悉、满意，重复购买时购买量往往更大，这样就增加了企业的收入。

(2)增加钱包份额：企业不仅从忠诚客户的重复购买中增加营业收入，而且还会从忠诚客户的关联消费中增加关联销售收入。当客户对某一企业或者品牌感到亲切，或者和他们有着良好的客户关系时，他不仅仅是选择这个企业，而且还会在他的开销中给予此企业更大的比例，这一现象被称为钱包份额效应。通俗地讲，所谓钱包份额就是顾客在某一个产品或服务上花费的钱占其总开销的比例。如在保险业，很多人第一次买保险时主要根据价格来做出决定，而保险企业也主要通过价格吸引他们，然后以其他理由让他们留下来。当他们的收入增加，添置了大件商品，或购买了价值更大的资产时，其额外的保险需求就会随之增长，客户通常会在同一家保险企业中增加他们的业务。随着客户的成熟，他们对自己的需求得到满足会有信心，因而会把自己的消费对象锁定在一家企业上。有人研究，在汽车行业，按客户人均计算的营业收入通常第五年比第一年增长2倍。

(3)对价格的敏感度低：根据经济学原理，在影响利润的其他因素不变的情况下，价格越高，单价产品和服务收入越高，因而利润也越高。忠诚的客户是因为获得了高水平的服务和满意的体验而留下来与企业交往的。他们不会等到甩卖的时候才去购买，也不会在有折扣时囤积产品和服务。他们更关心其他方面的价值，常常全额购买产品和服务，从而增加了企业的收入，也就提高了企业的盈利能力。因为，在真正客户关系存在的情况下，决定客户满意度的因素中，产品和服务收取的价格可能是最不重要的。忠诚的客户对产品和服务的价格不敏感。

2．降低成本

忠诚客户能从如下方面节约企业的成本。

(1)节约获取新客户的成本。吸引客户的成本是巨大的。在许多企业和组织中，广告、促销、折扣、检查信用记录和处理申请等是与吸引新客户相关的一次性成本。如果客户与企业的业务往来时间很短，或者只进行一次性交易，企业就无法收回这些成本，而且必须再次支出新的成本吸引新的客户。开发一个新客户的成本包括：显性成本，如广告、促销费用、每次销售访问的费用、销售人员的管理费用(包括工资、佣金、津贴和其他开支)；隐性成本，如经理亲自提出销售建议的时间成本、请潜在客户吃饭的成本等。如蜂窝电话的经营者每年为失去的 25％ 的客户支付 20 亿～40 亿美元的成本。根据西恩·杜根的说法，获得一个在线客户的成本依行业不同为 30～90 美元，因此让一个客户访问企业的网站并且进行第一次购买的成本是非常高的。

（2）节约服务成本。由于员工不熟悉新的客户，需要花费时间成本去了解新的客户，而且由于新的客户不了解企业的产品和服务，需要企业提供更多的服务，从而增加企业的服务成本。而忠诚的客户已经被收录到了数据库中，员工很了解他们，熟悉他们的需求，甚至还可以预见他们的需求。企业更容易为他们提供服务，以至于与他们的交易可以形成惯例。另一方面，忠诚客户熟悉企业的各种产品和服务，客户不再过多地依靠企业员工来了解情况、获得咨询，这样就节约了企业为客户服务的成本。

（3）节约失误成本。没有建立忠诚关系的客户对失误非常敏感，甚至可能故意去寻找产品和服务的缺陷。企业为修复由于不熟悉这些客户的愿望和需求而产生的失误会增加失误成本。而对于忠诚客户，一方面，企业熟悉其需求甚至能预见其需求，产生失误的可能性较小；另一方面，即使有失误，真正忠诚的客户更愿意在合理的范围内再给企业一次机会或者忽略掉一些失误，从而可以节约因失误造成的成本。

（4）节约营销成本。与专注于吸引新的客户群体的营销相比，对忠诚客户群体的营销效率更高。因为企业了解忠诚客户及其需求，营销活动有的放矢，且忠诚客户更善于做出反应，从而提高企业的营销效率，因而也能节约企业的营销成本。

表 4-1 为不同行业客户保持率每增加 5％，其客户净现值增加的情况，说明了客户忠诚对企业利润的影响。

表 4-1　客户保持率每增加 5％对客户利润的影响

行业	客户净现值增长率/％
广告业	95
人寿保险	90
银行	85
保险	84
汽车服务	81
信用卡	75
洗衣行业	45
软件业	35

4.5.2 非货币价值

忠诚客户的货币价值是显性的、巨大的，但代表的只是冰山一角。其无形的非货币价值，是隐性的，如同沉没在水底的冰山，价值更大。具体体现如下。

1. 口碑效应

已经与企业建立了真正关系的忠诚客户带给企业的不仅仅是直接的货币收益，这种货币收益通常以增加的销售收入和降低的成本来计算。在一些情况下这种忠诚的客户是企业免费的广告资源，他们会进行正面的口头宣传，会对其朋友或家人推荐企业的产品和服务，是企业业余的营销人员，是企业的无价资产。并且这种广告宣传比起企业出资进行的宣传，更可信，更易被人接受。尤其是超值忠诚客户或"传道者"，他们对其产品和服务不仅情有独钟，而且乐此不疲地宣传他们的好处，热心地向他人推荐其产品和服务，是最有经济价值的客户。在前面提到的加拿大关于远程通信的调查中还显示，在远程通信中，与企业往来了 15 年甚至更长时间的客户中，有 75% 的人愿意把这家企业推荐给其他人。与之相比，与企业往来 5 年甚至更少的客户中，只有 45% 的人这样做。

2. 形象效应

客户从购买到满意，再从满意到向自己的亲朋好友传播口碑，最后对企业超值忠诚，其中的每一过程都会给企业带来利润。客户满意带给企业的不仅仅是短期经济效益的提高，客户会对该品牌留下较好的心理感受，进而会提高该企业在消费者心目中的形象，也即企业的商誉，从而有利于企业推出新产品和服务。

3. 综合效应

客户忠诚具有两重性，它既是防守战略，又是进攻战略。作为防守战略，高的客户忠诚度使其他厂商需要花费更大成本才能获得本厂的现有客户。作为进攻战略，高的客户忠诚度可以提高产品和服务在市场上的形象，增加在现有和潜在客户中对企业有利的积极信息的口头传播，并使得企业的广告更有说服力，更有成效，从而更容易吸引竞争对手的现有客户。总之，高的客户满意度可以提高企业的综合竞争力。

客户对企业越忠诚，与企业的关系就越长，单位客户为企业盈利的能力也就越强。如图 4-3 所示。

图的横轴为时间，以年为单位，纵轴为客户每年为企业提供的利润，没有度量单位，这是因为不同行业、不同企业和不同的客户影响企业盈利能力的因

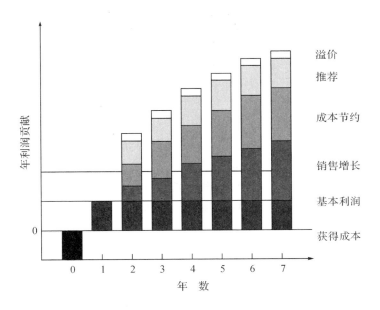

图 4-3　长期客户关系的价值

资料来源：Reichard，F. F. The Loyalty Effect，The Hidden Forecs Behind Growth，Profits，and Last Value[M]. Boston：Harvard Business School Press，1996.

素是不同的，因而其对企业盈利能力的影响程度也是有差异的。图中没有定量显示，只有定性衡量，用图描述一般的规律性。纵轴上位置的高低，表明这些因素的影响程度。图中也显示了随着时间的推移，每位客户为企业提供的利润逐年上升的原因。长期客户对企业盈利的影响的构成包括：争取新客户的成本、基本利润、收入增长、成本节约、客户推荐以及溢价等。

4.6　客户满意度和客户忠诚度的关系

按照传统的管理和营销理论，建立客户忠诚和盈利的模式及途径是相对固定的，即通过客户满意建立客户忠诚，通过客户忠诚获取利润并实现企业长久的发展。然而现实的情况是：满意的客户不一定忠诚，而不满意的客户也不见得不会重复购买企业的产品或服务。一项研究发现，在流失的客户中有90％的客户表明对以前获得的服务表示满意。许多企业采取大量的措施提高客户的满意度，希望借此提高客户忠诚度。但是实践和研究发现，客户满意度并不等于忠诚度,许多行业存在着"高满意度,低忠诚度"的现象,这就是所谓的"客户满意陷阱"。那么客户满意和客户忠诚之间到底有何关系?客户满意是如何影响客户忠诚的?什么因素影响客户满意向客户忠诚转化?不同的行业两者的关系有何不同?

4.6.1　两者之间的区别

第一,根据客户满意和客户忠诚的定义与内涵,可以看出客户满意和客户忠诚是两个层面的问题。如果说客户满意是一种价值判断,是一种心理感受,带有主观性,那么客户忠诚则是客户满意的行为化,是一种客观的标准。第二,从是否可以衡量看。由于主观性的影响,作为客户心理反映的客户满意是非常难以衡量的。尽管企业可以采用大规模的市场调查和客户询问等活动对客户满意度进行调查,但对其准确性无法完全保证。相反,客户忠诚是客户的一种客观行为,其衡量的量化指标就是客户的重复购买。第三,从持久性看。满意是一种暂时的态度,而忠诚更关乎持久态度和行为。一个忠诚的客户必然定时地进行再消费、交叉消费企业的其他产品或服务,向别人推荐购买同类产品或服务,同时不为竞争对手的蝇头小利所动心。

4.6.2　两者之间的联系

长期以来,人们普遍认为客户满意与客户忠诚之间的关系是简单的、近似线性的关系,即客户忠诚的可能性随着其满意程度的提高而增大。如哈佛大学商学院服务管理信息小组的James等总结的服务利润链理论模型,就揭示出了企业收入和利润的增长来自于忠诚的客户,而忠诚的客户来自于客户的满意度。客户的满意度越高,客户就越容易变得忠诚,从而为企业带来的收入和利润增长就越快。但近些年来,几项研究发现客户满意对客户忠诚的作用并不总是直接的,有很多因素成为这两者关系的中介。因此满意分值的高低并不一定直接导致忠诚度的高低,而只是提供了产品或服务的有效预警,满意客户并不总是比不满意客户购买更多产品。因此本书认为,客户满意与客户忠诚的关系因其他影响因素如何发生作用而论。

1. 其他影响因素不发生作用的条件下

客户忠诚是客户满意的函数,两者有非常强的正相关关系。尤其是客户感知效果超过其期望时,此时客户会高度满意或欣喜。只有当客户感知服务质量优异,并且非常满意的情况下,客户才能再次消费,并保持忠诚。

大量的研究表明,客户满意度和客户忠诚度之间存在着如图 4-4 所示的关系。

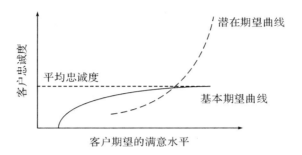

图 4-4　客户满意度与客户忠诚度关系曲线

客户的期望由两部分构成:基本期望和潜在期望。基本期望是指客户认为理应从产品和服务中得到满足的需要;潜在期望是指超出基本期望的客户并未意识到而又确实存在的需求。所以可以把图 4-4 进行分解为图 4-5 和4-6。

基本期望的满意水平和客户忠诚的关系,如图 4-5 所示。

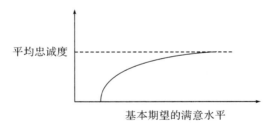

图 4-5　基本期望的满意水平和客户忠诚的关系

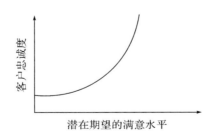

图 4-6　潜在期望的满意水平和客户忠诚的关系

刚开始，客户忠诚度随满意水平的提高而提高，但满意水平对客户忠诚的边际效用是递减的，尤其是客户忠诚度上升到平均忠诚度（平均忠诚度是指提供行业平均水平的产品和服务所激发的客户忠诚）附近，不管企业采取何种措施提高客户满意水平，客户忠诚度的变化都不大。主要原因是，客户认为商品和服务的这些价值（基本期望）是自己理应得到的，其他的供应商也能提供类似的价值，企业的产品和服务并没有特别的吸引力。所以，客户很难做出不好的评价却缺乏再次购买的热情，也不会向其他人推荐。

潜在期望的满意水平与客户忠诚的关系，如图 4-6 所示。

客户潜在期望的满意水平对客户忠诚的边际效用是递增的。主要原因是客户从商品中获得了意想不到的价值（此处的价值包括物质、心理、精神几方面的价值），满足了自己的潜在期望而感到愉悦。所以，这种感觉越强对客户的吸引力越大，在下一次购买时，为了再次体验到这种感觉，客户很可能仍然选择同一品牌。经过多次重复购买，客户多次感到愉悦，对该种产品逐渐产生信任和依赖，不再考虑其他品牌的产品，形成积极的长期忠诚。

那么什么是客户满意陷阱？它可以进一步被定义为"客户基本期望的满意水平高而忠诚度低"的现象。

综上所述，基本期望得不到满足客户就会产生不满，但基本期望的满意水平对激励客户忠诚效果不大。潜在期望得不到满足客户不会不满，得到了满足就能让客户感到愉悦，激励客户再次购买，其满意水平与客户忠诚度近似于线性关系。潜在期望才是影响客户忠诚最重要的因素。

2. 其他影响因素发生作用的条件下

客户满意与客户忠诚的关系较为复杂。除了客户满意度外还有如下因素影响客户的忠诚度。

（1）竞争程度

若行业内没有竞争者，单个企业垄断了市场，客户没有选择，被锁定在与企业的关系中，则客户满意度对客户忠诚度的影响不大，也即尽管客户对其产品不满，甚至是很不满，但还是不得不重复购买其产品。此种情况下客户对企业产品或服务的态度和行为不一致。影响客户竞争状况的因素有如下几种。

第一，政府限制竞争的法律。如：法律规定，电信业务为指定公司专营。

第二，专有技术。企业采用专有技术提供某些独特的利益，客户要获得这些利益，就必须购买该企业的产品和服务。

第三，市场上产品的供求关系。如供不应求，导致客户对产品没有选择，行业内没有竞争，客户不得不对企业的产品忠诚；供过于求，行业内竞争激烈，客户选择多,企业为客户提供的产品或服务不能满足客户的期望或为客户提供的感知利益小于客户感知的成本,则客户不满,从而导致客户不忠诚。

（2）转换代价

如:患者在治疗过程中转院,或企业在广告协议未完成时更换广告公司,两者都要付出很大的转换代价。

（3）有效的常客奖励计划

如:航空公司推出常客旅行计划,给予常客奖励,刺激他们更多购买其机票。

（4）客户对产品和服务质量的敏感状况

在客户感知非常满意与满意之间存在着所谓的"质量不敏感区域"。在质量不敏感区域,客户满意水平尽管较高,但客户并不一定再次购买企业的产品和服务,也没有向家人、朋友或他人推荐企业的产品和服务的愿望。只有当客户满意水平非常高时,客户忠诚现象才会出现,良好的口碑效应也才得以产生。美国贝恩公司的调查显示,在声称对公司产品满意甚至十分满意的客户中,有 65%～85% 的客户会转向其他公司产品。其中,汽车业 85%～90% 满意的客户中,再次购买的比例只有 30%～40%;而餐饮业中,品牌转换者的比例则是高达 60%～65%。

美国学者琼斯（Thomas O. Jones）和赛塞（W. Earl Sasser，Jr）运用数据反映客户满意与重构产品或服务意愿的关系,研究了汽车、个人电脑、医院、航空公司和本地电话服务 5 个行业的客户满意与客户忠诚之间的关系。根据分析的数据绘成如图 4-7 所示的图,向左上方弯的曲线所在的区为低度竞争区,向右下方弯曲的线所在的区为高度竞争区,曲线 I 和曲线 V 分别表示高度竞争的行业和低度竞争的行业中客户满意程度与客户忠诚度的关系。

如曲线 V 所示,在高度竞争的行业中,完全满意的客户远比满意的客户忠诚。在曲线右端（客户满意程度评分 5）,只要客户满意程度稍稍下降一点,客户忠诚的可能性就会急剧下降。这表明,要培育客户忠诚度,企业必须尽力使客户完全满意。如果客户未遇到产品和服务问题,接受调查时他们会感到很难做出不好的评价,而会表示满意。但是,如果企业的产品和服务过于一般,未让客户感到获得了较高的感知价值,就不易吸引客户再次购买。

在低度竞争的行业中,曲线 I（本地电话）描述的情况似乎与人们传统的认识不吻合,即客户满意程度对客户忠诚度的影响较小。因为在低度竞争情况下,不满的客户很难跳槽,他们不得不继续购买企业的产品和服务,但客户心里并不喜欢这家企业的产品和服务。这种表面上的忠诚是虚假的忠诚,有

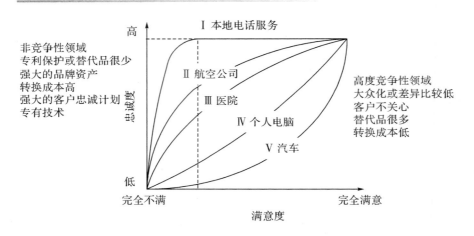

图 4-7　客户满意与忠诚之间的关系

一定的欺骗性。因此,处于低度竞争情况下的企业应居安思危,努力提高客户满意程度,否则一旦竞争加剧,客户大量跳槽,企业就会陷入困境。

琼斯和赛塞主要采用客户再次购买意向来衡量客户忠诚度。在市场竞争激烈,客户改购容易的情况下,这种衡量方法可以较准确地反映客户忠诚度,但在低度竞争情况下,它很难显示客户内心的真正态度。这时客户的再次购买意向主要是由外界因素决定的,一旦外界因素的影响减弱,客户不忠诚的态度就会通过客户大量跳槽表现出来。

综上所述,客户满意与忠诚的关系虽然随不同的行业各有不同,但是两者相互关系是毫无疑问的,且一般情况下,两者的关系为正相关关系。客户满意是使企业获利的必要因素,客户忠诚则是使企业获利的充分条件。客户满意是客户真正忠诚的前提,没有满意的客户便不会有客户对企业的绝对忠诚,满意的客户不一定是忠诚的客户,而绝对忠诚的客户一定是满意的客户。

客户忠诚不单单是客户的重复购买,真正的客户忠诚必须以客户满意的情感和积极的态度取向为前提,客户忠诚是客户的内在积极态度、情感、偏爱和外在重复购买行为的统一。

在客户忠诚的驱动因素中,客户价值和客户满意作为全驱动因素同时在内在态度和外在行为两个维度上推动客户忠诚,而其他如高转移成本、高认知风险、高投入等半驱动因素只推动客户的重复购买行为。

4.7　建立有效的客户忠诚计划

企业实施客户忠诚度计划,目的在于稳定客户群体,防止竞争对手介入,维护企业的直接利益,并满足客户关系发展、客户需求提升的需要。

客户忠诚计划就是对重复购买特定商家产品或服务的消费者给予回报的计划。麦肯锡公司的调查显示,在美国,约有 53％ 的日用品消费者和 21％ 的休闲服饰消费者加入了忠诚计划。在加入日用品忠诚计划的消费者中,有 48％ 的人比加入前增加了消费支出,而休闲服饰的消费者中,有 18％ 的人增加了消费。但即使只是 18％ 却也已经相当可观了。

4.7.1　忠诚计划的层级

企业处于不同的行业、不同的发展阶段,客户对于他们的认知程度也完全不同。因此,不同的企业也应该采取不同的方法找出自己的目标细分忠诚客户群,通过控制他们对于企业产品和服务的满意度,以及提高他们不同层面的转移成本,来制订忠诚计划,实现客户对于企业的忠诚。

1. 一级阶梯忠诚计划

这一级别的忠诚计划最重要的手段是价格刺激,或用额外的利益奖励经常来光顾的客户。奖励的形式包括折扣、累计积分、赠送商品、奖品等,使目标消费群体的财务利益增加,从而增加他们购买的频率。这通常又被称为频繁营销。

显而易见,这个级别的忠诚是非常不可靠的。第一,竞争者容易模仿。如果多数竞争者加以仿效,就会成为所有实施者的负担。第二,客户容易转移。由于只是单纯价格折扣的吸引,客户易于受到竞争者类似促销方式的影响而转移购买。第三,可能降低服务水平。单纯价格竞争容易忽视客户的其他需求。

美国航空公司是首批实施频繁营销规划的公司之一,20 世纪 80 年代初推出了提供免费里程的规划,一位客户可以不付任何费用参加公司的 AA 项目,乘飞机达到一定里程后换取一张头等舱位票或享受免费航行和其他好处。由于越来越多的客户转向美国航空公司,其他航空公司也相继推出了相同的规划。在大家实施了免费里程计划很多年后,由于客户手中持有太多的免费里程,造成了兑换的"拥塞",这成为各个航空公司的巨大负担。

然而,对于那些目标客户群庞大,且单位产品的边际利润很低的企业来说,一级阶梯忠诚计划比较适合他们。例如生产日常用品的企业一般都采用一级阶梯忠诚计划。

2. 二级阶梯忠诚计划

这一级别的忠诚计划主要形式是建立客户组织,包括建立客户档案和正式的、非正式的俱乐部及客户协会等,通过更好地了解消费者个人的需要和欲望,使企业提供的产品或服务变得个性化和人性化,更好地满足消费者个人的需要和要求,使消费者成为企业忠实的客户。这些形式增加了客户的社会利益,同时也附加财务利益。

目前,很多零售企业已经将其营销战略从一级阶梯忠诚计划转向了二级阶梯忠诚计划,如英国的德士高超市连锁公司和美国的 Supervalu 食品连锁超市都因此类忠诚计划提高了企业的核心竞争力。

忠诚营销和折扣积分计划不同。折扣积分只能给消费者短期的经济刺激,特别是在折扣积分普及后,企业很难通过它维系客户忠诚度。德士高的"俱乐部卡"之所以被誉为世界最成功的零售忠诚计划,是因为与其他超市推出的累计积分卡相比,"俱乐部"卡不仅仅是一张单纯的消费积分卡,它还为德士高提供了重要的客户消费习惯和客户细分的一手资料。在这些客户资料的基础上,德士高将"俱乐部卡"细分为很多小类别,根据不同的消费者开展量身定做的促销计划。

3. 三级阶梯忠诚计划

这一级别的忠诚计划为客户提供有价值的资源,而这个资源是客户不能通过其他渠道得到的,借此提高客户转向竞争者的机会成本,同时也将增加客户脱离竞争者而转向本企业的收益。主要是增加与客户之间的结构性纽带,同时附加财务利益和社会利益。

在三级阶梯忠诚计划中,其表现形式往往也以俱乐部等客户组织形态存在,但与二级阶梯忠诚计划中的客户组织则有着关键的不同点。首先,它往往会花大力气为会员提供不能通过其他渠道得到的资源,以此来显示会员的特权,这对会员的吸引力是非常大的。而更为重要的是,这类客户组织往往会延伸、演变为一个"社区",让志趣相投的一小部分人可以在这个"社区"中交流情感、分享生活。如果企业的客户群比较集中,而且边际利润很高,则适合采用三级阶梯忠诚计划。

4.7.2　提升忠诚计划的有效性

客户忠诚计划并非"万金油"，企业要想真正玩转也并非易事。企业实施客户忠诚计划要明确三个关键点：第一，这不是一项战术性计划。虽然"常客计划"有很多营销策略的运用，但更确切地说，这是一项战略计划。正因如此，只要企业迈出了第一步，想停下脚步不是一件容易事。如果企业那样做了，会"得罪"很多长期追随企业的客户，恰是"上山容易下山难"。第二，客户忠诚计划需要企业做长期性资源投入，也需要很高昂的成本。这就需要企业事先考虑自己能否吃得消，是否具有足够的体力与耐力坚持下去。第三，企业必须拥有健全的管理机制，包括健全的组织平台、完善的管理机制、持续的激励机制、畅通的沟通平台等。无论是企业增设一个部门，还是专门成立一个独立的营销组织，在运营管理上都存在着一定的复杂性。所以说忠诚计划实施也会给商家带来麻烦，体现在许多忠诚计划均面临着棘手的问题。

首先，计划本身需要巨额投入。调研表明，欧洲零售商每年用于返还给消费者折扣的投入将近 12 亿美元，超市连锁店的投入高达 1.5 亿美元。美国的情况也大致如此，由于销售额很大，因此即使仅仅提供 1% 的折扣，也会招致巨大损失。其次，还有市场营销和管理方面的成本，如系统、配送支持等投资，往往又会高达数百万美元。再次，忠诚计划一旦启动，就有其本身的生命周期，因此，计划一旦出现错误，往往难以纠正。同时，即使优惠很低的忠诚计划也会对客户造成根深蒂固的影响，任何变动或终止都必须通知他们。某项忠诚计划一旦推出，即使客户没有积极参与，也往往会因为被"剥夺"了某些实惠而产生反感情绪。而且，计划的推出越成功，结束这项计划便越困难。消费者参与某项计划有不愉快的经历之后，会加深对日后跟踪计划的不信任感，而且可能会丧失对这家零售商的整体依赖感。最后，尽管忠诚计划可以带来可观的销售额增长，似乎很受消费者的欢迎，但通常并不会增加他们的忠诚度。事实上，79% 的休闲服饰类消费者和 70% 的日用品消费者坦言，他们一直在寻找替代目前零售商的其他选择，这一比例明显高于其他类别产品的消费者。同时，加入忠诚计划的消费者并不一定会增加他们的购物支出。

那么如何使忠诚计划更为有效呢？

1. 锁定具有忠诚潜质与购买潜力的客户

企业推行客户忠诚计划，很关键的一点就是瞄准目标客户，并且是具有忠诚潜质与购买潜力的客户，这类客户有价值、有诚意。其实，忠诚计划不倡导"普惠制"，而是针对客户设置一定门槛。诸如零售业企业，采取会员制要求消费者直接交纳一定数额的会费,或者购物达到一定额度才可以成为会员,就是想针对具有长期消费意愿的消费者提供服务。再如,汽车行业,很多汽车用户只有在购买了汽车之后,才可以成为车友会会员。虽然该消费者短期以内难再购买第二辆车,但其接受良好的服务之后却会把口碑传播给其他潜在的消费者,具有销售的潜力。另外,万科集团面向社会征集会员,只要消费者完整地填写调查表就有机会成为会员,实际上也不是免费的午餐,而是为了把营销瞄准那些有购房需求的消费者。同时,万科集团依靠《万客会》通讯、各种活动及网络平台对消费者进行宣传,提升品牌美誉度。同时,针对忠诚消费者还推出一些主题推广活动,消费者踊跃响应。

2. 利用给消费者的回报改变客户的消费行为

零售公司采取回报和价值定位双管齐下的方法,可以改变客户的消费行为。但并非所有的公司都拥有实现预定目标的独特的价值定位,这些公司就必须提供确实有吸引力的回报。零售业经济结构的特点决定了这种方法代价不菲,但成功的模式却能为忠诚客户提供成本不高却充满吸引力的回报。比如在几个月内赢取电影票,或者在一年内赢取其他更贵一些的奖品等。即使如此,也还是要有一定的界限,以免支出过高。

加拿大的一家联盟 Air Miles 创造了一种更好的解决方案。这项始于1994 年的计划现已吸收半数以上的加拿大家庭为会员,其特点在于拥有蒙特利尔银行、壳牌等 100 多家赞助商,在这些赞助商处的消费可以积累,从而可以迅速得到回报。正如 Air Miles 网站上宣传的那样,"无论是长途电话、旅游、租车,还是电影票,您都能积累里程,而且速度之快,您做梦都不会想到。"Air Miles 依靠增加零售赞助商的办法来分摊回报的成本。这样,每年消费者在这项计划中的支出可高达数千美元,他们因此得到的回报要比从单个零售商那里得到的多得多。

3. 利用给消费者的回报更好地了解他们

回报即使很小,只要参与简便、立时兑现,也能够吸引消费者加入。零售商则可以从中获得大量的信息,在此基础上加以分析,可以更好地认识客户的消费和行为模式。

传统零售商都依靠大众化的营销手段取得这些信息,如目标客户分析、客户问卷、人口统计学特征等,但这类信息无法跟踪研究单个客户在一段时间内的行为"历史",而这对于零售商能否吸引、培养和留住客户举足轻重。忠诚计划则可以弥补这方面的缺憾。

零售商如果能够更加清晰地了解客户,便可以调整经营方式,以更好地吸引最有价值的那部分客户,如:调整商品陈列和规格、广告投入和促销方案。英国的 Tesco 就是一例,它利用会员制收集信息,根据每位会员的特征,量身定做了 8 万封不同的促销信函和杂志发送给会员。同时,精确的"对焦"可以加强忠诚计划的功效,再生成更多的信息数据,形成一种商家行为与消费者反应的良性循环。不过,要获得可靠的分析,忠诚计划至少要吸引到占全部销售额 50%～60%的客户。同时为了真正有效地利用数据信息,忠诚计划还必须简便可行。

4. 利用给消费者的回报加强自身的价值定位

一家私营信用卡公司 Target's Guest Card 把客户信用卡消费的 1% 捐献给该客户指定的一家本地学校,该公司将此项计划命名为"捐资办学,易如反掌",并称之为"向我们服务的社区进行奉献的基础"。这样便将本来对于个人来说微不足道的回扣集中起来,使之成为所有持卡人的一笔巨额贡献。这项忠诚计划以相对较低的成本,使每位客户都感觉参与了 Target 公司的社区服务活动,同时也成功地加强了 Target 公司"社区服务"的特殊定位。但如果 Target 在此之前的 30 多年没有持续地支持当地社区,那么这项慈善计划的影响力将会大打折扣。

5. 必须为客户设置转换门槛

转移成本不仅仅是经济上的,也是时间、精力和情感上的,它是构成企业竞争壁垒的重要因素。如果客户从一个企业转向另一个企业,可能会损失大量的时间、精力、金钱和关系,那么即使他们对企业的服务不是完全满意,也会三思而行。通常转移成本可以分为以下几类:第一类是财务成本,第二类是过程成本,第三类是情感成本。实际上,如果企业能够利用好转移成本,必定有所斩获。最主流的做法就是向客户发出善意的"警告",告诉客户如果进行转换,将面临的难度、经济成本及风险,或者告诉客户自己的产品或服务的独特性及不可替代性。同时,通过提高转移成本,让客户觉得如果进行转移将得不偿失。有一家信用卡公司就是这样做的,它通过向客户宣传金融服务的复杂性和学习过程的长期性,让客户感知到转移成本很高,进而使客户不愿意轻易更改服务提供商。不过,情感转移成本比起过程和财务转移成本来说,更加难以被竞争对手模仿与跟进,可以就此做差异化文章。

6. 一定要有别于竞争对手

首先可以肯定的是,如果企业推出的客户忠诚计划能够轻易地为竞争对手所模仿,那么推出的客户忠诚计划注定要遭受失败。很多企业推出以价格刺激或额外利益奖励为目标的客户忠诚计划,诸如价格折扣、累计积分、赠送促销品、赠送奖品等措施,以期增加客户的购买频率及单次购买数量。实际上,这些做法很容易为竞争对手所模仿或复制,不仅收效很低,还会为自己带来"麻烦"。易于复制性已经成为客户忠诚计划的一个缺点,如果无法克服必将影响绩效。

不同企业推出的客户忠诚计划,差异点主要体现在四个方面:首先,计划模式差异化,采取与竞争对手不同的模式;其次,激励政策的差异化,采取与竞争对手不同的激励政策,给客户不同的"甜头";再次,客户管理级别差异化,不同级别予以不同的政策;最后,服务差异化,为客户提供差异化的超值服务或增值服务。

7. 加强员工的满意度

想方设法提高员工的满意度,因为员工的满意度提高 5%,客户的满意度就提高 10%。有助于企业提高员工满意度的做法有以下几种:寻找优秀的员工;加强员工的培训;对员工充分授权;建立有效的激励机制;充分满足员工的需要,尊重员工的合理要求;不轻易更换为客户服务的员工。另外,制定严格制度,避免员工流动造成客户的流失。

8. 增加客户对企业的信任感与情感交流

"没有留不住的客户,只有不会留客的商家!""想称霸市场,首先要让客户的心跟你走,然后才能让客户的腰包跟你走。"要与客户积极沟通,密切交往。例如,就像郑女士所经历的那样。

郑女士,今年 78 岁,成为某康养公司的会员已有五年时间,是公司的老客户。随着年纪增大,跟随公司外出旅游的次数越来越少,但是每年她的生日,公司都会送来祝福和生日会邀请函。三年来,郑女士参加过生日聚餐、运河夜游等祝寿活动,2019 年收到的是由公司专员送来的为其定制的背包作为生日礼物。这种一直被惦记着的关心和关怀,让郑女士备感欣慰。

复习思考

1. 何谓客户忠诚?客户忠诚有哪些类型?
2. 影响客户忠诚的因素有哪些?
3. 客户忠诚度的衡量指标有哪些?
4. 客户满意与客户忠诚有何联系和区别?
5. 什么是客户忠诚计划?如何提高客户忠诚的有效性?

案例分析

开市客(Costco)通过会员卡实现的客户忠诚方法

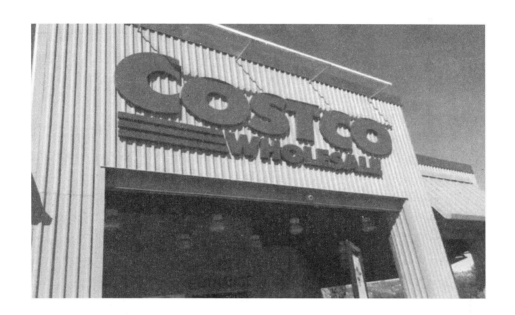

开市客(Costco)是美国最大的连锁会员制仓储量贩店,成立于 1976 年,在全球七个国家设有超过 500 家的分店,其中大部分都位于美国境内,加拿大则是最大国外市场,主要在首都渥太华附近。全球企业总部设于华盛顿州的伊萨夸(Issaquah,WA),并在邻近的西雅图设有旗舰店。

Costco 在 2017 年《财富》美国 500 强排行榜中名列第 16 位;在 2018 年《财富》世界 500 强排行榜中,以营业额 1290 亿美元名列第 35 位;在 2018 年世界品牌实验室编制的《2018 世界品牌 500 强》中名列第 218 位;在 2017 年度《BrandZ 最具价值全球品牌 100 强》中名列第 68 位。

它被阿里、京东争相模仿,被雷军奉为零售之神,沃尔玛在它面前不值一提。极大的成功背后,我们看到的是 Costco 十大奇葩属性,每一条都让人匪夷所思,却又不得不服。

奇葩一:每天思考怎么少赚点钱

Costco 大概是唯一敢拍着胸脯说"我不想赚钱"的公司。满世界的老板都在追求毛利，只有Costco整天在想如何少赚一点。今年毛利率10％，明年能不能降到9％？后年8％就更好了！Costco的毛利率低到你无法想象——平均不到10％，如果高于14％就要经过CEO批准。

10％是什么概念？举个例子，一盒巧克力进货价10块钱，它只卖11块，多一分都不卖！为此，Costco创始人多次拒绝了华尔街咨询公司提出的提高利润率的建议。他说：我在零售业摸爬滚打几十年，过的桥比你走的路还要多，许多像希尔斯那样辉煌一时的超市最后变得门可罗雀，就是没有抵制住加价的诱惑。

那么，Costco不靠卖东西赚钱，它怎么生存呢？

奇葩二：不要收据，一言不合就退货！

平时我们不管是网购，还是去实体商超买东西，最多只有七天无理由退换货时间。但在Costco，任何时候购买的任何商品，只要你不满意，随时可以退，不需要任何理由！关于它的无理由退货，曾经一度刷屏社交网络，比如有人成功退掉了已经发烂的桃子、蔫掉的盆栽、吃了一半的饼干，穿了几个月的衣服。甚至，用过的电器降价了，一言不合，退退退！有人开玩笑，只要你有一张Costco会员卡，就能养活自己（当然，这种方法不可取）。

为什么Costco的退货门槛这么低呢？在它眼里，退货并不是一件坏事。相反，它认为退货有利于提高产品质量，优化供应链。因为退货率太高的供应商肯定会压力山大，倒逼他们更加注重品质和创新。

奇葩三：超市大，东西少

当然，东西少并不是指数量少，类别少，而是品种少。一般情况下，超市都是走沃尔玛、大润发"大而全"的路子，琳琅满目的商品看着眼花缭乱，令人不知道怎么下手。但在Costco，每一个品类只精选2～3个品牌，对消费者来说，一眼就能找到自己需要的东西，这简直就是"选择困难症患者"的福音。另外，种类少代表每款商品都经过了严格筛选，确保了极致性价比。这意味着在Costco，每一款商品都是爆款。正如雷军所说："进了Costco，不用挑、不用看价钱，只要闭上眼睛买，这是一种信仰！"

那么超低SKU(Stock Keeping Unit，库存量单位)有什么好处呢？首先，保证了商品高质量；其次，降低了消费者的决策成本，购买变得非常集中；最后，精选SKU的庞大销量提升了Costco的议价能力。

我们看到，价格、质量和周转速度，三者在这里形成了健康循环，这就是Costco的核心竞争力。

奇葩四：好东西藏起来卖

几乎所有超市都会把最畅销的商品放在最显眼位置，就像我们进书店，畅销书永远摆在最好位置。但这个奇葩的 Costco 却常常把热销商品藏起来，摆在最不起眼的角落卖。比如它的一家分店自有品牌 KS 坚果创造了 3 天卖 3 吨的记录，经理知道后就把它藏到了非食品区的角落，非要转一圈才能找到。这是因为它要保证后来一些的顾客也能买到，所以要捂起来，细水长流。当然，这样"藏宝"还有一个好处：也许客人只想进去买坚果，找了一圈出来，他可能还买了一堆其他东西，因为在"寻宝"的过程中，他看到的爆品实在太多了。

奇葩五：购物车真的跟车一样大

正是因为有超多的爆品，Costco 担心普通购物车不够用，所以给顾客准备的都是比汽车尾箱还大的加强版购物车。它的爆品里有 10 斤一瓶的巧克力酱、6 公升一瓶的葡萄酒、5 斤一袋的薯片。

奇葩六：会员卡当身份证用

如果登机、出国身份证忘记带了怎么办？ Costco 告诉你：这都不是事儿！

它把会员的身份信息录进会员卡，跟北美政府合作，拿到了符合 TSA（美国联邦运输安全管理局）允许乘客提供除了护照以外的其他证件来证明自己身份的许可。所以 Costco 的会员卡无论是在加拿大边境管理局还是美国海关，都能当身份证使用。

奇葩七："有毒"服务，超市界海底捞

Costco 的会员服务简直可比中国的海底捞。拿着 Costco 的会员卡可以去它的医疗中心做免费体检，不收取任何清洁或后续费用。如果会员自己的医疗保险不包括所有药品，那么去 Costco 买药，价格远低于市面价。很多人喜欢在 Costco 买家电，它会负责配送、安装和售后，帮顾客解决掉所有问题，让电器公司的装修雇员无事可做！

Costco 不仅开超市，还有一个鲜为人知的身份，它是全美第二大汽车经销商，一年卖出 50 万辆车。在它的加油站，会员加油超便宜，还能终身享受免费打气和轮胎矫正服务。这要在其他地方可没那么方便！

奇葩八：实体比电商效率更高

在我们的思维中，互联网就是效率的代名词，网上办任何事情都效率高。但在 Costco 这里，又是另一番景象。零售界一个非常重要的指标是库存周转天数，沃尔玛的这一指标接近两个月；亚马逊快一点，45 天左右；以家电等高周转品类为核心的京东更快一点——35 天左右。而 Costco 做到了 30 天以下。

体现零售实力的最根本数据是坪效,沃尔玛是 0.47,山姆会员店高一点, 0.7,而 Costco 的坪效高达 1.3 万美元每平方米。正是因为这样的逆天数据, Costco 的销售额在不到 10 年的时间里翻了一倍多,扛起了实体店对抗电商的大旗。

奇葩九:服务员薪酬直逼谷歌

Costco 员工的工资怎么样呢? 它的平均工资为 20.89 美元/时,这几乎是沃尔玛的两倍,普通超市的三倍。可以这么说,Costco 的员工待遇甚至超过硅谷一些顶级科技公司。高工资的好处非常明显,Costco 每位员工的平均销售业绩是沃尔玛的两倍,员工的满意度高达 80%,员工首年跳槽率仅有 17%,而行业平均值是 44%。在中国已经开业的 Costco,工资起薪 5000 元, 在它的招聘广告上,年底双薪、定期加薪、带薪休假、定期体检、做五休二等福利,让人们挤破了头想进去。

奇葩十:靠会员费年赚数百亿

我们上面说过,Costco 所有商品的毛利都用在了超市的运转上面,换句话说,它卖东西不赚一分钱。

作为全球最大的会员制仓储超市,只有会员才能享受到 Costco 的各种逆天商品和服务。也就是说,它赚的不是商品的钱,而是会员费。目前,Costco 在全球有 9200 万会员。据最新统计美国有 8300 万家庭,这意味着 90% 以上的美国家庭都必备一张 Costco 会员卡,并且续签率达到惊人的 91%。Costco 在美国的会员费是 60 美元,加拿大的是 60 加元(约等于 307 元人民币),而中国会员费是 299 元。靠着这近亿人的会员费,Costco 赚得盆满钵满。

资料来源:风清,电商头条(ID:ecxinwen)http://www.sohu.com/ a/321030058.

案例讨论

1. Costco 靠什么赚钱?

2. 它成功的秘诀是什么?

本章实训

实训主题:为某品牌制订一份客户忠诚度计划。

实训地点:教室。

实训目的:掌握客户忠诚度测评的指标,能够依据指标制订切实可行的客户忠诚计划。

实训过程设计：

(1)分组,每组 3～4 人,讨论确定哪个品牌。

(2)针对该品牌拟出客户忠诚度测评指标。

(3)制订客户忠诚度计划。

(4)每小组以 PPT 的形式讲解计划内容。

(5)教师和其他小组打分。

第5章　客户价值及生命周期管理

爱普生公司究竟是如何"创造客户价值"的

在爱普生公司的整体服务理念中,服务其实是一种能"创造客户价值"的产品,因此公司内每个员工都把客户放在心里,以客户的角度出发从事工作,不仅提供产品服务,而且还要不断为客户创造价值。

在业务范围不断扩大、客户的要求也变得多样化的今天,爱普生公司究竟是如何"创造客户价值"的呢?

简单来说,要想提供有价值的服务,首先就要善于了解用户的需求。而在这方面,爱普生公司的客户呼叫中心可谓功不可没。据了解,爱普生公司在世界各地的销售公司均设有呼叫中心,通过这种直接和用户沟通的方式,同时借助可以共享的企业内部网,客户的意见会以最快的速度反映到企业服务、生产部门,甚至是最高领导者那里。同时,为了消除客户电话"打不通"等不满,呼叫中心在每个区域都会根据客户的咨询人次,调整呼叫中心的人员配置,致力于向最佳状态改善。尤其值得称道的是,2005年,爱普生公司的热线呼叫中心开通了网络呼叫中心,借助音频和视频为客户提供网上的互动服务。在这种服务模式下,呼叫中心把很多复杂的服务操作制作成 Flash 动画和视频影像,放在爱普生公司的网站上供用户查阅。而对于复杂服务,用户可以进入"爱普生用户俱乐部",这里以互动形式为主,可为用户提供量身定制的服务。如果用户有摄像头,工程师可以看着用户操作,并给予正确的指导。从某种程度而言,爱普生公司通过呼叫中心这条"绿色通道",能够更为全面地了解客户需求,从而制定符合用户需求的服务措施。

了解需求之后,爱普生公司会进一步更加积极地提供相关"行业主动服务"。比如,从 2007 年度开始,爱普生公司针对银行、教育等大型行业客户推出了一种保修期内免费的预防性上门巡检服务。爱普生公司通过大客户专业系统,了解行业中的大客户用户、机器以及维修信息,热线支持信息以及客户维修信息,针对大客户的特点和状况,向符合标准的大客户提供免费的乡镇级别网点上门清洁、保养、维修和培训等一条龙服务,并不断完善大客户服务档案,充分了解大客户需求和使用状况,不断推出大客户期望的特色服务。

针对高端行业客户,爱普生公司在标准保修服务基础上提供了所谓的"心加心"升级服务。用户可根据需求选择超值维修服务,通过事先购买此服务,将保修期延长 2～3 年,这期间,用户无须再支付维修费用。同时,针对不同高端客户的个性化需求,爱普生公司的"心加心"服务还会提供"一小时快修服务",这种高响应速度满足了终端客户的服务需求。另外,"心加心"服务还允许用户以旧机器按照市场价以旧换新购买新机器,并可以得到不同程度的免费服务或者礼品赠送。从某种程度而言,爱普生公司用"心"为客户制定的特色服务,为自己赢得了更多新老用户的"心",让爱普生的服务品牌更加家喻户晓。

服务就是竞争力,从 1992 年开始着手服务体系建设到现在,爱普生公司不断增加服务的内容,提高服务的专业性和主动性,满足客户对服务品质无止境的需求。用爱普生公司的话来说:"只有产品服务才能形成真正意义上的商品价值。在爱普生公司,服务已经成为产品的核心内容,是客户价值创造的根本所在。"

资料来源:硅谷动力网站,http://www. Enet. com. cn/article/2008/0424/A20080424245371. shtml。

点评:

从本例可以看出,爱普生公司为了"创造客户价值",采用了各种办法。例如,通过设置各种互动渠道获取客户需求;想方设法提高企业的售后服务水平;开展有针对性的大客户服务方案;等。许多企业的实践已经证明,只有企业不断提高自己产品或服务的"客户感受价值",企业才能在市场中获取更多的利润,也才能保持大量的忠诚客户。

20 世纪 80 年代以前,市场营销理论大都是从产品或服务本身,或提供产品与服务的企业的视角来认识客户价值,认为客户的价值是由当前销售额、终身潜在销售额预期、需求贡献、利润贡献等组成。在这种客户价值的认识中,客户只是产品或服务的被动接受者。Woodruff(1997)[1]认为,只有企业提供比其他竞争者更多的价值给客户,企业才能保留并造就忠诚的客户,从而在竞争中立于不败之地。客户价值观已成为理论界和企业界共同关注的焦点,被视为企业竞争优势的新来源。

5.1 客户价值内涵

客户价值(Customer Value)的重要意义已经得到理论界与企业界的共识,然而,不同学者从不同的角度对客户价值进行了研究,并提出了不同的观点和看法。

1994 年,菲利普·科特勒从客户让渡价值(Customer Delivered Value,CPV)和客户满意的角度来阐述客户价值。他认为,客户让渡价值是指总客户价值与总客户成本之差。总客户价值就是客户期望从某一特定产品或服务中获得的一组利益,而总客户成本是在评估、获得和使用该产品或服务时引起的客户预计费用。[2]

Zeithaml(载瑟摩尔)(1988)[3]使用客户感知价值(Customer Perceived Value,CPV)的概念来理解客户价值。他认为,客户感知价值是客户感知到的所得和感知到的所失而形成的对产品效用的总体评价。

Gale(盖尔)(1994)[4]将客户价值定义为客户相对于产品价格而获得的产品感知质量。

Woodruff(1997)[5]认为,客户价值是客户在一定的使用情境中,对产品属性、属性效能以及使用结果达成其目的的感知偏好和评价。

以上是关于客户价值的一些有代表性的定义。在这些定义中,Woodruff的客户价值定义要更宽泛、更丰富、更复杂。Woodruff 的定义不仅综合了客户的期望价值和使用结果,而且强调了价值来源于客户的感知、偏好和评价。同时,该定义还将产品、使用环境和相应的客户感知效果密切地联系起来,构

---

①⑤ Woodruff Robert B. Customer Value: The Next Source for Competitive Advantage[J]. Journal of the Academy of Marketing Science, 1997, 25(2):139-153.

② 菲利普·科特勒. 营销管理[M]. 梅汝和,等译. 上海:上海人民出版社,1994:49.

③ Zeithaml,V. A. Consumer Perceptions of Price, Quality and Value: A Means-ends Model and Synthesis of Evidence[J]. Journal of Marketing, 1988,52(3):2-22.

④ Bradley T. Gale. Managing Customer Value[M]. New York: The Free Press, 1994: Preface.

成了包括产品属性、产品功效和使用结果的 3 个层次的立体结构。

从以上定义可以看出,对客户价值的理解分歧,主要体现在对客户价值的流向、方向性和所有者认定等方面。归纳起来,对客户价值的理解可以分为两大类①:

一类认为,客户价值的方向是从"企业到客户",即基于企业的视角理解客户价值。该视角把客户看成是企业的一种资产,侧重研究不同客户能够给企业带来的价值。这种视角的客户价值衡量了客户对于企业的相对重要性。这种客户价值观念认为,对客户价值的管理就是鉴别出高赢利性客户,从而配置相应的资源来实现客户价值的最大化。

另一类认为,客户价值的方向是"客户到企业",即基于客户的视角了解客户价值。这种理解认为,客户价值就是客户心中感知到的价值,是客户在消费过程中期望或感知到的产品或服务所给他带来的价值。

虽然对客户价值流向及所有者的界定存在不同的理解,但从以上各种具有代表性的定义中却都可以看出,无论是"企业到客户",还是"客户到企业",都是强调以客户为核心的导向。

其实,企业为了生存发展和在竞争中占据优势,一方面,必须基于本企业的实际情况来合理配置资源以实现客户价值的最大化;另一方面,企业的经营必须以客户的满意为最终导向,必须满足客户心中的感知到的价值。因此,从这个意义上讲,客户价值应该表现为双向性,即客户价值既体现在"企业到客户"上,也体现在"客户到企业"上。

5.2　客户价值理论

5.2.1　菲利普·科特勒(Philip Kotler)让渡价值理论

1994 年,菲利普·科特勒提出让渡价值理论。科特勒认为客户让渡价值是指总客户价值与总客户成本之差。

总客户价值就是客户期望从某一特定产品或服务中获得的一组利益,具

---

① 还有一类是基于客户与企业的双重视角研究客户价值,这种观念的重点在于客户与企业的价值交换过程,认为这种价值交换过程不仅实现了客户与企业所需要的交易,还会形成一些其他的经济与非经济的关系。相对于前两类研究,此类文献相对较少。

体包括产品价值、服务价值、人员价值和形象价值等。

产品价值是由产品的功能、特性、品质、品种等所产生的价值构成,它是客户需求的中心内容,也是客户选购产品的首要因素。在一般情况下,产品价值是决定客户购买总价值的关键和主要因素。

服务价值是指伴随产品的出售,企业向客户提供的各种附加服务价值,它包括产品介绍、产品保证等所产生的价值。

人员价值是指企业员工的经营思想、知识水平、业务能力、工作效率与质量、经营作风及应变能力等产生的价值。

形象价值是指企业及其企业产品或服务在社会大众中形成的总体形象所产生的价值。形象价值与产品价值、服务价值、人员价值密切相关,在很大程度上是这三者价值综合作用的反映和结果。

总客户成本是在评估、获得和使用该产品或服务时而引起的客户预计费用,也即客户为购买某一产品所耗费的时间、精神、体力以及所支付的货币资金等,具体包括货币成本、时间成本、精神成本和体力成本等。

科特勒的让渡价值理论模型如图 5-1 所示。

图 5-1　科特勒让渡价值理论模型

根据科特勒的让渡价值理论,企业可对决定客户购买的影响因素进行分析,并进而采取相应的营销及经营管理策略。

对客户的分析:客户在购买产品时,总是希望把有关成本降低到最低限度,而同时又希望从中获得更多的实际利益,以使自己的需要得到最大限度的满足。因此,客户在选购产品或服务时,往往从价值与成本两个方面进行比较分析,从中选择出价值最高、成本最低,即客户让渡价值最大化的产品或服务作为优先选购的对象。

对策略的分析:企业为在竞争中战胜对手,吸引更多的潜在客户,就必须向客户提供比竞争对手具有更多客户让渡价值的产品,这样,才能使企业的产品或服务为消费者所注意,进而购买本企业的产品或服务。为此,企业可从两个方面改进自己的工作:一是通过改进产品、服务与形象,提高产品或服务的总价值;二是通过降低生产与销售成本,减少客户购买产品的时间、精神与体力的耗费,从而降低货币与非货币成本。

科特勒的让渡价值理论注意到了产品特性本身以外的众多因素,为客户价值的测量构建了一个良好的理论框架。然而,科特勒虽然给出了测量项目和公式,但变量如何测量,各变量之间存在怎样的函数关系仍有待进一步的研究。

5.2.2　Jeanke,Ron 及 Onno 客户价值理论

2001 年,Jeanke,Ron 及 Onno 提出了自己的客户价值理论。[①] 他们从企业和客户两个角度,描述了随着业务发展,价值从一个模糊的概念演化到市场上的具体产品或服务的整个过程,如图 5-2 所示。

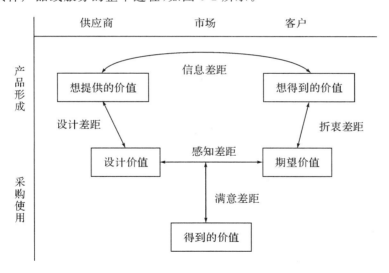

图 5-2　Jeanke,Ron 及 Onno 客户价值理论模型

从企业的角度出发,企业通过市场调查了解客户的需求,同时考虑到本企业的资源、生产能力、管理能力及发展战略等情况,形成了企业自身的"想提供

---

① Jeanke W. van der Haar, Ron G. M. Kemp, Omta. Creating Value that Cannot Be Copied [J]. Industrial Marketing Management,2001,30(8):627-636.

的价值"的概念,并以之组织生产。然而,由于存在产品开发技术及其企业实际条件的约束,企业生产出的以具体产品或服务为载体的"设计价值"与企业"想提供的价值"之间存有一定的差距,这种差距称为"设计差距"。由于企业是根据市场调查了解客户需求的,而市场调查的结果往往存在一定的主观判断,因而调查结果并不能揭示客户的真正需求。这样,企业的"设计价值"与客户的"期望价值"也存在一定的差距,可称为"感知差距"。

从客户的角度出发,客户希望获得的是"想得到的价值",而受社会经济、科技及各种客观因素的约束,市场上的产品或服务都与客户"想得到的价值"存有一定的差距,客户也意识到了这种差距的存在,因此客户心中就有了一个"期望价值"的概念。客户的"想得到的价值"与"期望价值"之间的差距可称为"折衷差距"。

从客户与企业双方的角度出发,可以看到,企业的"想提供的价值"与客户"想得到的价值"往往存在一定的差距,可称为"信息差距"。在企业的"设计价值"与客户的"得到价值"之间也存在一定的差距,可称为"满意差距"。

造成"信息差距"的原因主要是企业与客户需求之间存在信息不对称,这就要求企业在市场调查时,一定要采取多种的措施,切实了解客户的真实需求。只有企业真正了解了客户的需求,并按这种客户需求去组织经营,才能有效地缩短企业与客户之间存在的"信息差距"。提到"设计差距"与"感知差距",这就要求企业在生产经营中,始终贯穿以客户需求为中心的理念,合理配置企业的有限人力、物力及财力资源,尽可能地满足客户的具体需求。只有这样,才能为客户提供更大的价值。

5.2.3 Woodruff 的客户价值层次模型

1997 年,Woodruff 提出了客户价值层次模型,对客户如何感知企业所提供的价值问题进行了回答。[①] Woodruff 客户价值层次模型如图 5-3 所示。

Woodruff 认为,客户价值是产品属性、属性偏好和结果评价的层次组合,客户通过途径—结果的模式形成期望价值。

从最底层往上看,客户在购买和使用某一产品或服务的时候,首先将会考虑产品或服务的具体属性和效能,以及这些属性对实现自己预期的结果会是怎样的。而且,客户还会根据这些结果对最终目标的实现能力形成期望。

---

① Woodruff Robert B. Customer Value: The Next Source for Competitive Advantage[J]. Journal of the Academy of Marketing Science,1997,25(2):139-153.

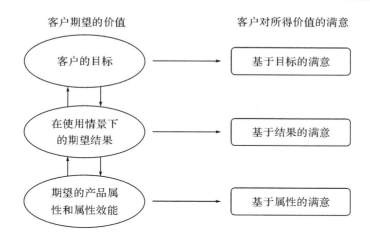

客户期望的价值　　　　　客户对所得价值的满意

图 5-3　Woodruff 客户价值层次模型

从最高层向下看，客户会根据自己的目标来确定产品或服务在使用情景下各结果的权重。同样，结果又确定属性和效能的相对重要性。

Woodruff 模型还强调了使用情景在客户价值评价中的关键作用。当使用情景发生变化时，产品或服务的属性、结果以及目标间的联系都会发生变化。

Woodruff 模型还认为，客户通过对每一层次上产品或服务使用前的期望价值和使用后的实受价值的对比，会导致在每一个层面上的满意感觉。因此，客户对于产品或服务的属性、属性效能、使用结果以及目标意图的达成度都会感到满意或者不满意。

5.2.4　盖尔的客户感知价值理论

盖尔(Gale)在其著作《管理客户价值》一书中，借助质量来定义客户价值①。他认为，市场感知质量(Market-Perceived Quality)是客户将企业的产品或服务与竞争者的产品或服务相比较得出的评价，而客户价值则是对企业产品的相对价格进行调整后的市场感知质量。

企业和客户对同样的产品和服务所提供的价值的知觉是不一样的，这种现象的存在对于在营销过程中区分客户价值和客户感知价值是非常必要的。

---

① Bradley T. Gale. Managing Customer Value[M]. New York：The Free Press，1994：Preface.

客户感知价值是客户所认知的购买或消费某种产品或服务为其带来的相对利益。

盖尔用价格和感知质量之间的比率来计算感知价值,如图 5-4 所示。

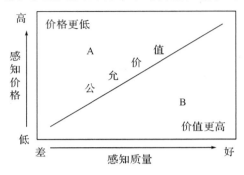

图 5-4 客户感知价值

资料来源:Derek Allen,Morris Wilburn.满意度的价值[M].武永红,等译.大连:东北财经大学出版社,2005:13.

该图中的两个轴分别代表感知价格和感知质量,中间的对角线代表公允的市场价值(一分钱一分货)。随着市场的进步,各企业努力提高自身实力,能为客户提供具有较高性价比的产品和服务,这条对角线会向右偏移。位于对角线以上表示价值较低。相反,如果一个公司的产品或服务位于对角线以下就代表有较好的价值,比如图中 A 与 B 两个企业。此种类型的分析能够从客户那里了解到竞争对手的评价。

从以上各学者对客户价值的界定中,本书总结出客户价值具有如下几个基本特征:

(1)客户价值是客户对产品或服务的一种感知,是与产品和服务相挂钩的,它基于客户的个人主观判断。

(2)客户感知价值的核心是客户所获得的感知利益与因获得和享用该产品或服务而付出的感知代价之间的权衡,即所得与所失之间的权衡。

(3)客户价值是从产品属性、属性效用到期望的结果,再到客户所期望的目标,具有层次性。

5.3　客户价值细分矩阵

在客户细分中,有一种基于客户生命周期利润的细分方法,称为客户价值细分,其进行细分的两个维度是客户当前价值和客户增值潜力,每个维度分成高、低两档,由此可将整个客户群分成四组,细分结果可用一个矩阵表示,称为客户价值矩阵,如图 5-5 所示。

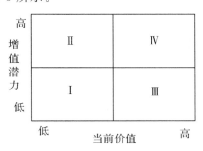

图 5-5　客户价值矩阵

1. 客户当前价值

客户当前价值是指假定客户现行购买行为模式保持不变时,客户未来可望为企业创造的利润总和的现值。根据这一定义,可简单地认为,客户当前价值等于最近一个时间单元(如月/季度/年)的客户利润乘以预期客户生命周期的长度,再乘以折现率。

2. 客户增值潜力

客户增值潜力是指如果企业愿意增加一定的投入进一步加强与该客户的关系,则企业可望从该客户处获得的未来增益。客户增值潜力是决定企业资源投入预算的最主要依据,它主要取决于客户增量购买、交叉购买和推荐新客户的可能性和大小。

3. 四类客户的不同管理对策

如图 5-5 的客户价值矩阵所示,根据每个客户的当前价值和客户增值潜力,企业的所有客户可以分成四类,下面讨论每类客户的特点以及应该分别采用的相关管理对策。

(1)I类客户——"铅质客户"。I类客户是最没有吸引力的一类客户,其当前价值和增值潜力都很低,甚至是负利润。例如,偶尔下一些小额订单的客户,经常延期支付甚至不付款的客户(高信用风险客户),提出苛刻客户服务要求的客户,定制化要求过高的客户,等。这些客户是公司的一个负担。

(2)Ⅱ类客户——"铁质客户"。Ⅱ类客户有很高的增值潜力,但目前尚未成功地获取其大部分价值。可以预计,如果企业加深与这些客户的关系,在未来,这些客户将有潜力为企业创造可观利润。因此,企业对这类客户,要不断向其提供高质量的产品、有价值的信息、优质服务甚至个性化方案等,让这类客户持续满意,并形成对企业的高度信任,从而促进客户关系越过考察期,顺利通过形成期,并最终进入稳定期,进而获得客户的增量购买、交叉购买和新客户推荐。

(3)Ⅲ类客户——"银质客户"。Ⅲ类客户有很高的当前价值和低的增值潜力。从客户生命周期的角度来看,这类客户可能是客户关系已进入稳定期的高度忠诚客户,他们已将其业务几乎百分之百地给了本企业。因此,未来在增量购买、交叉购买和新客户推荐等方面已没有多少潜力可供进一步挖掘。

显然,这类客户十分重要,是企业仅次于下面Ⅳ类客户的一类最有价值的客户。

(4)Ⅳ类客户——"金质客户"。Ⅳ类客户既有很高的当前价值,又有巨大的增值潜力,是企业最有价值的一类客户。

和上面Ⅲ类客户一样,从客户生命周期的角度来看,这类客户与企业的关系可能也已进入稳定期,他们已将其当前业务几乎百分之百地给了本企业,也一直真诚、积极地为本企业推荐新客户。与Ⅲ类客户不同的是,这类客户本身具有巨大的发展潜力,业务总量在不断增大,因此,这类客户未来在增量购买、交叉购买等方面尚有巨大的潜力可挖。这类客户是企业利润的基石,企业要千方百计、不遗余力地作出各种努力,以便保持住他们。

4. 四类客户组成的客户金字塔

上面的四类客户在数量上形成一个正金字塔,Ⅳ类客户最少,在塔顶,Ⅲ类客户在塔肩,Ⅱ类客户在塔身,Ⅰ类客户最多,在塔基。四类客户的利润则相反,刚好形成一个倒金字塔。客户的利润决定了公司的资源配置,因此这四类客户的资源配置大致也是一个倒金字塔。这三个金字塔合称为客户金字塔,图 5-6 用三角形描绘了这三个金字塔。

如果企业根据客户利润的预测,将相应的四类客户填入图中,则根据客户金字塔图,各类客户的组成、每个客户对企业的贡献、每类客户大致的资源投入比例便可一目了然。因此和客户价值矩阵一样,客户金字塔也是客户关系管理的一个很有用的工具。

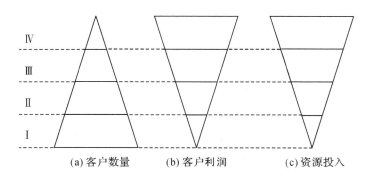

图 5-6 客户金字塔

5.4 客户关系的价值体现

5.4.1 客户让渡价值及其核算

客户让渡价值是指整体客户价值与整体客户成本之间的差额部分,如图 5-7 所示。

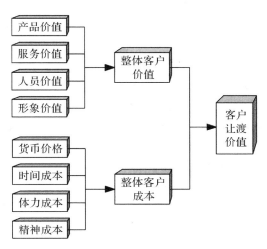

图 5-7 客户让渡价值

其中,整体客户价值是指客户从给定产品或服务中所期望得到的所有利益,包括产品价值(指产品的质量和功能)、服务价值(反映企业从售前、售中到售后整个过程所提供的服务水平)、人员价值(企业员工与客户互动过程中所体现出来的知识水平和责任感)和形象价值(与企业品牌和公众形象有直接的联系)四个方面,是这四个方面的综合体现。

当然,仅仅从客户获取价值的角度还不足以解释客户的最终购买行为。如果假设 A 公司能比 B 公司提供更大的整体客户价值,那么是否意味着客户就一定会购买 A 公司的产品呢?不一定,因为客户还要考虑他的整体成本问题,其涵盖的内容远不止货币成本,还包括了预期时间、体力和精神成本。购买者对整体成本的评估构成了整体客户成本的框架。

5.4.2 客户的终身价值

1. 客户终身价值的含义

企业对于客户的价值,不仅是发掘客户的单次价值,更重要的是挖掘客户的终身价值。

所谓客户终身价值,是指企业与客户在整个交易关系维持的生命周期里,减去吸引客户、销售以及服务成本并考虑资金的时间价值,企业能从客户那里获得的所有收益之和。

如果不考虑货币的时间价值,客户终身价值就等于客户在关系生命周期内各个时期所得收益的简单相加。例如,假设某公司某个客户的保留时间是10 年,若每个客户平均每年给公司带来 100 美元的利润,吸引、推销、维系和服务一个新客户的成本是 80 美元,那么该公司每个客户的终身平均价值就为:(10 年×100 美元/年)-80 美元=920 美元。

但是,实际上在计算每一个客户的终身价值时,应该将该客户在关系生命周期内不同年度为企业带来的净利润进行折现后,再相加,这样才能得到该客户的终身价值。

2. 客户终身价值的作用

客户终身价值既包括历史价值,又包括未来价值,它随着时间的推移而增长。因此,企业千万别在意老客户一次花多少钱,购买了多少产品或者服务,而应该考虑他们一生给企业带来的财富。企业必须把眼光放长远——不但要重视客户眼前的价值,更需要进一步提高客户的终身价值。客户终身价值的意义就在于表达忠诚客户对企业生存和发展的重要和长远的影响,以刺激企业对忠诚客户的高度重视,努力维系自己的忠诚客户。

3．客户终生价值的组成

根据对客户价值内容的研究分析,客户终身价值的组成公式为

$$CLV = CLV_1 + CLV_2 + CLV_3 + CLV_4 + CLV_5 + CLV_6 \qquad (5\text{-}1)$$

在式(5-1)中,各个变量的含义如表 5-1 中所示。

表 5-1　客户终生价值组成公式中各变量的含义

变量	含义
CLV	表示客户终身价值,即指客户在其一生中有可能为企业带来的价值之和
CLV_1	客户初期购买给企业带来的收益
CLV_2	以后若干时间内重复购买以及由于客户提高购买支出份额,为企业所带来的收益
CLV_3	交叉销售带来的收益,客户在长时期内倾向于使用一个厂家的更多种产品和服务
CLV_4	由于厂商和客户都知道如何在长期内有效地配合,使得服务成本降低并能原谅某些失误及提高营销效率所带来的收益
CLV_5	指客户是公司的一个免费的广告资源,客户向朋友或家人推荐企业的产品或服务所给企业带来的收益,即推荐收益
CLV_6	指随着时间推移,重复购买者或忠诚客户对价格的敏感性降低,不是等到降价或不停地讨价还价才购买所获得的收益

4．影响客户终身价值的因素

按照前面介绍的客户终身价值的含义,下面给出一个客户终身价值的简单计算公式:

$$CLV = \frac{R \times [1 - 1/(1+r)^n]}{r} \qquad (5\text{-}2)$$

式中,CLV 表示客户终身价值的当前值;R 表示企业每年从客户那里获得的收入;r 表示贴现率;n 表示客户关系生命周期的年数。

说明:式(5-2)对有些因素进行了简化处理,其中的具体推导过程在此不再详细说明。

从式(5-2)中可以看出,影响客户终身价值的变量主要有 R、r、n 三个,也就是说客户终身价值的大小,主要受客户关系生命周期内每个相关时期的客户盈利值、贴现率以及客户生命周期长度的影响。其中,每个相关时期的客户盈利值的测算,还需要综合考虑客户的维持率、客户的满意度、客户的忠诚度、产品的被提及率、客户的收入变化、客户关系的维护成本、营销与服务成本,以

及市场新竞争者的出现、原有竞争者的退出等因素。

五招让他做终身客户——提升客户的价值

《专家杂志》日前发表文章《终身客户》，介绍了 5 个非常有效的提升客户终身价值的技巧：

1. 低调承诺，超额兑现。作为客户服务人员，要建立信誉度，不要做出自己不能兑现的承诺。

2. 关注小事情。作为客户服务人员，要养成快速回电话、回邮件和做出其他回应的习惯。

3. 与客户保持联系，并做好记录。客户服务人员应花些时间来记录会议和电话交流的相关内容。保留一份客户服务的书面记录——当客户被重新分配给另外一位客服代表的时候，这种做法就非常奏效。

4. 给客户发送促销礼品。比如，印有本企业图片或联络电话的咖啡杯、日历等。

5. 建立一个反馈系统，用来了解客户是如何评价你提供服务的质量和数量的。服务不是由客户服务人员预先设定和想象的。而是取决于客户是如何感知、如何评估它的价值的。对于客户服务而言，客户的感知更为重要。

资粒来源：https://club.1688.com/threadview/28088910.htm.

5.5 提升客户价值的途径

客户是最大效用的追求者，企业是最大利润的探寻者。企业应该在提升客户价值、增加客户的效用、提高客户满意度的前提下，提高客户的忠诚度，增加企业价值，使企业获利。

根据客户让渡价值理论，提高客户的让渡价值有如下途径。

(1)增加总客户价值。总客户价值包括：产品价值、服务价值、形象价值与人员价值，企业增加其中一种或同时增加几种价值皆能增加总客户价值。

(2)减少总客户成本。总客户成本包括：货币成本、时间成本、体力成本、精神成本，企业减少其中一项或同时减少几项成本皆能增加客户价值。

(3)既增加总客户价值,又降低总客户成本。也即企业增加上述任何一种或几种价值,同时减少其中一种或几种成本皆能增加客户价值。

根据班瓦利·米托(Banwari Mittal)和贾格迪胥·谢兹(Jagdish N. Shesh)[①]的观点,企业给客户创造的价值空间(途径)如下。

1. 效用价值空间

效用价值空间有三个动力来源:质量、创新、量身打造。

质量是指产品或服务要能持续可靠地发挥作用,而且终其一生都能保有相同的水准。定义简单,但却非常重要。如隔夜包裹必须准时送达,通信网络要通畅。对质量的要求有不同的层面。最基本的层面是指减少产品的缺点,使产品或服务符合设计规格。对汽车而言,它就是指零件、组装等没有次品,没有错误;在第二个层次,质量能满足客户对产品和服务的所有要求。就汽车而言,它不仅要可取有用,而且还要让驾驶与乘客觉得舒适;在第三个层次上,质量的观点更扩大到不只包括产品,还包括其他会影响客户的东西,如产品的交付、账务、技术支援等等;在质量的最后一个层次上,质量成了公司的生活方式。公司会改善所有的作业流程,并接纳"内部客户"概念,使每个流程与活动都获得改善,进而满足服务对象的要求,全面质量管理则是这个转型阶段的主要工具。

坚持质量管理可以确保产品或服务符合客户对品牌的期望,给客户创造效用价值,但要扩大这个价值空间的范围,就必须创新。创新的目标是要提高产品或服务的功能水准,以便为客户创造出更大的效用价值空间。

量身打造是指产品与服务针对个人的需要来设计,使其带给客户超越质量与创新的效用价值。

2. 价格价值空间:要素有目标成本、精益运营

目标成本是指把成本控制在固定的范围内,使公司制定出对客户有吸引力的产品价格,从而使公司得到预定的利润。目标成本最适合在首次设计产品时使用,以便让设计与制造符合目标成本的规定。精益运营则更进一步,连后续的产品与流程都在应用范围内。由于设计与制造的规定不变,因此生产流程的效率便得以提高。生产流程包括所有的流程,不仅包括工厂流程,也包括办公室流程和管理流程。所有的流程和作业都必须减少浪费,工厂本身必须现代化并符合成本效益,员工的工作必须靠必要的电脑与科技辅助设计,以

---

① 班瓦利·米托,贾格迪胥·谢兹.再造企业价值空间[M].华经,译.北京:机械工业出版社,2003:60-151.

发挥最大的生产力,管理成本必须削减,一般销售与行政支出必须加以控制。

3. 个人化价值空间

个人化价值空间有三个构成要素:容易接近、迅速回应、培养关系。

容易接近是指客户要以简单的方式与公司接近,也即客户要求与公司随时随地以任何方式来做生意。企业可以靠建立多种渠道与客户接近。

但是如果客户的交易需求得不到回应,或是回应得过于迟缓或十分粗糙,即使是容易接近也无济于事。如安装有线电视,过去由于消费者不能确定安装人员何时到现场,只能在家等待一天,如若现在改善了本身的作业,使客户能把等待维修人员到达的时间控制在 2 小时以内则会大大提高给客户的价值。再如在中国银行的客户无不要求能缩短排队等待的时间,如需花很长时间排队才能办理,便大大降低了银行带给客户的价值,这也是近期上海各银行致力要解决的问题。中央银行要求各大银行开办各银行间通存通兑的业务,从而减少业务量,为客户提供方便,增加客户价值。企业要做到迅速回应,必须具备多项基本资源,如与客户联系的人员要有专业能力和才干,充分了解产品,并有能力解决问题,要有适当的 CRM 系统,使客户服务人员可以靠桌上的终端机查询相关的客户与产品信息,且有权采取行动,使用电话或邮件便能迅速解决问题。

培养关系是指公司与客户建立关系。关系的核心要义是信任。公司若能取得客户的信任,就比较容易获得客户的忠诚。此外尊重、重视客户、同理心、人情味等皆是培养与客户良好关系的要素。

上述企业提高客户价值的途径皆是从公司为客户提供的价值入手来获得企业的价值的。笔者认为还应结合企业按客户价值细分市场,选择盈利客户,了解客户的期望与需求,在此基础上以创新的方式为客户提供价值。因此,企业提升客户价值的要点总结如下:

(1)按客户价值细分市场,精心筛选盈利客户。

(2)了解客户的期望,重视目标市场客户的需求,尤其是其最重视的需求。

(3)以创新的方式为客户创造价值,给客户提供满足其需求的产品和服务。

企业必须对客户进行价值细分,选取盈利客户,了解客户的价值偏好,然后在客户看重的价值领域里,集中提供一流的产品和服务,消除或尽量减少客户成本和冲突。最后,要把企业的注意力从单纯关注产品价格转移到关注企业的总成本上来,力争为客户带来比对手更大的价值。

沃尔玛就是为客户带来卓越价值的公司。沃尔玛长期以来围绕着价廉、方便、满意的客户价值范畴,充分运用科技进步带来的可能性,压缩供应链上游的成本,持续地改进流程,改善组织领导方式,对内实行过站式物流管理技术、员工持股和参与分红,对外"天天低价",从而使得公司以客户价值为导向建立起核心能力,赢得了竞争优势。

再如宜家,依靠前卫的设计风格,设计出让人耳目一新、实用而简单,且体现品质和品位的产品,以科技照顾生活的每个细节,创造独特的产品展示方式,营造独特的体验式购物环境,把"简洁、美观而价格合理"的商品带到全球市场,成就了人们的美好生活,从而给客户创造全新的价值体验,赢得了客户的忠诚,进而也获得了丰厚的回报。

5.6 客户生命周期管理定义及流程

5.6.1 客户生命周期管理定义

生命具有周期属性是一个非常普遍而自然的现象。生命周期一般用于解释一个主体从开始到结束的发展过程。通常,一个完整的生命周期包含了诞生、成长、成熟、衰退和消亡等一系列阶段。虽然有学者已经对客户终身价值和客户生命周期理论进行了一定的理论研究,但是对如何在营销实践中具体实施却没有很好地解决,本节旨在探讨这一研究领域。

在开始客户生命周期管理的阐述之前,我们先介绍一下本节涉及的一些基本概念。

客户生命周期(Customer Relationship Life Cycle):指客户关系从开始到结束的整个发展过程,由若干具有先后顺序的客户关系阶段组成。

客户生命周期长度(Lifetime Duration of Customer Relationship):指从公司与客户接触开始到结束客户关系为止的时间长度。对于多生命周期客户关系,本研究中的客户生命周期长度仅指一个周期的时间长度。

客户关系阶段(Customer Relationship Phase):指客户关系发展过程中双方关系的主要转折期(Dwyer,Schurr and Oh,1987)[①]。

客户关系水平(Customer Relationship Level):指客户与供应商之间关系

[①] Dwyer,Schurr,Oh. Developing Buyer-seller Relationships[J]. The Journal of Marketing,1987,51(2):11-27.

的密切程度,可用多种指标来衡量。

产品生命周期:又称产品寿命周期,是指产品经过研究开发,从进入市场开始,经过成长发展,直到最终退出市场为止所经历的全部时间。产品生命周期概念的研究,促使市场营销管理者时刻分析产品的营销状况,在不同阶段,采取不同的市场营销策略,掌握营销主动权,对于正确制定产品决策,及时改进老产品,发展新产品,有计划地进行产品更新,正确制定各项经营策略,发挥了重要作用。

客户生命周期管理:在假设企业具备生产有市场潜力的产品和服务的能力的情况下,如何从广大的消费群体中甄别出目标客户,以及围绕着目标客户关系的建立、发展、成熟和衰退这一全生命过程,根据客户关系所处的不同生命阶段,对目标客户资源进行有针对性的动态管理,以期达到客户与企业的双赢。客户生命周期管理,开始于潜在客户的辨识,终止于企业与客户关系的破裂。

5.6.2 客户生命周期管理流程

客户生命周期管理的流程如图 5-8 所示。

从概念和图 5-8 可见,客户生命周期管理所涉及的内容要比产品生命周期宽泛许多。对于上述定义,深入的理解如下:

1. 客户生命周期管理必须以企业生产能力为基础。这里所说的生产能力是指企业生产合适的产品和提供服务的能力。产品和服务是企业与客户价值交换的载体,强调客户生命周期管理,并没有弱化产品和服务的管理,反而强调了产品和服务的不断创新对客户关系维系的重要作用。

2. 客户生命周期管理在时间上是一个连续的过程。典型的客户生命周期包含了客户关系的识别、发展、稳定和衰退阶段。因此客户生命周期管理围绕这四个阶段客户关系的特征,采取时间序列上连续、动态的管理。客户生命周期管理涉及这一时间序列中一切与客户的发现、维系、价值提升等工作相关的策略。

3. 客户生命周期管理的目标是长期的价值互动,并且最大化这种互动价值。这是客户生命周期管理区别于一般客户关系管理的重要待征。所谓互动,是指企业与客户之间的充分沟通,特别是信息沟通,是一种平等的过程,不应该造成权力的失衡。也就是说,企业不应该凌驾于客户之上,反之,也不应该为过分取悦客户而卑躬屈膝,企业和客户是平等的。互动的焦点在于价值,以实现双方的有效收益(包括经济收益和非经济收益)。而且强调要保持这种

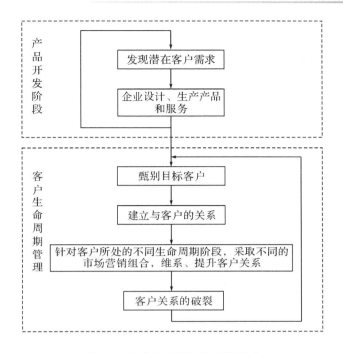

图 5-8　客户生命周期管理的范畴

互动是长期有效的。

4. 客户生命周期管理策略的周期性。客户生命周期管理策略可以实现周期性的应用,随着旧客户关系的破裂和新客户生命周期的开始,管理策略进入一个新的周期实施阶段。

有了客户生命周期管理的定义,清楚了它的内涵和外延,那么下一步就要具体分析客户生命周期的具体表现,即客户生命周期模式研究。

5.7　客户生命周期模式研究

由客户生命周期管理的定义可知,客户生命周期管理与客户生命周期模式有密切关系。所以对客户生命周期管理必须首先对客户生命周期模式进行研究。

客户生命周期模式是指客户关系发展水平随时间发展变化的轨迹,它描述了客户关系从一种状态(阶段)向另外一种状态(阶段)运动的总体特征,可以用图形表示出来,直观地展示客户关系发展的阶段性。描述客户生命周期模式的曲线称为客户生命曲线,它是以时间为水平轴,以能够表征客户价值水平的变量(如利润、购买力等)为纵轴的二维曲线模型。不同的生命曲线形状代表了不同的生命周期模式。

1987 年,Dwyer,Schurr 和 Oh 认为企业与客户之间的关系存在着生命周期的特点,进而提出了客户生命周期的概念。他们还提出了客户生命周期的五阶段模型,认为客户生命周期一般要经历认知、考察、扩展、承诺和解体这 5 个阶段,并分析了这 5 个阶段的主要特征:认知阶段通过接触与广告得到加强;考察阶段以买方搜索卖方和尝试性购买为特征;扩展阶段买卖双方相互依赖日益增强;承诺阶段双方高度满意,并相互保证持续现有关系;解体阶段至少一方退出关系。他们还首次明确强调,渠道关系的发展是一个具有明显阶段特征的过程。

Jap 和 Ganesan(2000)[①]基于 Dwyer,Schurr 和 Oh(1987)的五阶段模型,将供应商和零售商之间的关系发展为考察、形成、成熟、退化和恶化 5 个阶段。

陈明亮(2001)[②]提出四阶段模型,将客户关系的发展划分为考察期、形成期、稳定期、退化期 4 个阶段。其中考察期是客户关系的孕育期,形成期是客户关系的快速发展期,稳定期是客户关系的成熟期,退化期是客户关系水平发生逆转的时期。

5.7.1 建立典型的客户生命周期曲线

曲线模型的建立,关键在于确定客户关系水平的评价指标。生命曲线的横坐标以时间为变量是没有异议的。焦点在于纵坐标的选取上,它必须能体现出客户关系水平的变化。

站在企业的角度来研究客户生命周期模式时,客户关系水平的表征指标可以沿用陈明亮(2001)的研究成果,即可以用客户与企业的交易额和客户对企业的利润作为两个重要的指标来描述客户生命周期模式,得到典型客户生命曲线如图 5-9 所示。

---

① Jap,Ganesan. Control Mechanisms and the Relationship Life Cycle:Implications for Safeguarding Specific Investments and Developing Commitment[J]. Journal of Marketing Research,2000,(37):227-245.

② 陈明亮,袁泽沛,李怀祖. 客户保持动态模型的研究[J].武汉大学学报(社会科学版),2001,54(6):675-684.

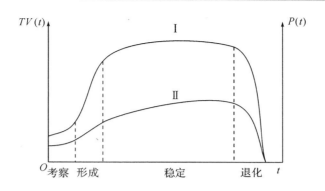

图 5-9　典型的客户生命曲线

图 5-9 是根据上述分析给出的一个典型的客户生命曲线,曲线Ⅰ和曲线Ⅱ分别描述交易额 $TV(t)$ 和利润 $P(t)$ 随时间 t 变化的趋势。

从图 5-9 可以看出,$TV(t)$ 和 $P(t)$ 具有类似特征:在考察期总体很小,且上升缓慢;形成期以较快速度增长;稳定期继续增长但增速减慢;退化期快速下降。两条曲线均呈倒"U"形。只用一条曲线就可刻画出客户生命周期的特征,一般采用 $TV(t)$ 曲线。

5.7.2　客户生命周期管理各阶段目标

综合以上对典型的客户生命曲线的分析,在这里定义典型的客户生命周期各阶段以及各阶段的管理目标:

1. 考察期——客户关系的探索和试验阶段

在这一阶段,双方相互了解还不够,应考察和测试目标的相容性、对方的诚意,并要考虑在建立长期关系时双方潜在的职责、权利和义务。不确定性是考察期的特征,评估对方的潜在价值和降低不确定性是这一阶段的中心目标。在这一阶段,客户会下一些尝试性的订单。

2. 形成期——客户关系的快速发展阶段

双方关系能进入这一阶段,表明在考察期双方相互满意,并建立了一定的相互信任和相互依赖。在这一阶段,双方从关系中获得的回报日趋增多,相互依赖的范围和深度也日益增加,逐渐认识到对方有能力提供令自己满意的价值(或利益)和履行其在关系中担负的职责,因此愿意承诺建立一种长期关系。在这一阶段,随着双方了解和信任的不断加深,关系渐趋成熟,双方的风险承受意愿增加,由此双方交易不断增加。

3. 稳定期——客户关系发展的最高阶段

在这一阶段,双方或含蓄、或明确地对持续长期关系做了保证,并具有如下明显特征:双方对对方提供的价值高度满意;为能长期维持稳定的关系,双方都做了大量有形和无形投入,并进行了大量交易。因此,在这一阶段双方的相互依赖水平达到了整个关系发展中的最高点。

4. 退化期——客户关系发展过程中关系水平逆转的阶段

引起关系退化的原因很多。例如,一方或双方经历了一些不满意,发现了更适合的关系伙伴,需求发生变化,等。退化期的主要特征有:交易量下降,一方或双方正在考虑结束关系甚至物色候选关系伙伴(供应商或客户),开始交流结束关系的意图,等。

根据上面的描述,可以看出:考察期是客户关系的孕育期,形成期是客户关系的快速发展期,稳定期是客户关系的成熟期,退化期是客户关系水平发生逆转的时期。

5.7.3　客户生命周期曲线的不同模式类型

上文的图 5-9 描述的是一个理想的客户生命周期模式,包含完整的四个阶段:稳定期持续较长时间,考察期和形成期相对较短。这样的客户关系发展轨迹将带给供应商丰厚的利润。但是,客户关系并不总能按照供应商期望的这种轨迹发展,即客户生命周期模式存在多种类型,不同的类型带给供应商不同的利润,代表着不同客户关系的质量层次。

其实,在客户关系的发展中,关系的退化并不总是发生在稳定期后,实际上在任何一个阶段,关系都有可能退化,有些关系可能永远越不过考察期,有些关系可能在形成期退化,有些关系则越过考察期、形成期而进入稳定期,并在稳定期维持较长时间后退化。

因此,根据客户关系退出时所处的阶段不同,可将客户生命周期模式划分成四种类型(由于在稳定期前期退出和后期退出的生命周期模式有显著差异,故将从稳定期退出的模式分成两种)。图 5-10 给出了用狭义生命曲线[TV (t)曲线]表示的四种客户生命周期模式。

可以看出,模式(a)——早期流产型中的曲线 Ⅰ,模式(b)——中途夭折型中的曲线 Ⅱ,模式(c)——提前退出型中的曲线 Ⅲ,模式(d)——长久保持型中的曲线 Ⅳ,分别表示客户关系在考察期、形成期、稳定期前期、稳定期后期四个阶段退出。

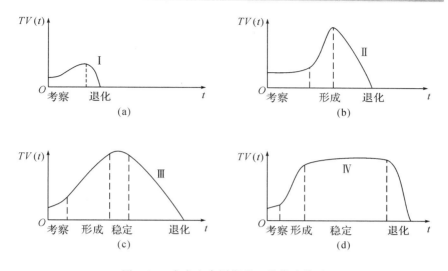

图 5-10　客户生命周期的四种模式类型

5.8　客户生命周期管理体系框架

图 5-11 建立了客户生命周期管理体系框架,以下做具体说明。

(1)考察期:从市场中发掘潜在客户,并进行初步识别和细分,得到企业的目标客户,对目标客户实施客户关系建立策略,使之成为企业的真正客户。不符合初步细分标准的客户,可以将他们视为潜在的客户资源,进行客户资源储备。

(2)形成期:对待进入形成期的客户以一定的标准进行筛选。对于不符合要求的客户,可以将实施策略退到前一阶段,仅保持适用于前一阶段的策略。对于符合规则的客户,企业采取客户价值提升策略,使之成为对企业具有一定远期价值的客户。

(3)稳定期:首先进行客户价值判定。对不符合要求的,根据客户状况,保持前期或者使用更早期的策略,进行客户关系水平提高。对于已确定的价值客户,实施客户关系保持策略,使企业获得长期稳定的互动价值。

(4)衰退期:企业必须有一套觉察客户关系衰退的机制。一旦发现了客户关系衰退迹象,则进行衰退趋势判定。对客户关系价值仍然有存在必要的,采取关系恢复策略,重新定位客户类型,采取相应的生命阶段策略。对客户关系

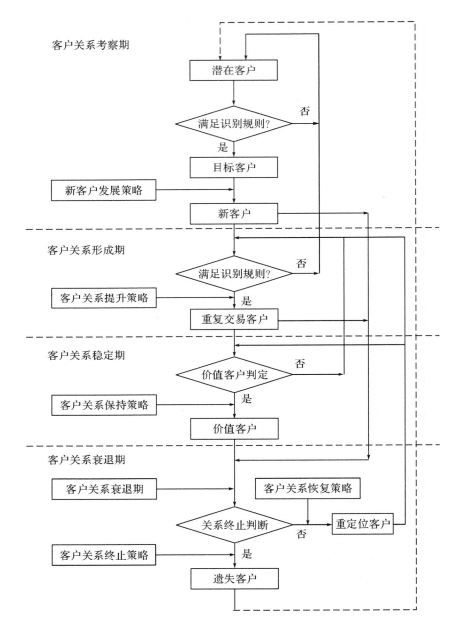

客户关系考察期

潜在客户

满足识别规则？ 否

是

目标客户

新客户发展策略

新客户

客户关系形成期

满足识别规则？ 否

客户关系提升策略

是

重复交易客户

客户关系稳定期

价值客户判定 否

客户关系保持策略

是

价值客户

客户关系衰退期

客户关系衰退期

客户关系恢复策略

关系终止判断 否 重定位客户

客户关系终止策略

是

遗失客户

图 5-11 客户生命周期管理体系框架

价值已经没有存在必要的,终止客户关系,采取客户关系终止策略。流失的客户可以作为今后的潜在客户资源储备,以期今后的客户生命周期的重新开始。

对于该模型,本书强调,每个阶段开始时必须对客户进行筛选,对于不符合要求的客户,策略上采取保持或者重新使用前期策略。对于每个阶段的特征客户,因为存在客户关系破裂的可能,所以其都有可能指向客户关系衰退期,应适时地采取客户关系衰退策略。

作为客户生命周期理论体系的一部分,客户生命周期管理策略的制定有利于解释企业客户关系的动态变化过程,从而为企业对客户在其生命周期内进行有效管理提供了理论依据。客户生命周期管理刻画出客户生命周期各个阶段客户关系的主要特性,并提出企业应该实行的可供选择的主要管理策略。

表 5-2 归纳了客户生命周期 4 个阶段的特性、目标及策略。

表 5-2 客户生命周期 4 个阶段的特性、目标及策略

以利润为变量的典型客户生命周期模型			
特征	考察期	形成期	稳定期	衰退期
销售	客户尝试性购买	重复购买,交易迅速增长	重复购买,交易量趋于稳定	交易量减小
成本	高,信息收集成本,客户识别成本	相对高,表现为促销成本、交易成本	趋于稳定,表现为关系维系的成本	增高,表现为资源内耗
利润	低水平,甚至为负	关系接触增加,推动利润迅速增长,出现拐点。	保持高水平稳定	开始减小,出现拐点
钱包份额	低	迅速增长	保持稳定	下降
心理份额	较低水平	开始增长,稍滞后钱包份额	满意的积累,稳定于高水平	不满意增加,在拐点后迅速下降,可能降至负值

续表

客户关系	信息不对称,关系距离远	以交易事件为中心,关系距离接近	关系稳定,长期承诺	关系变得冷淡
营销目标	信息沟通,客户初步识别,说服购买	价值观相互认同,客户价值提升	保持关系长期稳定,获取最大化互动价值,建立长期协作关系	客户关系衰退察觉,识别流失客户,关系终止或恢复
策略	1. 分析客户群特征; 2. 根据购买力和欲望,初步识别客户; 3. 分析客户信息处理方式,增强产品服务的确定性、可预期性、有形性、标准性; 4. 根据客户决策风格促进初级购买	1. 关系发展规划; 2. 以客户价值为标准细分,并做客户发展规划; 3. 提升客户价值层次; 4. 建立学习曲线; 5. 增加产品服务的可感知性; 6. 数据挖掘和重复营销	1. 确定客户是交易客户还是关系客户; 2. 识别真正的价值客户,并进行客户组合优化; 3. 分析客户维系的动力与阻力; 4. 信息资源的共享; 5. 客户参与价值创新; 6. 文化融合	1. 关系终止或恢复判断; 2. 终止策略:资源逐步释放; 3. 恢复策略:商务模式和流程重塑

　　根据客户生命周期阶段制定策略,可以使企业针对不同关系阶段采取相应的策略。从一个客户进入生命周期和退出,到另一个客户的进入和退出,体现出个体特性,但是企业的管理策略的实施却是连贯的,随着经验的积累和管理策略的完善,管理水平呈现出螺旋上升,见图 5-12。

复习思考

　　1. 什么是客户价值?有哪些客户价值理论?

　　2. 什么是客户价值细分矩阵?针对客户价值细分矩阵所分成的四类客户,应该分别采取什么样的管理对策?

　　3. 什么叫客户的让渡价值?如何进行衡量?

　　4. 什么是客户的终身价值?企业为什么要重视客户的终身价值?

　　5. 客户的终身价值主要由哪些要素组成?影响其大小的因素有哪些?

　　6. 什么是客户生命周期管理?其流程是怎么样的?

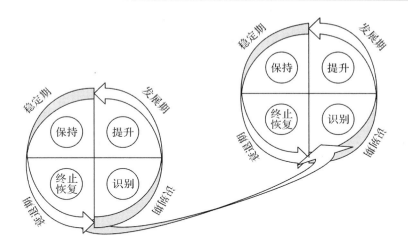

图 5-12 螺旋上升的客户生命周期管理水平

7. 什么是客户生命周期模式？

8. 客户生命周期管理体系框架是怎么样的？

案例分析

联想集团如何发掘大客户的终身价值

"20000 多个行业大客户，我们用 300 个客户经理和 1000 多家渠道商一一锁定。"联想集团副总裁、大客户业务部总经理蓝烨在接受《成功营销》记者专访时表示，"联想大客户这一块，已经占到联想中国 PC 销售额的 1/3 左右。"

从 2005 新财年开始，联想将大客户业务部设立为单独的业务部门，面向政府、金融、电信等重点行业提供全面的针对性服务。有数据表明，"集成分销"策略经过几个月的运作，已经在大客户市场中发威。联想正在从对手嘴里全面抢回失去的"蛋糕"。

1. 关注客户终身价值

"我们内部建立了自己的商机管理系统，我现在每天的工作除了打开计算机看报表和商机分析，就是去拜访客户。"在蓝烨看来，联想的大客户策略吸取了惠普和戴尔的优势，并结合了自身的特点，发展成了一套独特的大客户市场运作体系。

"我们针对大客户,不仅仅是销售渠道变了,而且企业各个环节都变了。产品、营销、销售、供应、售后服务,从企业资源这块来看,我们对零散消费者和大客户打造的五个价值链完全不同。"从目前联想推行"大客户市场"策略的手法来看,可以认为其实质就是一种有针对性的 VIP 模式。这种模式既关注短期利润,更注重长期收益;既关注单笔交易,更注重长期关系。它的核心是挖掘"客户终身价值"。同时,联想大客户市场"VIP 模式"既保障了联想的利益,也顾及了分销渠道的利益,并调动了渠道的积极性。

2. VIP 模式的优势

"和竞争对手相比,联想在大客户市场方面有三大优势,"蓝烨强调,"第一是产品品质,第二是服务,第三就是我们的销售队伍和合作伙伴的稳定性。"

首先是产品线的区隔。与针对中小客户市场和家用计算机市场不同,大客户对产品的稳定性、安全性等具有较高的要求,同时还要求较低的价格。大客户的个性化需求必须用定制服务来满足。而且大客户市场更强调服务增值,有时甚至是整体解决方案的提供。联想针对大客户市场将产品线独立了出来,以"开天""启天"系列 PC 和"昭阳"系列笔记本专供于大客户市场。

其次是服务体系的区隔。在新的客户模式下,联想专门为大客户设立以 400 打头的服务专线,提供 VIP 级服务。例如,对大客户出现的售后服务问题,会挑选最优秀的工程师上门服务,而不是像对普通用户那样就近派员;对一些重要的大客户,联想甚至提供"驻厂工程师"服务。

除此之外,巨大的服务网络也成为联想大客户的卖点。"我们在全国有 3000 多个服务站点,在全国 30 多个城市,能够承诺 48 小时修好。"蓝烨底气十足,"即使是到县一级,也有 70% 能够做到同城维修。"

3. 双重界面锁定大客户

联想夺回大客户市场重要的撒手锏之一就是捆绑式合作带来的稳定与透明。"戴尔的流程、价值链很优越,但人员流动性太大,导致短期行为比较多,"蓝烨这样评价联想与戴尔大客户市场模式的不同,"而我们通过客户经理与代理商的双重界面来锁定客户"。

在联想大客户模式下,客户经理与代理商同时面对客户,但客户经理只管谈判不管签单,联想客户经理的主要任务是协助代理商获取大客户信任,以利于合同进行,而并非与代理商争利。

在与代理商的合作上,戴尔通常都采用"按单合作、下回再说"的方法。而联想通过签署合作协议的方式,从法律上保障了与代理商合作关系的稳定性,

"我们跟渠道商之间都签了一年的法律协议,正常情况下还会续签。"蓝烨表示。

无论是对大客户,还是渠道商,联想大客户市场 VIP 模式关注的都是长期价值和深度开发,强调一种共同利益的和谐构造,并在重整竞争力的过程中实现联想、渠道商与客户的三赢。

资料来源:邓勇兵,齐馨.联想发掘大客户终身价值——VIP 模式的优势[J].成功营销,2005.

案例讨论

1. 为什么联想公司要重视大客户的终身价值?他们做了哪些主要工作?

2. 与其主要竞争对手(如戴尔)相比,联想在进行大客户管理方面有哪些独到之处?

3. 对上面案例的内容进行总结分析,说明联想是如何发掘大客户终身价值的。

本章实训

一、社会调查题

请深入社会和相关企业,调查目前中国如下行业中不同客户的细分情况:

1. 保险行业

2. 房地产行业

3. 移动通信行业

4. 轿车行业

5. 自选一个感兴趣的其他行业

二、文献搜索题

请搜索有关客户价值、客户终身价值或者客户细分中某一个主题的相关文献,然后对搜集的资料进行整理,并撰写成一篇 3000 字左右的小论文。

第6章 客户投诉及流失管理

开篇案例

客户流失的烦恼

作为一家药品生产企业的营销副总,王总最近没法不烦。又有几个原本合作很好的客户流失,一夜之间投奔到竞争对手那里去了。看着秘书早上打印提交上来的客户名单上又少了几个客户,他的心里隐隐作痛。

大家都知道,获得一个新客户的费用是维持一个老客户的3~10倍。面对每年上百万元的开发新客户的庞大费用,王总面露困惑:究竟是什么原因让好不容易开发出来的客户流失,转向竞争对手那里呢?有没有更好的方法来培养客户的忠诚度,挽留住他们呢?

随着市场竞争的日趋激烈,客户个性化要求越来越高,客户流失现象更加频繁。"客户就是上帝"促使众多的企业不惜代价去争夺尽可能多的客户。但是,企业在不惜代价赢得客户的过程中,往往会忽视或无暇顾及已有客户的流失情况,结果就出现这样一种窘况:一边是新客户在源源不断地增加,而另一方面是辛辛苦苦找来的客户却在悄然无声地流失。

国外的一组经验数据显示:客户忠诚度如果下降5%,则企业利润下降25%;向新客户推销产品的成功率是15%,向现有客户推销产品的成功率是50%;若将每年的客户关系保持率增加5%,利润增长将达25%~85%;向新客户进行推销的费用是向现有客户推销费用的6倍以上;60%的新客户来自现有客户的推荐;一个对服务不满的客户会将他的不满经历告诉其他8~10个客户;发展一个新客户的成本是维持老客户的3~10倍之多;等。由此可见,维持客户关系、提高客户忠诚度和防范客户流失,对降低企业运营成本、提升企业竞争力、获得最大效益具有重要意义。

资料来源:曾玉湘,陈建华,张小桃.客户关系管理[M].重庆:重庆大学出版社,2016:232-233.

6.1　客户投诉的内涵

在通常情况下,客户投诉是企业的大忌。因为从某种程度上来说,客户投诉多就意味着企业产品的缺陷或者服务不到位的地方比较多。在现实生活中,企业的服务或产品出现问题难以避免。关键在于遇到问题时企业如何去解决,如何真正坚持"以客户为中心"的经营理念,是否敢于正视问题,以积极诚挚的态度去应对,为客户提供最完善的服务等,从而提高企业形象。因此,企业要正确处理客户投诉,首先应该对客户投诉有正确的认识。

有关数据显示,在所有不满意的客户中选择投诉的客户比重仅有 4%,而96%的不满意客户通常不会投诉,但是会把这种不满意告诉他周围的其他人。通常,1 个不满意的客户会把他们的经历告诉至少 9 个人,其中 13% 的人会告诉另外的 20 多个人。1 个客户的投诉,代表着其他 24 个没有向公司投诉的客户的心声。客户投诉并不可怕,可怕的是存在诸多问题企业却不自知,最终导致客户流失。

客户选择投诉,最重要的一点是需要解决问题,并希望得到企业的关注和重视。有时客户不投诉,是因为他不相信问题可以得到解决或者说他觉得他的投入和产出会不成比例;而投诉的客户往往是忠诚度很高的客户。向企业投诉的客户一方面要寻求公平的解决方案,另一方面说明他们并没有对企业绝望,希望再给企业一次补救机会。

客户投诉是联系客户和企业的纽带,是客户送给企业的礼物。不论什么行业,要做到客户百分之百满意都是绝对不可能的。客户投诉必然存在,要使客户满意,必不可少的一个环节就是处理好客户投诉。

6.1.1　客户投诉的意义

1. 防止客户流失

在现实中,企业提供的产品或服务总会出现低于客户期望值而造成客户不满意的情况,因此客户投诉是难以避免的。相关研究发现,50%~70%的投诉客户,如果投诉得到解决,还会再次与企业交易;如果投诉得到快速解决,这一比重将会上升到 92%。因此,客户投诉为企业提供了恢复客户满意度的最直接的补救机会。鼓励不满意的客户投诉并妥善处理,能够防止客户流失。

2. 减少负面影响

不满意的客户不但会终止购买企业的产品或服务,转向企业的竞争对手,而且会向他人诉说自己的不满,给企业带来负面的口碑传播。一位客户在互联网宣泄自己的不满时写道:"只需要 5 分钟,我就向数以千计的客户讲述了自己的遭遇,这就是对厂家最好的答复。"但是,如果企业能够鼓励客户在产生不满时向企业投诉,为客户提供直接宣泄的机会,使客户的不满和宣泄处于企业的控制之下,就会减少客户寻找替代性满足和向他人诉说的可能性。

3. 提供免费的市场信息

客户投诉是联系客户和企业的一条纽带,它能为企业提供许多有益的信息。研究表明,大量工业品的新产品构思来源于用户需要。客户投诉一方面有利于纠正企业营销过程中的问题与失误,另一方面还可能反映企业产品和服务所不能满足的客户需要,仔细研究这些需要,可以帮助企业开拓新市场。从这个意义来说,客户投诉实际上是常常被企业忽视的一个非常有价值且免费的市场研究信息来源,客户的投诉往往比他们的赞美对企业的帮助更大,因为客户投诉表明企业还能够比现在做得更好。

4. 预警危机

一些研究表明,客户在每 4 次购买中会有 1 次觉得不满意,而只有 4％左右的不满意的客户会选择投诉。企业忽视 1 个投诉的客户其实同时可能忽视了其他 24 个碰到问题的客户。客户的投诉为企业提供了预警信号,所以,企业要珍惜客户的投诉,正是这些线索为企业发现自身问题提供了可能。例如,企业可以从收到的投诉中发现产品的严重质量问题,而收回产品的行为表面看来损害了企业的短期效益,但是却避免了产品可能给客户带来的重大伤害以及随之而来的严重的企业与客户之间的纠纷。事实上,很多企业正是从投诉中提前发现了严重的问题,然后进行改善,从而避免了更大的危机。

5. 维护自身形象

据美国白宫发布的全美消费者调查统计数据,不投诉的客户有 9％会再次消费,投诉没有得到解决的客户有 19％会再次消费。投诉没有得到解决但还会再次消费,这是什么原因呢? 客户有受尊重的需求,尽管投诉没有得到解决,但他感受到了企业的重视。有效地处理客户投诉可以重建客户对企业的信任,更能帮助企业维护自身形象。有研究表明,对客户投诉处理得当,反而可给企业带来更多的再购意图,增强客户心目中对已购买的产品或服务的信任,以及对企业的形象认知。

6.1.2 客户投诉的心理及应对措施

客户接待是客户投诉处理中的第一步,也是贯穿于整个客户投诉全过程的沟通行为,是人与人之间的交互行为,其主要目的在于使客户的投诉得到妥善的处理,使客户在情绪上觉得受到尊重。因此,客户接待人员首先要了解客户投诉的心理及目的。一般而言,客户的不满是由于商品或服务不好所引起的,进行投诉的不满意客户希望快速解决不良问题。另外,他们可能还遭受了经济上的损失,希望通过投诉挽回自身的损失。处理客户投诉的过程实际上就是企业不断权衡客户要求,并在一定程度上满足客户要求的过程。因此,要分析客户投诉的心理和目的,对症下药可以达到事半功倍的效果。从日常工作的实际案例看,客户投诉的心理一般分为以下三种。

1. 求发泄心理

这种心理的产生通常是客户在接受服务过程中,因受到挫折而产生不满甚至愤怒的情绪,他们想通过投诉的方式发泄不满,以求得心理平衡。比如,在银行网点办理业务的客户,因为排队等待时间过长,又遇到柜员的服务态度不好,要投诉银行网点柜员,这就是非常典型的发泄不满的表现。对于这类客户,首先要学会倾听,弄清问题的事实及本质,表示出对客户的理解以及对其感受的认同;其次要对客户真诚地道歉,以缓解其不满的情绪。

2. 求尊重心理

有一些客户在接受服务过程中产生了挫折和不快,本来这些不满完全在可以容忍的限度之内,但这些客户还是进行投诉。这类投诉很大程度上是出于客户要求受到尊重的心理。他们的投诉行为甚至是出于证明企业是否重视客户的一种试探,如果企业不能及时作出回应,他们就会感到没有受到尊重,最后造成投诉升级。对于这类要求受到尊重的客户,只要表示出充分的理解、高度的重视、设身处地的关心、真诚的道歉,不用采取更多的措施,客户就会谅解,甚至会成为企业的忠诚客户。

3. 求补偿心理

这种心理的产生通常是由于客户在接受服务过程中受到了不公正待遇,不仅遭受了精神上的损失,还遭受了经济上的损失,希望通过投诉挽回自身的损失。比如,客户通过网上银行进行汇款,因网络故障造成汇款不成功,但账户资金已经被扣减,客户要求退还汇款。对于这类要求补偿的客户,在处理过程中一定要根据实际情况尽量考虑补偿其损失。对客户提出的要求不能敷衍了事,要给出明确答复和结果。对于确因己方责任已经造成的不可挽回的损失,使用物质补偿是常用的方法。但需要提醒的是,具体处理人员千万不要做出没有把握的承诺,因为会给履约带来麻烦。

6.1.3　客户投诉接待原则

了解了客户投诉的心理,客服人员可以更好地拿捏沟通中的主动权。针对上述客户投诉的不同心理,遵循的总原则为:先处理心情,再处理事情。具体来说,客服人员在接待的过程中应遵循以下几个原则。

1. 表示抱歉,缓和客户情绪

无论造成客户不满的原因是什么,投诉受理人员在接到投诉及投诉信息时,最重要的是以热情的态度、委婉的道歉缓和客户的情绪。先缓和客户的情绪,再处理具体的问题。这个道理说起来很容易,可很多客服人员都忽略了,只顾着解决问题而不关注客户的情绪,因为客户投诉多数是发泄性质的,所以只要得到他们的同情和理解,消除了怨气,在客户理性的情况下,问题就容易解决了。

2. 换位思考,理解客户心理

在客户投诉的处理过程中,接待人员的态度与表现,往往左右了客户的感受及满意程度,漠视客户的痛苦是处理客户投诉的大忌。因此,在整个投诉接待过程中,受理人员应表现出与客户感同身受的同理心,着眼于解决问题,而不是解释问题。

3. 认真聆听,有效沟通

只有认真地听取客户的投诉,才能发现实质性的原因。一般的客户投诉多数是发泄性质的,客户情绪不稳定,一旦发生争论,只会火上浇油,适得其反。因而要有效解决客户投诉,必须耐心地倾听客户的投诉,找出投诉的事实真相,理顺前因后果。

6.1.4　客户投诉接待的流程

客户投诉接待的流程如下。

1. 制定客户投诉接待标准

有效的客户投诉接待不能只是靠个别员工的高素质,投诉部门必须有一套切实可行的标准流程及规则。在正式接待客户投诉之前,投诉接待人员应该有章可循。企业客户服务部门应先制定客户投诉接待标准,明确客户投诉接待人员的言行规范和客户投诉接待流程等。

2．接待客户

客户投诉接待人员要根据企业的客户投诉接待标准接待客户。投诉客户往往带着怨气而来，作为一名投诉接待人员，要先调整好自身的心态，礼貌待客，问清楚客户的怨气从何而来，以便对症下药，为后续有效处理客户投诉打好基础。

3．倾听客户陈述

客户投诉接待人员要了解投诉客户来访的目的，认真倾听客户陈述，明确客户投诉的问题，并对客户表示理解和安慰。在倾听过程中，务必要复述问题核心，进一步核实自己的理解，避免产生误解。接待人员的反馈更可以表明自己正在认真聆听，并在努力思考解决方法，也表明自己态度非常诚恳，非常愿意为客户排忧解难。在客户还没有将事情全部述说完毕之前切勿中途打断。具体见表 6-1。

表 6-1　倾听中的宜与忌

宜	忌
身体前倾，适时点头	心不在焉，伴随小动作
适当、简短地提问	东张西望
对方未说清楚的主要问题和主要情节，应问问清楚	打断对方谈话
记录对方陈述的要点，并复述一遍，加以确认	阻碍对方话头
认真、耐心地倾听，表示理解	转变他人话题，不给予反应

4．记录客户投诉

"好记性不如烂笔头"，投诉接待人员要把客户反映的重要问题记录下来并指导客户填写客户投诉登记表，做好客户投诉登记工作。设计合理的投诉登记表可以极大地帮助企业做好客户投诉的处理及跟踪工作。

5．确定投诉责任人

根据客户投诉的内容及原因，确定投诉相关责任人以便准确有效地处理问题。这是找出客户投诉问题症结的关键，也是及时处理投诉的关键，是将来避免类似事件的重要保障。客户投诉的具体处理流程将在下一个任务进行介绍。

6．礼貌送客

客户投诉接待人员要礼貌送客，对客户表示真诚感谢。

6.1.5　客户投诉接待的沟通礼仪

在整个投诉处理过程中,接待人员与客户的交流沟通是贯穿于全过程的。客户投诉接待人员应该掌握以下基本的沟通礼仪。

1. 态度诚恳

处理客户投诉必须掌握方法,无论受到怎样的责难或是批评,都应虚心受教,诚心对待,即使受到再严厉的责备也是如此,绝对不能出现与客户争辩的情况。客户投诉接待人员作为服务人员,说话要有分寸,表达得体,语气和气亲切,音量高低以能让对方听清为宜。

2. 适时采用肢体语言

接待人员与投诉客户沟通时要与其适时进行眼神交流,适当做些手势,但动作不要过大,更不要手舞足蹈,不要用手指指人。说话时不要唾沫四溅,应礼貌面对客人。在客人面前不可有不文雅的举动,如挠头抓耳等。

3. 耐心聆听,不随意打断

在聆听客户的投诉时,应保持合宜的姿势,注意倾听对方的发言,不要随便打断客户。听不清楚客户的内容,可以再请客户讲一遍,务必确定接待人员已经十分明白客户投诉的内容及原因,切忌有急躁或厌烦的表情。

4. 表示歉意

投诉的客户往往带着怨气而来,因而接待人员在聆听完对方的投诉后要表示歉意,无论是何原因给客户造成了不便或者不悦,都需要道歉。负责处理客户投诉的人员必须训练有素,能及时平复和缓和对方情绪,再处理投诉事宜。客户投诉接待中的宜与忌详见表 6-2。

表 6-2　客户投诉接待中的宜与忌

遇到的不同情形	接待人员宜说	接待人员忌说
遇到客户情绪激烈、破口大骂时	对不起,××先生/小姐,请问有什么可以帮助您?	喂,嘴巴干净一点,这又不是我的错!
遇到客户责怪受理人员动作慢、不熟练时	对不起,让您久等了,我将尽快帮您处理。	喂,不好意思,我是新手啦!
遇到客户投诉之前受理人员态度不好时	对不起,由于我们服务不周给您添麻烦了,请您原谅,您能否将详细情况告诉我?	刚才的电话不是我接的呀!

续表

遇到的不同情形	接待人员宜说	接待人员忌说
遇到无法当场答复的客户投诉时	很抱歉,××先生/小姐,多谢您反映的意见,我们会尽快向上级部门反映,并在××小时之内给您明确的答复,再见。	喂,我不清楚,您过两天再来电话吧!
在客户投诉受理结束时	××先生/小姐,多谢您反映的意见,我们会尽快向上级部门反映,并在××小时内给您明确的答复,再见。	喂,没事了吧,您挂电话吧!
遇到客户提出建议时	谢谢您,您提出的宝贵建议,我们将及时反馈给公司相关负责人员,再次感谢您对我们工作的关心和支持。	不可以没有感谢或赞扬。

6.2　客户投诉的原因及价值

6.2.1　客户投诉处理与客户满意

客户投诉处理是产品提供者针对客户投诉行为所采取的应对行为,又称为服务补救。服务补救虽然有时成本很高,但可视为改善服务系统的机会,目的是让更多客户满意。同时,根据良性循环的观点,客户投诉处理引起的服务系统改善也会带来另一种成本的降低。当客户对产品绩效不满意而采取投诉行为时,总希望卖方给予合理的处理,处理的结果若令其满意,客户可能对厂商、产品、服务产生正面的评价,其再度购买的可能性会相对提高;若投诉处理的结果令其不满意,则客户再度购买的意愿将降低,甚至会向其亲朋好友传达此次不愉快的经历,影响其他人对厂商、产品、服务的印象。

6.2.2　不满意客户不投诉的原因

前文所述,不满意的客户中,只有 4% 会向企业投诉,其他 96% 的客户则会停止购买,转向其他供应商。既然客户投诉对于企业有重大意义,面对这个课题,企业首先要做的就是采取措施,鼓励客户投诉。那么客户为什么不投诉呢? 其原因颇多,归纳起来有下列几类。

1. 投诉成本

投诉要花去客户很多时间成本、精神成本、货币成本甚至心理成本。很多不满意的客户认为不值得花费时间和精力去投诉，从而选择了放弃，甚至转向其他企业。

2. 投诉渠道

没有恰当的投诉渠道也会导致客户不投诉，由于企业没有向客户明确企业的义务和客户的权益，客户不知道到哪里去投诉以及怎样投诉，这致使问题发生后客户不知道损失该由谁承担，应该通过何种渠道向谁反映问题。

3. 投诉心理偏见

部分客户可能受之前的投诉经历或是他人的投诉经历影响，认为投诉无用，企业并不会在乎他们的感受，也不会作出任何改进。部分客户甚至害怕由于投诉遭到报复，使接下来的服务更糟糕。如病人对医护人员的恶劣服务不敢投诉，就是因为害怕投诉换来更加恶劣的服务。

4. 文化等其他因素

有时，客户不投诉是一种文化背景的反映，如日本有 21% 的客户对投诉感到尴尬或不适，在某些欧洲国家，服务提供者和客户之间有一种强烈的客人—主人关系，告诉服务提供者你对服务方式的不满意会被认为是不礼貌的表现。此外，客户的个性差异也会导致他们不投诉。理智型的客户会不吵不闹，权衡投诉的得失，若其认为值得投诉才会据理力争，寸步不让；急躁型的客户会大吵大闹，不计后果；忧郁型的客户可能会无声离去，再也不会回来。TARP（美国消费者办公室，最有影响力的消费者投诉处理研究机构之一）发现，来自高收入家庭的消费者比来自低收入家庭的消费者提出投诉的可能性更大，年轻人比老年人提出投诉的可能性更大。

6.2.3　投诉的内容

1. 商品质量投诉

随着客户维权意识的提高，客户的投诉数量也大幅增加，而涉及质量问题的投诉往往最为常见。这类投诉主要包括产品在质量上的缺陷，产品规格不符合常规标准，产品技术规格超出允许误差，产品出现故障，等。这种因质量问题引发的纠纷，最终多以经济行为反映出来，多表现为客户索赔。

2. 购销合同投诉

购销合同投诉主要涉及产品数量、等级、规格、交货时间、交货地点、结算方式、交易条件等与原购销合同规定不符等情况。这类投诉与商品质量无关，产生这类投诉的主要原因在于不同部门间的不协调。

3. 货物运输投诉

货物运输投诉主要包括货物在运输途中发生损坏、丢失、变质以及因包装或装卸不当而造成的损失等。此类投诉的处理也较为简单,主要涉及物流部门的工作。

4. 服务投诉

随着客户维权意识的增强及对服务质量要求的提高,近年来服务投诉事件也越来越多。服务投诉主要涉及对企业人员的服务质量、服务态度、服务方式、服务技巧等提出的批评与不满。

6.3　处理客户投诉的原则及程序

6.3.1　客户投诉的处理原则

1. 预防原则

客户投诉往往是由企业的组织不健全、管理制度不完善或工作人员的疏忽大意引发的,所以防患于未然是客户投诉处理的最重要的原则,即要求企业必须改善管理,建立健全各种规章制度,加强企业内外部的信息交流,提高全体员工的素质和业务能力,树立以客户为中心、全心全意为客户服务的工作态度。

2. 及时原则

及时原则要求一旦出现客户投诉,各相关部门应通力合作,迅速作出反应。争取在最短的时间内全面解决问题,及时给投诉者一个圆满的答复,绝不能互相推诿责任,拖延答复。

3. 责任原则

对客户投诉处理过程中的每一个环节,都应事先明确各个部门、各类人员的具体责任与权限,以保证投诉能被及时妥善地解决。为此,企业应制定详细的客户投诉处理规定,建立必要的客户投诉处理机构,制定严格的奖惩措施。

4. 记录原则

记录原则是指对每一起客户投诉都需要进行详细的记录,记录的事项包括投诉内容、投诉处理过程、投诉处理结果、客户反映、惩罚结果等。记录可以为企业吸取教训、总结投诉处理经验、加强投诉管理提供实证材料。

6.3.2　有效处理客户投诉的方法

1．一站式服务法

一站式服务法就是投诉受理人员在受理客户投诉、收集信息、协调解决方案到处理客户投诉的全过程中进行跟踪服务。很多时候,客户因为企业在处理投诉时流程烦琐、手续过多等因素不愿意投诉或是投诉后又放弃了,这部分客户对投诉能得到解决一直持有怀疑的态度。一站式服务法就是为了消除客户的这种疑虑,从投诉受理到处理完毕都由专人负责的投诉处理方法。它能够减少投诉处理的中间环节以提高处理效率,缩短处置时间,避免推诿扯皮现象,从而让客户体验到贴心、高效的优质服务。

2．服务承诺法

面对各式各样的客户和不同种类的投诉,企业经常会遇到客户投诉的内容受理人员不能当场解答或处理的情况。比如,客户投诉时,由于涉及人员或部门较多,受理人员无法当场确定事件缘由或现场进行处理;受理人员没有权限处理,需要逐级请示;为客户提供替换产品,而替换品没有到货;等。面对这些情况,尽管企业不能立即对这些投诉作出令投诉者满意的处理,但企业要理解客户希望投诉马上得到妥善解决的焦急心态,要给客户一个明确的承诺,承诺投诉处理的时限、预期的处置过程和结果。这一点是非常重要的,体现了对客户负责、真心实意为客户解决问题的企业形象。

服务承诺法是本着对客户负责、以客户为本的服务精神,为避免矛盾进一步升级而进行分步解决客户投诉的一种策略,它能够给受理和处理人员一个缓冲时间,使他们充分了解和拿捏投诉的始末和真相,从而给出更公正的解决方案。同时也能给投诉时情绪不稳定和提出过高期望的客户一段冷静思考的时间,使其平复情绪以协调解决矛盾。

3．替换法

替换法是企业因其提供的产品或服务存在质量问题,为客户替换同类型或不同类型产品或服务的投诉处理方法。客户购买产品或服务就显示了他们有需求,一旦他们对产品或服务质量进行投诉,就会考虑到退货或者选择其他供应商。能否挽留住这部分客户,让客户满意并且维持其对企业的忠诚,就要看销售人员和受理人员是否能够主动、耐心地做好客户的工作。替换法就是销售人员和受理人员面对这样的客户投诉时的处理方法之一。

销售人员和受理人员是客户的秘书,在客户表现出不满的时候就应该考虑客户不满的原因,积极地探寻他们的想法,并为他们排忧解难。一旦客户对产品或服务的质量进行投诉,销售人员和受理人员首先要做的事就是以主动、耐心、积极的服务赢得客户的信赖。在了解客户的需求后,可以向客户推荐可供更换的产品或服务。

4. 补偿关照法

企业会碰到难以真正取得圆满结果的问题,一种是客户因使用企业的产品或服务受到了无法挽留的损失或伤害,另一种是投诉者是与企业长期保持业务往来的重要客户或影响力较大的客户。这也是在客户投诉处理过程中比较复杂和棘手的问题,能否圆满解决会直接影响企业的声誉和运营,严重的还会惹上官司。为了避免事态的扩大,迅速有效地平息和解决客户的投诉,不妨试一试补偿关照法。

补偿关照法是表现为给予客户物质上和精神上补偿性关照的一种具体行动,其目的是让客户知道你认为无论你所犯的错误是什么,都是不能原谅的,也让客户知道这种事情不会再发生,且你很在意与他们保持业务联系。

6.3.3 投诉处理的程序

1. 记录投诉内容

利用客户投诉登记表和客户投诉记录表详细地记录客户投诉的全部内容,如投诉人、投诉时间、投诉对象、投诉要求等。投诉处理内容则填在客户投诉处理表上。客户投诉处理表可以添加在客户投诉登记表和客户投诉记录表上,也可以根据企业的具体特点自行设计,投诉内容的登记是投诉处理工作的起始,做好记录,为接下来的处理工作做好准备。

2. 判断投诉是否成立

了解客户投诉的主要内容后,通过核实客户反映的内容是否属实,评估客户的投诉是否合理,分析客户投诉的原因及真实需求来判断投诉成立与否。如果投诉不能成立,即可通过委婉的方式答复客户,取得他们的谅解,投诉处理到此结束,否则进入投诉处理的下一个程序。客户投诉处理表见表 6-3。

表 6-3 客户投诉处理情况

资金账号	
客户名称	
投诉日期	
投诉方式	
受理中心受理人	

续表

投诉内容	
简述经过	
责任部门	
责任人	
事实认定	
整改措施	
投诉人满意程度	

3. 确定投诉处理部门

根据客户投诉的内容,确定投诉处理部门及相关的具体受理单位和受理负责人。如属运输问题,则交储运部处理;如属质量问题,则交质量部处理。

4. 分析投诉原因

投诉处理部门分析投诉原因,要查明客户投诉的具体原因及造成客户投诉的具体责任人。

5. 提出处理方案

根据实际情况,参照客户的处理要求,提出解决投诉的具体方案,如退货、换货、维修、赔偿等。在提出具体处理方案时,必须考虑下列几点。

(1)掌握问题重心,分析投诉事件的严重性。在通过倾听并对问题的症结予以确认之后,要判断问题严重到何种程度以及客户有何期望,这些都是处理人员在提出处理方案前必须考虑的。例如,如果客户对配送时间延迟十分不满而进行投诉,处理人员就必须先确认此行为是否已对客户造成经济上的损失,若客户希望得到赔偿,其方式是什么,赔偿的金额是多少,对这些问题企业都应该进行相应的了解。

(2)明确处理者权限范围。有些客户投诉可以由投诉处理人员立即处理,有些则必须报告上一级负责人。投诉处理人员在无法为客户解决问题时,就必须尽快将问题移交至具有决定权的负责人。如果客户久等之后还得不到回应,将会重新恢复到气愤的情绪状态,这样,之前为平息客户情绪所做的各项努力都将前功尽弃。

(3)取得客户的同意。处理人员就其所提出的任何解决办法,都必须亲切诚恳地与客户沟通,并获得对方的同意,否则客户的情绪还是无法平息。若客户对解决方法还是不满意,必须进一步了解对方的需求,以便做新的修正。

6. 实施处理方案

不论是现场解决问题还是将问题纳入计划表,都必须严格按照之前与客户的约定进行。

7．总结评价

一次客户投诉的解决并不意味着投诉的结束,应该让整个企业了解这个问题并从根本上解决它,真正找到问题的根源,避免类似事件的发生。企业要对投诉处理过程进行总结与综合评价,吸取经验教训,并提出改善对策,从而不断完善自身的经营管理和业务运作,提高客户服务质量和服务水平,降低投诉率。

6.3.4　投诉处理的技巧

(一)让客户发泄

从心理学上讲,只有把心中的不满或委屈全盘托出,当事人才能够恢复平静或产生满意感。当客户发泄时,客服人员可以采用以下几种方式进行回应。

1．表示理解

客服人员要对客户的投诉表示最大限度的理解,例如:

"我明白您的意思。"

"我能明白您为什么觉得那样。"

2．闭口不言但在聆听

如果你试图阻止客户表达情感,往往会使他们恼羞成怒,最好的办法就是保持沉默,但一定要不时点头,说"嗯、啊",与客户保持眼神交流,让他们知道你在聆听他们的讲话。

记住:当客户发怒时,客服人员保持平静和耐心是力量的表现,并不意味着软弱。最聪明的人总是能在混乱的时候保持冷静。

3．充分道歉

很多人认为,热心向客户道歉,就会使企业蒙羞或者承担更多的责任。但实际上,你的道歉表明了你所在的企业对待客户的诚意,使其感到自身的价值和重要性。充分的道歉能很好地平息客户的情绪。

(二)收集相关信息,引导客户将注意力转移到事实上来

有些客服人员总是被客户的情绪牵着走,客户愤怒,他也愤怒,结果情况只能更糟糕。你越能把注意力转移到事实上来,你就越不容易被卷入情感的漩涡,问题也越容易得到解决,而你的工作也不会那么痛苦。你可以说:

"先生/小姐,我很愿意继续听您说话,但为了尽快地帮您解决问题,您需要提供给我一些必要的信息。"

通过提问的方式,可以收集足够多的相关信息,以便解决客户的问题。

例如：

"请告诉我您的姓名或者电话号码。"

"为了便于我尽快找到您的购买记录，请告诉我您的订单号。"

"请描述一下，当您打开机器时发生了什么情况？"

"机器不转了？是指机器不能启动了，还是机器不能按说明高速运转了，或者是机器在不该停的时候停下来了？"

（三）明确客户的问题

当你理解了客户的需要后，还需要确认你的理解与客户想表达的是否一致，你可以说：

"我想确认一下，您刚才说的意思是不是……"

"您觉得……"

"如果我没理解错的话，您的意思是……对吗？"

（四）给出解决方案

有些问题通过重开订单，去掉零头，更换次品或者完善的维修等措施，就可以轻而易举地解决，但有些问题会复杂一些，当你提出的解决方案未能得到客户认可时，可以采用以下几种方法。

1. 征询客户的意见

在征询客户意见的时候，你可以说："您希望我们怎么做？"大部分客户的要求都是可以满足的，按照客户的要求去解决投诉能够提高解决效率和增加其满意度。个别客户的要求可能难以满足：如果超出了你的岗位权限，则需要移交主管或客服经理处理；如果在自己的权限范围内，则应该尽一切可能满足客户，即使错在客户。

2. 给予补偿性关照

成功的企业在处理完客户投诉的事件后，往往会给予客户一些弥补性的礼物。例如，航空公司因为没带够食物使客户没有吃上饭，给了客户下一次乘机可用的价值50元的代金券；汽车修理行因为没有按时修好客户的车，暂借给客户一辆车使用；一小时快照店因为冲洗客户的快照时间超过了一小时，赠给客户一本影集；饭菜里有头发，饭店不但免费换饭菜，还附送一瓶红酒；因为员工与客户争吵而使客户不满，公司责令员工道歉并给客户附送小礼物。

概括起来，补偿性关照有以下几种：

（1）打折。

（2）赠品，包括礼物、免费商品或服务。

（3）公司承担额外成本。例如，答应客户星期二送到的货还没有送到，免费连夜派专人将货物送到。

（4）个人交往。当给客户造成不便时，打电话表示歉意。当客户感受到你诚挚的关心时，这种私人交往就会重建公司的信誉。

要注意的是，补偿性关照服务是不得已而为之的，只有在你的基本服务正常运行的情况下它才会生效。它只是在感情上给予客户的一种弥补和安抚，并不能代替整个服务，如果客户发觉你在用补偿性关照代替预期服务，他们不但不会感受到温暖，还会觉得这是不能接受的。

（五）跟踪服务

当投诉客户满意地离开时，当投诉问题得到解决时，请不要以为客服人员的工作已经结束。若能进行跟踪服务，就会让你的服务水平更上一层楼。例如，司机小李第一次开车出险时，得到了保险公司的妥善处理，小李的心理已经感到很满意。出乎意料的是，小李第二天又接到了保险公司的客服电话："您好，您对昨天我们的服务和处理结果满意吗？还有什么可以帮助您的吗？"小李感到颇为意外，心里对这家保险公司的好感又增加了几分。

6.3.5　特殊客户投诉有效处理技巧

特殊客户表现为：有的客户按照自己认为合理的方式和要求去和别人沟通协商，有的客户过于强调个人的价值，以个人的意志去强迫别人，有的客户则投诉成癖。遇到这些特殊客户的投诉是受理人员非常头疼的一件事情。处理不妥或无济于事可能会招致对企业或品牌极端不利的影响。处理恰当的话，可能会将危机转化为商机。

（一）特殊客户投诉的类型

1. 发泄型

此类投诉客户的特征为：来店抱怨发泄是主要目的之一，本身并没有明确索取赔偿或者歉意的目的，只是为了借机发泄对某些认为不合理又无法说出口的事情的不满，比如对加价购买车辆、超出保修期的维修、保养费用过高的抱怨。

应对此类投诉客户的方法：花点时间耐心倾听，等客户自己冷却，安抚情绪，适当给予其他方面的优惠，平衡客户心理。

2. 被迫型

此类投诉客户的特征为：客户本身并没有什么抱怨或者对我们的处理感到可以接受，但客户的上司、妻子或者朋友有很多意见、建议，客户夹在中间进退两难，不得已作出投诉的样子。

应对此类投诉客户的方法：动之以情，晓之以理，使客户作出自己的判断；给客户向他人解释的依据，让客户帮忙说话；直接和客户的上司、妻子对话，说明真实情况。

3. 习惯型

此类投诉客户的特征为：像专家、领导或者长者一样，习惯挑毛病或指出不足；本身并没有什么特别的不满，总喜欢表现自己的见多识广和高人一等；个别地区的文化习惯。

应对此类投诉客户的方法：用谦虚、尊敬的态度，耐心听取客户意见；表现出立即行动的姿态；尝试请客户给出建议，满足客户虚荣心。

4. "秋菊"型

此类投诉客户的特征为：不管问题大小，无论如何也要讨个说法，甚至宁愿自己承担所需费用也在所不惜，精力旺盛、坚韧不拔。

应对此类投诉客户的方法：委婉但明确地让客户了解处理的底线，降低客户的期望值；收集足够的依据，重塑客户期望值；可请客户信任的第三方参与，一起劝导客户；给予一定的补偿；如有机会就要当机立断，快速解决；做好持久战的准备。

(二)应对难缠客户的几个注意点

1. 说话不触及个人

客服人员在自己情绪变得不稳定的时候，往往会把矛头直接指向客户本人，导致双方的沟通不再是就事论事，而是互相之间的一种人身攻击。例如：

客户："你怎么这样，我头一回遇到你这样的服务员。"

受理人员："我也没见过你这样的客户。别人什么事都没有，怎么就你这么多事呀！"（或"我不是已经给你解决了吗，你为什么还不满意？"）

客户服务人员在说话的时候，始终不能触及个人。因为客服人员必须记住一点，客户不是对你有意见，而是对你的产品有意见，至少从表面上来看是这样的。

2. 对事不对人，做一个问题解决者

永远提醒自己，受理人员的工作是解决问题，尤其是在处理投诉的时候，当你把问题解决了的时候，投诉自然就被化解了。

3. 征求对方意见，看怎样做才能让对方满意

征询意见一方面是为了了解客户的实际想法，另一方面也可以让客户感到自己受到尊重、受到重视。例如：

受理人员："您看怎么做才会让您满意呀？"

受理人员:"您觉得怎么处理会比较好啊?"

受理人员:"您看除了刚才您提的两点以外,还有没有我们双方都能够接受的建议呢?"

4. 礼貌地重复

当客户坚持他的要求,而这种要求根本就不可能满足时,客户就会不断提出。这个时候客户很容易翻脸。因此这时要避免客户有爆发性的投诉。怎么做呢? 客服人员可以礼貌地重复。当客户坚持其无礼的要求时,受理人员不能说"不行不行"或"你别做梦了"等,不要直接回绝,要不断重复告诉客户能做什么,而不是不能做什么,如果客户放弃了,投诉处理就结束了;如果依然不放弃,就告诉客户问题需要专业上级主管解决,请他谅解。

6.4 客户流失概述

在激烈的市场竞争中,即使是满意的客户,也有可能随时"背叛"你,而"投靠"你的竞争对手。所以,绝对不能满足于能够吸引多少客户,更重要的是能够留住多少客户。很多的企业都做着"一锤子买卖":他们在产品投放市场初期很注重吸引客户,千方百计地让客户对自己的产品感兴趣,购买自己的产品;但在售后服务方面却做得很差,使这种购买变成一次性的交易。因此,很多企业都面临着客户流失问题,使企业花费了大量力气吸引来的客户很轻易地就流向了竞争对手。今天,客户流失和员工流失一样,都应该受到企业的密切关注。

6.4.1 客户流失的分类

客户流失一般包括两种情况:当客户主动选择转移到另外一个供应商,使用他们的产品或服务,我们称之为主动流失的客户;而那些由于恶意欠款等原因被企业解除服务合同的客户则是被动流失客户。下面将详细描述这两类流失客户的具体模式和情况。

1. 主动客户流失

现在的用户最关心的已经不是单纯的产品或服务的价格了,而是相应的产品或服务是否能够满足他们的需求。只有在一切都能符合其需求时,他们才可能会考虑价格。据调查,有些用户主动流失的原因是因为他们不能充分理解供应商所提供的产品或服务的特性,比如,电信业的各种通话方式及多样组合的收效方式和服务等等。他们的疑惑和迷茫造成了他们去选择竞争对手企业。如果供应商的产品或服务的说明更加贴近客户，服务更加周到，并且帮助客户从通话质量、覆盖率、售后服务、产品特性等多方面了解产品或服务的优势后，客户也许会改变主意。

还有些客户选择主动流失是因为他们没有被告知企业新的产品或服务或者给予明晰的关于采用新技术的产品的功能和特性方面的介绍。这使客户无法了解现有供应商所能够提供的产品或服务的最新背景，转而选择其认为技术创新强的竞争对手。

可以说，随着新的服务、应用的增长，用户有了比以往更多的选择空间。这使现有供应商不得不面临更大的挑战。

2. 被动客户流失

由于恶意欠款或者累计债务等原因导致供应商被迫终止其业务的用户被称之为被动流失的客户。这些问题的经常发生其实是由于供应商未能有效地监控到那些具有信用风险的客户，并且没有适时采取措施。我们能够发现那些被动流失的用户相对于其他正常用户有着不同的服务使用模式，这都需要供应商采取各种分析和跟踪手段来加以解决。

6.4.2 对待流失客户的决策误区

企业往往容易在一些数字面前迷失方向，一旦出现客户流失，尤其是流失客户的数额较大（即使这个数额在整个客户总数中占较小的比例）时，企业就会如临大敌，容易出现许多不理性的行为与对策。主要表现在三个方面。

1. 盲目争取挽留所有流失客户

在处理流失客户问题时，"商业化"的原则是容易被忽视的对象。首先表现在企业在不估算客户流失损失的基础上盲目争取挽留所有流失的客户。从理论上来讲，客户流失的损失与客户的终身价值以及客户保持时间有关：客户的终身价值越大，则客户流失的损失越大；客户保持的时间越长，则客户流失的损失越小。在其他条件不变的情况下，客户流失损失与客户终身价值成正比，与客户保持的时间成反比。由此可以看出，不同的客户由于其不同的终身价值、处于不同的阶段和环境，其对于企业而言的利润损失是不同的，企业应该竭力挽留、争取导致损失大的客户，而对导致损失小的客户可以自然放弃，无须花费太多的精力和财力去做无益的事情。

2. 不择手段

忽视"商业化"原则的第二个表现是在不区分客户流失原因和不估算挽留

手段的成本与后果的基础上不择手段挽留流失客户。客户除了因不满意而流失以外,还存在其他客观方面的原因,如渠道和竞争等。而且,即便是因为不满意而流失的客户,其具体不满意的原因也有所区别,可能是流程方面的原因,也可能是情感方面的原因,也可能是综合原因。对不同的原因要采取的对策应不同,企业不能一刀切,不分清原因而强加挽留。同时,不同挽留手段的成本与后果是不同的,企业经常使用的降价、促销、积分、俱乐部计划等手段的成本和所产生的后果是不同的,而且同一种手段对不同的客户所引起的成本和产生的效果也可能是不同的。

3. 典型的"事后驱动型"

对客户流失的处理往往是在客户流失已经成为事实之后进行的,没有预防,只有补救,没有与客户的信息库有机地结合起来,企业的处境十分被动。

6.5　客户流失的原因及对策

有关机构对企业的调查表明,客户之所以离开你的企业,有 $60\% \sim 70\%$ 的原因是对你企业的服务不满意。图 6-1 是根据对两家企业的调查结果制作的柱形图。

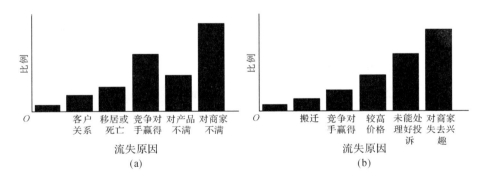

图 6-1　客户流失原因的柱状分析

从这两个图中我们可以清楚地看到:虽然客户流失的原因不尽相同,各个原因所占的比例也不十分一致,但是很突出的一点是,在这两个调查中,客户对企业的不满是造成其流失的最主要原因。如果将"对商品不满意""价格高""未能处理好投诉"等因素也考虑进来,那么由于企业自身原因造成的客户流失基本上占了绝大部分,而因为竞争对手的原因造成的客户流失量是很少的。下面具体来分析客户流失的原因。

6.5.1　主动客户流失的原因及对策

主动客户流失的原因主要有以下几种类型。

1. 自然流失

这种类型的客户流失不是人为因素造成的,比如,客户的搬迁和死亡等。自然流失所占的比例很小。企业可以通过广泛建立连锁服务网点和经营分公司,或者提供网上服务等方式,让客户在任何地方、任何时候都能方便快捷地使用企业的产品或服务,减少自然流失的发生。

2. 竞争流失

由于企业竞争对手的影响而造成的流失称为竞争流失。市场上的竞争突出表现在价格战和服务战上。在当前日益激烈的市场竞争中,企业首先要考虑的是保留住自己现有的客户,在此基础上再去吸引和争取新的客户。

通过市场竞争分析,包括市场占有率分析、竞争对手发展情况分析、供应商行为分析、合作商行为分析等,可以防止部分流失的发生。市场占有率分析使市场人员能够了解不同时间段内,不同业务品牌的产品或服务的市场占有率情况,了解市场中最有价值的产品或服务,了解不同产品的主要竞争对手是谁,从而为市场经营提供指导。从竞争对手客户发展情况、竞争对手客户收入情况、竞争对手客户呼叫行为、竞争对手营销策略、竞争对手服务质量5个方面,对竞争对手发展情况进行分析预测。

面对激烈的市场竞争,企业一般可以采取以下三种策略。

①进攻策略:集中力量,发挥自身优势,主动发起攻势,改进产品和服务质量,提高产品声誉,加强品牌优势。

②防守策略:如果企业自身能力有限,就应当努力提高服务水平和质量,实行优惠价格,尽量保持和巩固现有市场。

③撤退策略:企业通过市场分析或前景预测,如果感到前景对自己不利,就干脆放弃这种产品或服务品种,以节约资源开发新产品、占领新市场。

3. 过失流失

上述两种情况之外的客户流失称为过失流失。这些流失都是由于企业自身工作中的过失引起客户的不满意而造成的,比如,企业形象不佳、产品性能不好、服务态度恶劣等。过失流失在客户流失总量中所占的比例最高。但企业也可以在分析客户流失因素的基础上,通过采取一些有效手段来防止。

Keaveney 曾经对 45 个领域内的问题进行过一系列的采访和调查,发现导致过失流失的因素主要有以下几种。

(1)产品质量与价格

产品的质量与价格是导致客户流失的主要因素之一。为客户提供品质优良的产品是企业必须尽到的义务。粗制滥造或性能不达标的产品必然导致客户的流失。所以,企业开展其他商业活动必须以产品的高质量为根基。产品或服务的个性化也可以有效地降低企业的客户流失率。

(2)对客户不闻不问

客户的抱怨和询问不能得到妥善的处理会造成他们的离去。企业应当认真倾听客户的意见,给予及时妥善的解决,并将处理的结果反馈给客户,让他们感觉到自己受到了尊重。这样做不仅可以提高客户的满意度和忠诚度,而且还能从客户那里收集到免费的建议,以便于不断改善企业的产品及服务。通过多种渠道建立有效的反馈机制能帮助企业有效地与客户进行沟通和交流。

(3)对员工置之不理

为了保持客户,企业必须首先赢得自己的员工,特别是那些直接与客户打交道的人员。企业员工的流失,可能导致和他长期保持联系的重要客户的流失。频繁的员工流动不仅增加了企业员工培训的成本,还会使客户不得不重新认识和熟悉新的接触对象,这可能增加了他们的不适而导致流失发生。为了减少客户流失率,要求企业必须拥有高质量的、稳定的员工群体。

(4)不注重企业形象

良好的企业形象会增加客户的依赖感。企业应该在各方面尽量避免产生负面的社会影响,以优质的产品或服务、良好的企业文化、完整的售后服务机制和积极进取的企业目标来赢得客户的信赖,从而减少流失的发生。

(5)思想消极、故步自封

客户的需求是不断变化的。企业如果不能了解客户需求的变化,及时更新产品或服务,让客户有更多的选择余地,而故步自封,满足于现状,就会造成客户的流失。

6.5.2　被动客户流失的原因及对策

被动流失产生的原因主要有以下几个方面。

1. 非恶意性被动流失

非恶意性被动流失比较容易避免,而且出现这种情况的可能性本身就不多。一个有效的避免方法就是为客户提供业务提醒服务。电信部门可以在缴纳电话费的限定日期对客户进行语音提示,以防止客户忘记交费的情况发生。此外,还应当给客户提供多种方便缴纳电话费的途径,例如,可以通过电话支付、银行支付和网络支付等。

2. 报复性被动流失

报复性被动流失指客户因对企业的产品或服务不满而实施的流失行为。从根源上讲,报复性被动流失的责任不全在客户。为防止和减少这类流失,企业必须及时妥善地处理客户的抱怨和投诉,整顿企业的管理机制,不断改善产品性能和功能。

3. 恶意被动流失

恶意被动流失一般是由于客户的信用度低或客户故意诈骗等原因导致的。对此类客户没有保留的必要。

可以采取以下措施预防和避免客户的恶意被动流失行为:

①建立完善的客户资料库

在与客户合作初期就要求客户填写详细的有关信息并验证其有效性,以便能够在客户"失踪"之后找到他们。同时,在日常的合作中,也要与客户保持紧密的联系。

②对客户信誉度进行评估

详细记录客户交易活动的历史数据,建立客户信誉度评估机制以进行预测。

③采用预付费方式

比如,通过预付电话费可以有效防止客户欠费后的流失行为。

④通过法律措施

随着各项法律措施的完善,企业可以运用法律的手段来解决客户的恶意欺诈行为。电信企业可以加强对用户的认证监管,并与公安、司法部门联合打击用户的恶意被动流失。

6.6　客户流失管理

6.6.1　客户流失管理定义

客户流失管理,顾名思义,就是在明确客户流失的根本原因的基础上,有针对性地制定各种层面的应对措施,通过企业的销售、营销、服务等部门及其渠道分销商,运用商务的、技术的手段从全方位进行客户挽留的管理。客户流失管理的目标:从浅层而言,是降低客户的流失率,提高企业的收益;从深层而言,则是使其成为企业发展的核心战略之一,进而发展为企业的文化。

6.6.2　客户流失管理的原则

在制订客户流失分析管理流程时,需要遵循多个原则。这里归纳了 8 个最主要的原则。

(1)企业级的战略执行:明确客户流失管理的普遍实施是企业战略优先级的,是最高等级的。

(2)数据驱动的研究:管理者必须以现实的数据为基准,不应该出现凭空的、没有依据的假设。

(3)有全局的视角:任何行动或者举措都应该而且必须包括可能影响客户流失的所有客户接触点、所有在整个企业价值链中面向客户的部分。

(4)多种诊断评估方法:也是多种评估手段,具有对比性、参考性,可以用深度调查、呼叫中心监控、客户问卷等方法。

(5)资源的有效使用:基于所拥有的时间、资源和相应的影响程度来有效地调配相关的资源。

(6)坚定而又明确的目标:目标必须明确而且合理、可实现,确保全体人员执行的一致性。

(7)自由的沟通:提供开放式的沟通机制,提高信息的自由度、理念的开放性。

(8)有效的度量和改进:有明确的衡量实施效果的标准,能够帮助其及时有效地进行调整和改进。

6.6.3　流失客户管理步骤

基于以上考虑,本书认为一个合理、科学的流失客户管理程序应该从建立客户流失预警系统开始,在分析客户流失原因、客户流失损失以及挽留客户成本的基础上进行理性决策。

1. 确定客户流失警戒点

企业可以比照同行业的平均水平或行业竞争基准(即企业的主要竞争对手或跟随对象)的情况,结合自己的竞争战略,来确定客户流失的警戒点。现实中,有些企业还根据客户规模的大小制定了非常详细的分层流失警戒点。如:超级大客户流失率的警戒点为千分之几;大客户流失率的警戒点为千分之几;一般客户流失率的警戒点为千分之几。这种分层制定流失率警戒点的做法值得借鉴,它有利于企业更清楚地了解到底是哪些客户离企业而去,企业应该采取什么样的行动来应对。

2. 分析客户流失原因

在企业制定客户流失率警戒点、关注客户流失情况的同时,一旦客户的流失率超过了警戒点,企业应该采取相应的对策,企业必须找出导致客户流失的具体原因。可能是一些客观的原因导致了客户的流失,如客户的死亡或破产,客户搬迁至企业销售网络无法覆盖的地区等;也可能是企业自身的原因导致客户的离去,如客户感觉企业的服务太差,产品太次,价格太高;还有可能市场上出现了一个有力的竞争对手,它为客户提供了更有价值的产品或服务。实行分层客户流失率分析的企业还需要注意的是:客户流失的原因可能是因为他流向了别的层级的客户群,这既可能是向上流动,从一般客户升格为大客户甚至是超级大客户;也可能是向下流动,从超级大客户沦落为一般客户甚至普通客户。不同层级之间客户的流动也是企业需要重点研究的内容。企业最好设计一个流失率分布图,以显示因各种原因离开企业的客户的比例,从而可以发现导致客户流失的主要原因。

3. 估算客户流失损失

企业应该估算客户流失导致的利润损失。在计算利润损失时,必须注意的一点是,流失一个客户,对企业来说,损失的不仅仅是他与企业一次交易所获取的利润,而是这个客户为企业提供的终身价值,即这位客户在正常年限内持续购买所产生的全部利润。另外,不同的客户群为企业提供的价值总额也会不同,企业有必要分开进行计算。下面举例说明:

一家电信运营商在某地区拥有 100000 个用户,其中月通话总费用在 300 元以上的大客户有 10000 个,占总用户的比例为 10%。

今年,竞争对手猛烈的价格战,导致公司丧失了 5‰ 的用户,也就是 500 个用户,其中大客户占到 10%,即 50 个。

按照以往的数据估算,公司平均每流失 1 个普通用户,年营业收入就要损失 1000 元;而平均每流失 1 个大客户,年营业收入会损失 4000 元,所以,今年公司一共要损失营业收入 650000(50×4000＋450×1000)元。

公司的盈利率一般保持在 20%,所以今年公司将损失 130000 元的利润。

明年,公司还会损失这么多利润,年复一年直到用户的自然年限。

4. 估算降低流失率的费用

同时,企业需要估算一下降低流失率所需要的费用。这可能包括在营销活动各个环节的改造费用,如新产品权益的提供、服务改善、价格优惠、渠道改进与重组、加大广告投入、开展公共关系等。企业同样可以按照客户的分层来分别计算降低流失率所需的费用。

5. 决定流失客户对策

决定是否需要降低客户流失率,重新招回已经离开的客户。这一点可以通过比较第一步和第三步的结果来实现,如果费用低于所损失的利润,企业就应该花这笔钱。这里二者结果的比较,我们提倡采用财务管理中的净现值法来进行,将企业流失客户的未来损失贴现到基期(也就是今年),贴现率可以是市场利率,也可以是企业/行业的平均盈利率。

$$V = C - \sum_{i=1}^{n} \frac{S_K}{(1+i)^K}$$

或者

$$V = \sum_{i=1}^{n} \frac{C_K}{(1+i)^K} - \sum_{i=1}^{n} \frac{S_K}{(1+i)^K}$$

其中,n 为客户的自然年限,C_K 为第 K 年的费用,S_K 为第 K 年的损失,i 为预定的贴现率。

当 $V > 0$ 时,表明重新召回已流失的客户得不偿失;当 $V \leqslant 0$ 时,表明企业应该考虑降低客户的流失率。

复习思考

1. 客户抱怨与投诉的理由有哪些? 分别有哪些应对措施?
2. 如何正确处理客户的投诉与抱怨?
3. 客户投诉的心理有哪些? 分别有什么应对措施?
4. 客户流失的原因有哪些?
5. 挽回流失客户的策略有哪些?

案例分析

利之星"奔驰 66 万漏油车"车主投诉事件

2019 年 3 月,王倩(化名)为了庆祝 30 岁生日,在西安"利之星"4S 店花66 万元买了一辆新的奔驰小轿车,27 日签单提完车,准备将车开到车管所挂牌时,发现发动机漏油。打电话给 4S 店销售员,销售员说这是因为发动机没油,让她先开到对面加油站加油。因 4S 门口在修路,车子颠簸后黄灯警示灯亮。于是店员让王倩把车开回店内解决。此后,这辆奔驰车就一直停在了 4S 店里。

期间王女士和 4S 店交涉了三次,解决办法也从退款到更换车辆,再到只给换发动机,4S 店给出的解决方案一变再变。王女士无法接受 4S 店以国家"三包"政策为由只更换发动机的方案,于 4 月 9 日来到 4S 店坐到车头上哭诉,被人拍下,火遍网络。事件发酵,市场监管部门介入,梅赛德斯-奔驰方面派出工作组前往西安。

4 月 11 号下午,记者来到位于西安高新区的西安"利之星"奔驰 4S 店。其公关部门表示,他们应当事人的要求,不便回应此事,但是已和当事人私下达成和解。但王女士并不认可这种说法,并指出自己至今没有收到任何奔驰官方或者 4S 店官方正式回复,都只是跟 4S 店销售员联系。

4 月 13 日,在西安市市场监督管理局高新分局主持下,王女士与奔驰 4S 店、西安"利之星"汽车有限公司(即西安"利之星"奔驰 4S 店)方面进行了数小时的沟通协商,但不欢而散。王女士与店方高管长达近 18 分钟的谈话录音也曝光。录音中,双方言语交锋激烈,王女士提出三点质疑:奔驰高管为何不及时与车主联系、修车期间是否给配备用车、购车为何捆绑 1.5 万金融服务费等问题。在协商录音中,店方高管也并未正面回答。

4 月 14 日清晨,西安市场监管部门发布最新处理进展,责成西安"利之星"奔驰 4S 店尽快退车退款,但王女士表示不接受店方退款,她要求相关部门对这一事件进行详细的调查,然后愿意按照有关规定处理,哪怕只是更换发动机或退换车。

最终,市场监管部门先后对双方退车退款协议情况进行了核实,对涉事的"利之星"4S 店经营情况、涉嫌质量问题立案调查,对涉事车辆进行了依法封存,并委托法定检测机构进行技术检测。4 月 16 日,北京梅赛德斯-奔驰销售服务有限公司也暂停了西安"利之星"4S 店销售运营。

最终,王女士和西安"利之星"汽车有限公司达成换车补偿等和解协议。此外,记者从西安高新区市场监管部门了解到,涉事车辆有关质量问题已进入鉴定程序,对该事件涉及的涉嫌违法违规问题,仍将依法依规进行调查,结果将及时向社会公布。

资料来源:笔者根据网上报道整理而得。

案例讨论

4S 店处理本次投诉的优点、缺点是什么? 客户投诉的影响有哪些?

本章实训

实训项目 1:客户投诉处理策略的具体应用

实训目的:通过本次实训,学会客户投诉处理策略的具体应用。

实训内容:

1. 学生用 15 分钟看完下列资料,准备进行讨论

情景设置	要是你,如何处理	理由
(1)有一个客户购买了一部手机,大概过了 7 个月,客户来找,说坏了,屏幕没有显示。拿到维修部门,维修部发现是电池漏液导致电路板腐蚀,只能更换电路板,但是更换电路板需要返回厂家,可是这款产品厂家已经停产了,于是客户要求索赔、退货。		
(2)这个企业的工作人员说:"我们给你调换一个,你可以选另外一款同等价格的手机。"客户说:"不行,一定要退钱。"		
(3)后来发现,电池漏液造成电路板腐蚀不完全是客户的原因,和产品有一定的关系。		
(4)客服经理没有答应,没想到这个客户特别难缠,天天闲着没事就跑到企业闹,影响企业的正常工作。		
(5)企业没有办法了,就跟客户签了一个保密协议,你可以退货,但你不能把处理结果告诉其他客户。		
请你想一想,企业为何要签订这个协议?		

2. 学生就每一步处理过程提出看法,讲清理由

3. 教师归纳、点评

角色演练:

以小组为单位,每组派出 3 名同学,分别扮演客户、客户服务人员、客服经理(当客户不满意,不接受客户服务人员处理方案或发生冲突时才出场),设计具体的投诉问题,现场演练客户投诉的过程及处理。评选出处理客户投诉最成功的一组。

实训项目2:理解客户流失的原因

实训目的:通过对流失客户的调查了解,加深学生对客户流失原因的理解。

实训内容:调查了解100位流失客户、总结归纳客户流失的原因。

实训建议步骤:

1. 以6~8人为单位组成一个团队

2. 每个团队调查了解100位流失客户,归纳总结客户流失的原因

3. 学生汇报,教师点评

实训项目3:客户流失分析

实训目的:

提高学生对客户流失问题的重视,加深学生对客户流失原因的理解,掌握客户流失赢回策略,提高检索文献、分析具体问题并寻求解决方案的能力。

实训内容:

针对网络经济环境下企业客户保留困难、客户流失现象严重的问题,通过在两家以上电子商务网站进行模拟购物体验,从企业和客户等不同角度分析客户流失的具体原因,提出减少客户流失的意见和建议,撰写实训报告。

实训建议步骤:

(1)选定淘宝网(www. taobao. com)、当当网(www. dangdang. com)、京东商城(http://www. jd. com)、凡客诚品(kttp://www. vancl. com)、卓越亚马逊(http://www. amazon. cn)、一号店(http://www. yhd. com)中任意两个网站作为研究对象,熟悉其网上购物的流程及客户服务现状。

(2)根据模拟购物体验,比较两家网站,试分析购物网站经营中导致客户流失的原因(可将实验结果截图保存,作为分析依据)。

(3)结合所学知识,完成分析报告。内容应包括购物体验的比较、客户流失原因分析、个人的建议。

(4)学生汇报,教师点评。

第7章　客户关怀及客户保持

王永庆卖米的故事

王永庆15岁小学毕业后,到一家米店做学徒。第二年,他用父亲借来的200元钱做本金,自己开了一家米店。为了和隔壁那家日本米店竞争,王永庆颇费了一番心思。

当时大米加工技术比较落后,出售的大米里混杂着米糠、沙粒、小石头等,买卖双方都是见怪不怪。王永庆则多了一个心眼,每次卖米前都把米中的杂物拣干净,这一额外的服务深受客户欢迎。

王永庆卖米多是送米上门,他在一个本子上详细记录了客户家有多少人、一个月吃多少米、何时发薪等。算算客户的米该吃完了,就送米上门;等到客户发薪的日子,再上门收取米款。

他给客户送米时,并非送到就算。他会帮人家将米倒进米缸里。如果米缸里还有米,他就将旧米倒出来,将米缸刷干净,然后将新米倒进去,将旧米放在上层。这样,米就不至于因陈放过久而变质。他这个小小的举动令不少客户深受感动,铁了心专买他的米。

就这样,他的生意越来越好。从这家米店起步,王永庆最终成为今日台湾工业界的"龙头老大"。后来,他谈到开米店的经历时,不无感慨地说:"虽然当时谈不上什么管理知识,但是为了服务客户做好生意,就认为有必要掌握客户需要。没有想到,由此追求实际需要的一点小小构想,竟能作为起步的基础,逐渐扩充演变成为事业管理的逻辑。"

同样是卖米,为什么王永庆能将生意做到这种境界呢?关键在于他不单纯卖给客户简单的产品,而是将客户的需求变成自己的客户关怀,与产品一同给予客户,由此我们可以看到客户关怀的价值。

资料来源:王云.王永庆卖米的故事[J].生意通,2005(7):52-53.

7.1 客户关怀

客户关怀是从市场营销中的售后服务发展而来的,在以客户为中心的商业模式中,客户关怀已经成为企业经营理念的重要组成部分。随着竞争的日益激烈,企业依托基本的售后服务已经不可能满足客户的需要,必须提供主动的、超值的和让客户感动的服务才能赢得客户信任。

7.1.1 客户关怀的内涵

客户关怀(customer care)实际上是来源于市场营销理论的概念。在"以产品为中心"向"以客户为中心"的经营模式转变的情况下,客户关怀成为企业经营理念的重要组成部分。因此客户关怀也就成了 CRM 的前身,如今它已演变成了 CRM 的关键思想之一,也是 CRM 系统的重要内容之一。客户关怀思想的体现涉及"想客户所想""客户的利益至高无上""客户永远是对的"等等。

客户关怀既有操作的内涵,更重要的是具有情感或感受的内涵,正确的客户关怀体现尊重和诚信。客户关怀应该体现出"亲如一家人"的感情来,同时对待客户还要表现出诚意来,"以诚待人"是最基本的准则。要让客户感受到企业与他们之间的情感联系,这也有利于培养客户忠诚。客户如果感觉到了企业员工的亲和力,与企业接触的感觉很好,那么则会继续光顾企业并向他人进行大力推荐。因此,对企业来说,重视对待客户的方式和给客户的感受是很重要的。良好的情感的创造是建立客户关系的关键因素。

真正良好的客户关怀会使企业与客户建立起亲密的情感关系,让客户对企业产生"归属感"和"责任感"及对于企业价值和目标的共同使命感。企业应处处尊重客户,善待客户,体察客户的需求,尊重客户的意见,重视并正确处理客户的投诉。企业应该以实际行动让客户感受到关心和诚意,特别是要兑现承诺,换来客户的信任是企业最大的收获。客户只有在感受到企业为他们提供了具有关怀性质的高质量服务之后,才能逐渐产生对企业的信任。

7.1.2　客户关怀的内容

客户关怀发展的领域开始只是在服务领域。由于服务的无形特点,注重客户关怀明显有增强服务的效果,为企业带来更多的利益。于是客户关怀不断地向实体产业销售领域扩展。当前,客户关怀的发展自始至终同质量的提高和改进紧密地联系在一起。客户关怀贯穿了市场营销的所有环节,包括如下几部分:

(1)售前服务(向客户提供产品信息和服务建议等);

(2)产品质量(应符合有关标准、适合客户使用、保证安全可靠);

(3)服务质量(指在与企业接触的过程中客户的体验);

(4)售中服务(产品销售过程中客户所享受到的服务);

(5)售后服务(包括售后的查询和投诉,以及维护和修理)。

客户关怀活动包含在客户从购买前、购买中到购买后的客户体验的全部过程中。售前服务就是卖之前让人看,其主要形式包括产品推广、展示会、广告宣传和知识讲座等,就是通过各种途径向客户提供和介绍产品,因此它与营销分不开。企业通过对客户进行宣传教育,加强客户对产品知识的学习,也是适应市场导向的表现。售前服务的好坏直接关系到企业能否争取到客户资源,能否创造客户价值。比如,上海交大昂立在售前服务方面做得就很有特色,他们走的是一条知识营销的道路,在产品销售之前主要是在市场上向客户传授知识,在产品科普知识的推广上投入大量的人力和财力,这为他们给产品打开销路打下了良好的基础。

客户购买期间的客户关怀则与企业提供的产品或服务紧紧地联系在一起,包括订单的处理以及各种有关的细节,都要与客户的期望相吻合,满足客户的需求。在产品质量达到一定程度并相差无几的情况下,售中服务在这个时候就会显示出差别。好的售中服务可以为客户提供各种便利,如与客户洽谈的环境和效率,手续的简化,以及尽可能地满足客户的要求等。售中服务体现为过程性,在客户购买产品的整个过程中,让客户去感受。客户所感受到的售中服务优秀,则容易促成购买行为。好的售中服务能使客户在轻松的气氛中实现自己的愿望,满足购买需求。

购买后的客户关怀活动则集中体现在高效地跟进和圆满完成产品的维护和修理等相关步骤。售后的跟进和提供有效的关怀,其目的是促使客户重复购买行为。这一环节集中体现为售后服务,这也是客户十分关心的内容。向客户提供更优质更全面周到的售后服务是企业争夺客户资源的重要手段,售后服务的内容应该越来越丰富,水平应该越来越高。售后服务应实行跟踪服务,从记住客户到及时解除客户的后顾之忧,经常走访客户、征求意见、提供必要的特别服务等。要把售后服务视为下一次销售工作的开始。积极促成再次购买,使产品销售在服务中得以延续。

7.1.3 客户关怀的方法

1. 提供优质的产品

高品质的产品是企业与客户建立情感纽带的基础,脱离产品质量只谈情感关怀显然是徒然的,因而体现客户关怀的第一原则还是为客户提供有保障的产品。

2. 体现人性化关心

服务人性化强调以客户为核心,尊重并理解客户的情感,满足客户心理需求等服务特质。更具体地说,要重视那些对于客户来说"小得不能再小的心理细节",虽然理论认为客户关怀应该贯穿于企业市场营销活动的所有环节,但这里强调的客户关怀行为不应该指与产品相关的基本服务,比如咨询、提供维修等,而是指在客户咨询时企业通过何种方式带给客户可以信赖的体验,在维修时企业通过怎样的服务行为带给客户美好的体验。客户关怀强调的是基本服务以外的赋予了情感色彩的行为,是那种发自内心的、自然流露的、能与客户间建立和谐氛围的行为。

3. 满足客户的需求为基本原则

只有满足客户需求的关怀行为才能得到客户认可。客户关怀的理念与实践正备受各方企业的重视。以中国电子商会呼叫中心、客户关系管理专业委员会联合国家工业和信息化部于近年来组织的中国客户关怀标杆企业评选活动为证,2007 年像工商银行、招商银行、中国人保、索尼、惠氏、一汽大众、网易等一批优秀企业分别获其行业"中国客户关怀标杆企业"称号。参加评选的企业全部是组织者的客户,在颁奖盛会中组织者也一改行业大会传统的开会形式,努力呈现出对前来出席盛会的业界代表的关怀。组织者在多方支持和参与下共同推出"2007 年中国客户关怀周"系列活动。在一周的时间内为参会嘉宾组织了案例报告会、企业客户关怀讲座、员工关怀沙龙、客户满意度测评培训、标杆呼叫中心参观等多场形式各异、内容有深度、为企业经营带来帮助的系列活动。这些活动由于满足了客户的需求,从而得到了参会者的高度赞赏。

4. 实现精准化,投客户所好

企业应尽可能通过建立完整的客户个人档案,分析客户的性格、经营特点和销售环境等,并通过日常与客户的互动,了解客户的家庭情况和销售情况,捕捉客户的最新动态,为客户制定出更有针对性、更切实可行的精准化关怀策略。这样的关怀服务对客户才有意义和价值,才会达到客户关怀的目的。例如,每年为忠诚客户安排一次旅游,为每个客户赠送生日贺卡,对有困难的弱势客户进行帮扶,对子女考上大学的客户开展助学活动,通过这些方式来避免只有形式没有内涵的关怀活动。

7.1.4 建立客户关怀的形式

企业应该根据自身产品的特点,制定自己的关怀策略。企业应该区分客户群的不同规模、贡献,甚至民族、性别,采取不同的策略,从关怀的频率、内容和形式上制订计划,落实关怀。

可以参考以下几种类型:

1. 亲情服务。根据客户的基本信息选择出特定的客户列表,在客户的生日或者重要节假日,寄送本企业的贺卡、小礼品等,以示祝贺,应客户邀请派代表参与客户的周年庆典等重要庆典活动。

2. 产品推荐。根据分析客户得到的各类客户群特征,针对不同的群体,宣传企业最适合该类客户的各项服务产品。

3. 客户俱乐部。如果客户群非常集中,单个客户创造的利润非常高,这样与客户保持密切的联系,就非常有利于企业业务的扩展。企业可以采取俱乐部的形式和客户进行更加深入的交流。通过互动式的沟通和交流,可以发掘出客户的意见和建议,有效地帮助企业完善产品。同时,用俱乐部这种相对固定的形式将客户组织起来,在某种意义上讲,也是有效狙击竞争者进入的手段。

4. 优惠推荐。根据对客户分析的结果,针对不同的客户群体,制定不同层次的优惠政策,并主动推荐给客户。

5. 针对群体的活动形式,如研讨会、交流会、学术研讨、行业考察、培训安排、旅游等。

6. 个性化的服务措施,如 7×24 小时服务热线、技术支持、客户需求研讨、客户需求评估等。

7. 联合推广。企业可与社会组织、机构、合作公司、内部渠道成员等组织联合活动。例如,南昌万达广场三楼的餐饮推出招商银行刷卡五折的活动;某品牌英语为银行信用卡会员提供"1元钱"看电影服务;某婚纱摄影机构为民政局举办"世纪婚礼"提供摄影服务;等。

8. 公关活动。行业或产业高层公关、高层论坛、高层聚会安排,如地产行业GOLF精英赛,时尚派对;等。

9. 事件活动组织。事件活动可以是商业和公益两种性质,目的是在目标市场中形成影响。例如,"壹基金"慈善募捐活动,彭永年为"白内障患者免费治疗千里行"活动。活动成功的关键是抓住社会热点,制造轰动效应;难点是如何利用公司和社会免费资源,低投入,高收益。

7.1.5 电子商务时代客户关怀的新手段

在电子商务时代,信息电子技术、网络通信技术的广泛使用,使得客户关怀的手段更加多样化。客户关怀手段是指企业与客户交流的方式,目前出现的新方法主要有主动电话营销、网站服务、呼叫中心,以及微博、微信、博客等网络平台的多种方式。

1. 主动电话营销

主动电话营销指企业充分利用数据库信息,挖掘潜在客户。企业通过电话主动拜访客户和推荐满足客户要求的产品,以达到充分了解客户、充分为客户着想的服务理念,同时也提高销售机会。

主动电话营销需注意的问题是要有针对性。通过其他渠道精心挑选客户,针对不同客户的具体情况推荐可能符合其需要的产品或服务,不能千篇一律宣传一种内容。同时,如果客户有回应,可能接电话的不是你,这就要求企业各部门协同工作。当你联系的客户把电话打到其他部门时,这个部门不应该说不知道或说出与你不同的解释。

2. 网站服务

通过网站和电子商务平台,企业可以提供及时且多样化的服务。网站应该是智能化的,企业可以根据客户点击的网页、在网页上停留的时间等信息,实时捕捉网页上客户要求服务的信息。企业将客户浏览网页的记录提供给服务人员,服务人员可通过不同的方式服务客户,包括电话、影像交谈、与客户共享服务软件等方式。同时企业应利用文字、语音、影像等组合多媒体的实时功能与客户进行互动和网上交易。

3. 呼叫中心

电子商务时代的客户服务中心以拥有客户、抓住客户为目的,它必须与电子商务有机地集成。这意味着企业建立呼叫中心时,必须合理地与客户关系管理、工作流程自动化以及互联网集成。IP 语音技术、存储技术、统一信息服务的高度集成性和面向垂直细分市场的呼叫中心已成为企业服务客户的发展方向。

客户服务中心又称呼叫中心,是指企业通过公开一个电话客服号码提供对客户的电话服务。客户服务中心既是企业与客户交流的重要渠道,同时也可以完成企业的部分业务。客户服务中心运用自动语音应答系统对客户提出的一般性问题通过计算机集成技术识别客户的按键,自动播放录音给客户收听。如果需要个性化和人工服务(如投诉),客户服务中心可以自动寻找最恰当的服务代理人员解答客户的具体问题。

在传统方式下,企业对单个客户的了解几乎为零,对客户群体也只有有限的了解。而采用呼叫中心的企业,对客户进行服务的同时,也在进行"一对一"的销售。这样的客户服务中心有一个详细、庞大的数据库,记录每个客户信息,它采用电脑技术对客户信息进行分类。由于对客户信息了解得非常充分,它可以主动预见客户的要求,从而直接支持企业经营业务决策。

传统方式的客户服务流程与电子商务的客户服务流程区别很大。一般的客户服务流程是,在与客户交流的基础上获取客户,了解客户,对客户进行服务,满足客户的需求,从而拥有客户。在传统方式下,企业与客户的交流最典型的是跨柜台的、面对面的交流。而采用呼叫中心的企业,采用多媒体的方式为客户提供 7×24 小时永不停顿的交流,这提高了员工的工作效率,减少了雇员数量,免除了不必要的负担,节省了开支。

7.1.6　客户关怀的评价

无论从客户角度还是从企业角度考察,在许多方面对客户关怀的程度是很难测度和评价的。总体来说,可以从三个角度对客户关怀进行评价。

1. 寻求特征(Search Property),指客户在购买之前就能够决定的属性,如产品的包装、外形、规格、型号和价格等。具有寻求特征的变量可以称作"硬件"部分。可以通过不同的定量方法管理识别出客户期望,进而能够设定出合适的规范、规则或步骤。

2. 体验特征(Experience Property),指的是在购买后或消费过程中才能够觉察到的属性,如口味合适、礼貌待人、安排周到和值得信赖等。

3. 信用特征(Credit Property),指的是客户在购买或消费了产品或服务后仍然无法评价某些特征和属性(原因在于客户不具备这方面的专业知识或技巧),因此必须要依赖提供该产品或服务的企业的职业信用和品牌影响力。

在所有营销变量中,客户关怀的注意力要放在交易的不同阶段上,营造出友好、激励和高效的氛围。对客户关怀影响最大的四个实际营销变量是产品或服务(这是客户关怀的核心)、沟通方式、销售激励和公共关系。企业应该适时调整对客户的关怀策略,使得客户对企业产生更高的忠诚度。

7.2　客户保持

7.2.1　客户保持概述

客户关系管理的一个基本要素是保持客户,另一个是理解客户的价值。对客户关系进行管理的真正目标是实现客户的长期满意,而不是一次性的交易。对于想获得客户长期价值的企业而言,首先就要理解是什么促使客户重复选择它的产品,或者是什么使得客户离开,以及企业能够通过哪些手段来提高客户的满意度,从而达到保持客户的目的。因此我们所说的客户保持,并不仅仅指延长客户关系的维持时间,而是指以增强客户的忠诚度为目的,达到同时提高客户保持度和提高客户占有率的管理手段。

客户保持的效果可以通过计算一系列指标来体现。客户流失率或客户保持率是反映客户保持效果的主要指标。客户保持率高,则客户流失率低。根据前面客户保持的定义,客户保持率是指在一定时期内,期末被保持的客户数占期初客户总数的比例。

$$客户保持率 = \frac{期末客户余额(扣除期间获取的新客户)}{期初客户总数} \times 100\%$$

$$客户流失率 = \frac{期末客户流失数}{期初客户总数} \times 100\% = 1 - 客户保持率$$

比如,甲企业出售的产品一般购买周期为 8 个月,为了与会计年度一致,甲企业将计算客户保持率的时期定义为 1 年,年初甲企业客户关系管理系统中存有 1 万个客户记录,年末客户总数为 1.6 万人,其中有 0.7 万人是期间通过各种手段获取的新客户,所以实际保留的老客户只有 0.9 万人,所以此期间甲企业的客户保持率为 $90\% \times (0.9 万/1 万 \times 100\%)$,客户流失率则是 $10\% \times (1 - 90\%)$。计算整个企业总的客户保持平均率可以反映企业客户保持工作的总体绩效,但不能揭示出客户保持的真实情况和内在结构。企业如果凭总体客户保持率来衡量客户保持工作的效果,往往会出现较大的偏差,因为客户在购买量、服务成本和购买行为方面存在差异,客户或客户群体之间的贡献价值是有区别的。如果甲企业 2017 年和 2018 年的客户保持率都是 90%,但 2017 年 10% 的流失客户属于高价值客户,他们的消费总额占据整个企业销售总额的 30%,或者他们的贡献利润占企业净利润的 50%;但 2018 年 10% 的流失客户属于低价值客户,他们的消费总额只占据整个企业销售总额的 5%,或者他们的贡献利润占企业净利润的 3%。很明显,尽管两年的总体客户保持率是一样的,但实际上 2017 年的情况要比 2018 年严重得多,说明企业经过一系列的调整和努力,经营状况已经得到极大的改善。所以,为了让客户保持效果得到更加准确的反映,我们还需要计算企业的"基于销售额的客户保持率"或"基于利润的客户保持率"。在计算的过程中,如果产品价格发生变动,应该剔除价格波动的因素,可以按照期初或期末的价格统一计算销售收入和利润。

$$基于销售额的客户保持率 = \frac{期末保持客户的消费总额}{期初企业销售收入} \times 100\%$$

$$基于利润的客户保持率 = \frac{期末保持客户的贡献利润额}{期初企业净利润} \times 100\%$$

除了保持率之外,还有一个重要的指标是客户的支出构成,或者称为"钱包份额"(share of wallet),它是指在客户的同类支出中,各个企业的销售额所占的比例。比如张三属于品牌忠诚者,每次只购买中华牌牙膏,所以中华牌牙膏在张三这里的钱包份额是 100%;而李四属于品牌怀疑者,每次购买牙膏时,喜欢多买几个品牌比照使用,如果李四每次购买牙膏的支出为 100 元,其中 50 元用于购买冷酸灵,30 元用于购买中华,20 元用于购买佳洁士,那么各个品牌的钱包份额分别是 50%、30% 和 20%。钱包份额的概念引进了竞争的因素,企业在考核客户保持绩效的时候,不能仅仅局限于企业内部,还要时刻注意观察客户行为的变化以及竞争环境的局势。比如客户王五去年从 IBM 公司购买 20 台办公电脑,同时又从 DELL 公司购买 10 台。今年随着业务规模的扩大,王五需要购买 50 台办公电脑,其中 30 台从 IBM 公司购得,其余 20 台从 DELL 公司购买。所以,在计算客户保持率或根据销售额、利润调整后的客户保持率的时候,两家公司都会认为客户保持工作得到大大改善,但从各自的钱包份额来看,IBM 公司应该比 DELL 公司更加乐观,因为前者的钱包份额达到了 60%(30/50),高出后者的 40%(20/50)。

另外,企业还可以计算各个细分客户群体内的客户保持率和钱包份额,估算他们的保持成本,从而更加细致地确定企业客户保持工作的绩效。如表 7-1 所示。

表 7-1　保持绩效评价指标体系

保持绩效评价指标	评价内容
保持的数量	衡量保持工作的效果以及是否达到企业预定的获取目标
保持率	衡量保持工作的整体效果
保持成本	与客户的保持收益相比较,确定今后的保持工作规模
基于销售额的保持率	衡量保持客户的销售贡献程度
基于利润额的保持率	衡量保持客户的利润贡献程度
钱包份额	衡量企业保持客户的竞争能力
各个细分群体的保持率	衡量企业在各个群体中的保持效果

7.2.2　客户保持问题的提出

人类进入信息时代,企业的竞争环境发生了天翻地覆的变化,这种改变表现在以下的四个方面:

1. 信息时代环境使得企业能够将供给、生产和交货等过程一体化,从而把原来生硬的推销产品、服务和生产计划的经营过程转变为由客户订单引发的柔性系统,大大缩短了以往企业在交易中与客户和供应商之间的距离。在这个一体化系统中客户成为订单的起点,从而使企业的成本费用、质量和反应时间的管理方式都发生了巨大的变化。

2. 与工业时代有所不同的是,客户不再被动接受企业提供的低成本、标准化的产品或服务。客户一旦满足了自己对衣食住行的需求,就会产生更为个性化的需求。所以信息时代的企业必须能够向形形色色的客户提供因人而异的产品或服务。

3. 企业面临的是较以往更为激烈的市场竞争,这种竞争超越了国界的限制。企业不仅要抵抗来自高效率、反应灵敏的外国企业的竞争,还要能满足具有地方特色的客户需求。

4. 产品的生命周期继续缩短,一种产品在一个时代的竞争优势并不能保证它在下一轮技术发展和竞争中继续保持优势。因此,企业必须能够准确、及时地预测客户未来的需要,设计和推出全新的产品或服务,并在工艺技术和产品性能上不断改进、创新。企业处于这种竞争态势下,所面临的最突出的问题就是单靠扩大市场份额无法保持持久的竞争优势。因为原有客户的流动性越来越强,而获取一个新客户的开支越来越大,因此,客户保持的重要性受到各国研究者和企业的日益重视。

7.2.3　客户保持的意义

客户保持所带来的不仅仅是客户保留,你之所以会保持这些客户,就是因为客户对你十分满意并忠诚。事实上,他们很愿意把自己的这种感觉告诉所认识的人,而这种"宣传"的效果绝对胜过你花巨资拍摄的广告所带来效果的10 倍。从这个角度来看,"保持"也是一种"吸引",而且是一种效果更加强烈的吸引。从企业的角度来看,客户保持比吸引更能够带来企业的低成本。据统计,吸引一个新客户所需要花费的成本是保持一个老客户所需成本的 5～10 倍。

7.2.4　客户保持管理的内容

尽管越来越多的企业管理层越来越深刻地认识到保持企业老客户的重要性,但是,究竟应该从哪些方面着手来实施客户保持这一理念呢?

1. 建立、管理并充分利用客户数据库

企业必须重视客户数据库的建立、管理工作,注意利用数据库来开展客户关系管理,应用数据库来分析现有客户的简要情况,并找出人口数据及人口特征与购买模式之间的联系,以及为客户提供符合他们特定需要的定制产品和相应的服务,并通过各种现代通信手段与客户保持自然密切的联系,从而建立起持久的合作伙伴关系。

信息技术的发展使得数据库营销成为可能,它使企业能够利用有关客户及其偏好、购买行为等信息的多元数据库进行综合分析以便更好地留住老客户并争取新客户。例如,对多个客户档案和多组相关数据进行综合分析,对特定客户的多次购买行为进行分析,识别出各个客户的功能模式;也可以按照任何标准对客户源进行各种分割归类,有的放矢地对准目标进行联系交流;同时,还应跟踪监测他们的反应,并加以仔细推敲。

先进的数据仓库与数据挖掘技术为这一系列工作的开展提供了便利,使市场开拓人员可以基于数据和事实行事,而不是传统上基于直觉采取行动。

2. 通过客户关怀提高客户满意度与忠诚度

客户关怀活动应该包含在从客户购买前、购买中到购买后的客户体验的全部过程中。购买前的客户关怀活动主要是在提供有关信息的过程中的沟通和交流,这些活动能为企业建立与客户之间的关系打下基础,就好比向客户开启了一扇大门,为鼓励和促进客户购买产品或服务做准备。购买期间的客户关怀与企业提供的产品或服务紧密地联系在一起,包括订单的处理以及各个相关的细节都要与客户的期望相吻合,满足客户的需求。购买后的客户关怀活动,主要集中于高效地跟进和圆满地完成产品的维护和修理的相关步骤。售后的跟进和提供有效的关怀,其目的是使客户能够重复购买企业的产品或服务,并向其周围的人多做对产品或服务有力的宣传,形成口碑效应。

3. 利用客户投诉或抱怨,分析客户流失原因

为了留住客户,提高客户保持率,就必须寻根究底地分析客户流失的原因,尤其是分析客户的投诉和抱怨。客户对某种产品或服务不满意时,他可以说出来也可以一走了之。如果客户拂袖而去,企业连消除他们不满的机会都没有。

在 Oracle 的 CRM 产品之中就有专门针对纠纷、次货和订单跟踪、现场服务管理、记录发生过的问题及其解决方案的数据库,具有维修行为日程安排及调度、服务协议及合同,以及服务请求管理等功能。

又如,从 1999 年 10 月起,T 牌汽车采用最新工作流程计算机化技术,引进客户抱怨服务跟踪系统,以实现"客户第一"的理念,借助于这个系统,企业可以轻易地查询客户历史资料、疑难处理经验库,并以电子化流程掌握客户投诉案件的处理进度、客户投诉问题的交叉分析等,以确保每一位客户的声音确实被快速且充分地照顾到,并提供产品或服务改善的方向,不断增强企业的竞争优势。

大多数客户是很容易满足的,只要企业实现了曾对他们许下的承诺。当然,企业失去客户的原因很多,如客户搬迁、自然流失、因他人建议而改变主意等等,其中最重要的原因是,厂商置他们的要求于不顾而愤然离去。客户的流失比生产出废品糟糕得多。扔掉一件废品,损失的只是那件产品的成本;但当一位不满意的客户离开企业时,所造成的损失就是一个客户为企业带来的几年的利润。更糟糕的是,企业可以对所有有缺陷的产品和零部件进行彻底检查,从而发现问题的根源。但是,火冒三丈的客户甚至不愿意提及离去的原因,除非企业花费精力去寻找,否则永远无法了解其中的原因。

投诉的客户仍给予企业弥补的机会,他们极有可能再次光临。因此,企业应该充分利用客户投诉和抱怨这一宝贵的资源,不仅要及时解决客户的不满,而且应鼓励客户提出不满意的地方,以改进企业产品质量和重新修订服务计划。

7.2.5　影响客户保持的因素

影响企业客户保持的因素有以下几方面：

1. 客户购买行为要受到来自文化、社会环境、个人特性和心理等方面的影响。这部分因素是企业无法控制的，但是对于了解客户的个体特征有着重要的意义。由于来自同类社会阶层或具有同一种心理、个性的客户往往具有相似的消费行为，企业可以通过这些因素对客户进行分类，对不同种类的客户实施不同的营销策略。另一方面，企业可以将不同客户的销售结果与客户特性作对比，了解它们之间的关联。

2. 客户满意与客户保持有着非线性的正相关关系。企业可以从建立顺畅的沟通渠道、及时准确地为客户提供服务、提高产品的核心价值和附加价值等方面来提高客户的满意度。

3. 客户在考虑是否转向其他供应商时必然要考虑转移的成本。转移成本的大小直接影响客户保持。转移成本的大小要受到市场竞争环境和客户建立新的客户关系的成本的影响。

4. 客户关系具有明显的生命周期的特征，在不同的生命周期阶段中，客户保持具有不同的任务，一般来说在考察期客户的转移成本较低，客户容易流失。而随着交易时间的延长，客户从稳定的交易关系中能够获得越来越多的便利，节省了转移成本，客户越来越趋于稳定，客户容易保持原有的交易关系。这时企业需要一如既往地提供令客户满意的服务或产品。

7.2.6　客户保持的方法

1. 注重质量

长期稳定的产品质量是保持客户的根本。高质量的产品本身就是优秀的推销员和保持客户的强力凝固剂，这里的质量不仅是产品符合标准的程度，更应该强调的是企业要不断地根据客户的意见和建议，开发出真正满足客户喜好的产品。因为随着社会的发展和市场竞争的加剧，用户的需求正向个性化方向发展，与众不同已成为一部分客户的时尚。一些企业为抓住市场，已经开始了针对不同的客户提供不同产品和服务的尝试，并取得令人瞩目的效果，例如海尔公司的按单生产。在这方面，企业必须紧跟现代科技发展的步伐，不断提高产品和服务的知识含量，一方面更好地满足客户的需要，另一方面与客户构筑起竞争对手的进入壁垒，降低客户的流失。

2. 优质服务

在激烈的市场竞争中,服务与产品质量、价格、交货期等共同构成企业的竞争优势。由于科技发展,同类产品在质量和价格方面的差距越来越小,而在服务方面的差距却越来越大,客户对服务的要求也越来越高。虽然再好的服务也不能使劣质产品成为优等品,但优质的产品会因劣质的服务而失去客户。

美国一家咨询公司在调查中发现客户从一家企业转向另一家企业的70%原因是服务。他们认为,企业员工怠慢了一个客户就会影响到40名的潜在客户。宝洁公司曾开设一条直拨热线,他们在一个月中就收到了数以千计的客户的电话。其中只有20%是与牙膏的气味、洗衣粉的漂白功能等质量问题有关,而80%客户所抱怨的似乎都是一些很小的事情,如卡通形象、手柄设计、开发和设备、包装及印刷的颜色字体等。不谋而合的是,一项在瑞典进行的研究发现,只有17%的问题与产品或服务的质量直接相关。相反,大多数的批评都指向似乎不太重要的环节,如货物运输和包装等。

可见,大多数客户的不满并不是因为产品质量本身,而是由于服务问题,客户能够用双眼观察到的质量往往比产品或服务的质量重要得多。他们往往把若干因素掺杂在一起:产品或服务的可信度、一致性、运货的速度与及时性、书面材料的准确度、电话咨询时对方是否彬彬有礼、传递信息的价值(如产品或服务的使用说明)、员工的精神面貌……所有这些因素都很重要,其中一些甚至非常关键。有人提出,在竞争焦点上,服务因素已逐步取代产品质量和价格,世界经济已进入服务经济时代。正是基于这样的认识,蓝色巨人 IBM 公司公开表示自己不是电脑制造商,而是服务型公司,"IBM 就是服务"的经营理念使其执计算机产业之牛耳达数十年之久。

3. 品牌形象

面对日益繁荣的商品市场,客户的需求层次有了很大的提高,他们开始倾向于商品的品牌选择,偏好差异性增强,习惯于指名购买。客户品牌忠诚的建立,取决于企业的产品在客户心目中的形象,只有让客户对企业有深刻的印象和强烈的好感,他们才会成为企业品牌的忠诚者。

4. 价格优惠

价格优惠不仅仅体现在低价格上,更重要的是能向客户提供他们所认同的价值,如增加产品的知识含量、改善品质、增加功能,提供灵活的付款方式和资金的融通方式等。如果客户是中间商,生产企业通过为其承担经营风险而确保其利润也不失为一种颇具吸引力的留住老客户的方式。如在产品涨价时,对已开过票还没有提走的产品不提价;在产品降价时,对中间商已提走但还没有售出的商品,按新价格冲红字。这样中间商就像吃了定心丸,敢于在淡季充当蓄水池,为生产商创造淡季不淡、旺季更旺的局面。

5．感情投资

一旦与客户建立了业务关系,就要积极寻找商品之外的关系,用这种关系来强化商品交易关系。如记住了客户中个人客户的结婚纪念日、生日,产品客户的厂庆纪念日等重要日子,采取适当的方式表示祝贺。对于重要的客户,其负责人要亲自接待和走访,并邀请他们参加本企业的重要活动,使其感受到企业所取得的成就离不开他们的全力支持。对于一般的客户可以通过建立俱乐部、联谊会等固定沟通渠道,保持并加深双方的关系。

对于以上保持客户的各种方法,企业既要认识到这五个方面都很重要,忽视任何一个方面都会造成不利的后果,同时又应该权衡这五个方面不同的侧重点:保持客户的最低层次是注重质量,品牌形象和优质服务是第二层次,在此基础上构建起价格优惠和感情投资是第三层次。

7.2.7　客户保持效果的评价指标

企业在对于客户保持的管理中,应当设计一系列定量指标来考核工作目标。由于企业的个体经营情况有很多不同,因此,不同企业在设计客户忠诚度的量化考核标准时可以从自身各个方面加以考虑,根据实际情况选择合适的因素,并给以不同的权值来得出一个综合评价得分。一些企业通用的和相对重要的考核标准有:

1．客户重复购买率

考核期间内,客户对某一种商品重复购买的次数越多,说明对此产品或服务的忠诚度越高,客户保持效果越好;反之则越低。此项指标还适用于同一品牌的多种产品,即如果客户重复购买企业同一品牌的不同产品,也表明保持度较高。由于产品的用途、性能、结构等因素也会影响客户对产品的重复购买次数,因此在确定这一指标的合理界限时,须根据不同产品的性能区别对待,不可一概而论。

2．客户需求满足率

它是指一定时间内客户购买某商品的数量占其对该类产品或服务全部需求的比例,这个比例越高,表明客户的保持效果越好。

3．客户对本企业产品或品牌的关注程度

客户通过购买或非购买的形式,对企业的产品和品牌予以关注的次数、渠道和信息越多,表明忠诚度和保持度越高。

4．客户对竞争产品或品牌的关注程度

如果客户对竞争产品或品牌的关注程度提高，多数是由于客户对竞争产品的偏好有所增加的缘故，表明忠诚度有可能下降。

5．客户购买挑选的时间

消费心理研究者认为客户购买产品都要经过挑选这一过程，但由于依赖程度的差异，对不同产品客户购买时的挑选时间不尽相同。因此，从购买挑选时间的长短上也可以鉴别其对某一品牌的忠诚度。一般来说，客户挑选的时间越短说明他对这一品牌的忠诚度越高，反之则说明他对这一品牌的忠诚度较低。

6．客户对价格的敏感程度

客户对企业产品价格都非常重视，但这并不意味着客户对各种产品价格的敏感程度相同。事实表明，对于客户所喜爱和依赖的产品，客户对其价格变动的承受能力强，即敏感度低；而对于他所不喜爱和不信赖的产品，客户对其价格变动的承受能力弱，即敏感度高。所以，可以根据这一标准来衡量对某一品牌的忠诚度。

7．客户对产品质量问题的承受能力

任何产品都难免会出现质量问题，当客户对某品牌产品的忠诚度高时，对出现的质量问题会以宽容和同情的态度对待，会与厂商合作解决问题，并且不会因此而拒绝再次购买这一产品。反之，若客户忠诚度不高，则会对出现的质量问题非常反感，有可能会从此不买该产品。

以上指标可以单独衡量也可以综合评估，每一项指标的改善都会对客户保持产生积极的影响。客户保持是一个循序渐进的持续过程，应当贯穿于企业的整个经营活动中，只有做好了客户保持，才能吸引更多的新客户，才能创造更大的利润。

7.3　个性化服务

提供个性化服务是企业保留客户、吸引客户、提升客户价值、保持客户竞争优势的有效方法之一。了解客户的不同需求，就是要为其提供个性化的服务，从而提高客户的满意度和忠诚度，为企业带来丰厚的利润。

比如山屿海公司康养酒店有天接待了一对赵氏夫妇。他们是公司的老客户，常在酒店休养。交流中现场工作人员偶然得知后天是他们结婚 20 周年的日子,该工作人员就把这个信息报告给了主管。为此,主管带领酒店同事为夫妻俩精心策划了一场小小的结婚纪念活动,当天特地买了玫瑰花和喜庆的装扮。夫妻俩用早餐的时候,工作人员利用打扫房间的机会,迅速布置了房间。待其早餐回房推开门后,顿时感动流泪,现场工作人员还上前送出祝福及小礼物,并帮他们合影留念。

7.3.1　个性化服务的理念

1. 个性与个性化服务

个性是稀缺的资源。当我们说一个人、一个网站或者一种服务有个性的时候,我们的意思通常是说这个人、这个网站或这种服务与众不同,相当特别。个性与个性化服务都不是可以招之即来、挥之即去的东西,它本身是一个非定量的概念。

个性化服务,是一种真实的服务的最高级表现形式。许多人强调个性化服务是针对个人的、可以由个人定制的服务。个性化服务的方式和内容都必须是个性化的(针对个人的)。如果一项服务的内容仍然是非个性化的,仍然是大生产的,仍是规格和标准都统一的,那么这项服务就不能称之为个性化服务。

在互联网蓬勃发展的今天,网络应用走进家家户户,人们对个性化服务的要求越来越具体。个性化服务正逐渐成为商业运作中非常重要的部分。面对越来越多的客户,企业必须了解每一个客户的信息,并寻找新的途径来增强服务竞争力。真正的个性化服务应该是动态的、主动的,在最初的规则制定之后,系统就能主动地跟踪用户的使用倾向,从而调整针对单个用户的具体规则,以提供个性化服务。

2. 网络时代的个性化服务

在传统的方式下,由于手段方面的限制,服务目标的细分极其有限。而在互联网上,交互技术的支撑为服务目标的细分提供了广阔的前景,可以实现一对一的服务。不仅如此,在个性化服务的过程中,电脑系统还可以跟踪记录用户信息,形成用户数据库,通过数据分析,了解用户的操作习惯、个人兴趣、消费倾向、消费能力和需求信息等,从而更有利于充分利用各种服务手段。同时,还可以据此更有针对性地指导产品的更新换代,使企业的服务进入良性循环,从而做到商家和客户的"双赢"。

个性化服务(Customized Service)也称为定制服务,就是按照客户的需要提供特定的服务。个性化服务可以归纳为服务时空、服务方式和服务内容的个性化。

（1）服务时空的个性化

互联网突破了传统的时间和空间的限制。在时间上，互联网可以提供全天候 24 小时的服务，用户可以根据自己的时间安排接受服务。即使你深夜想到异地旅行，也可以立即在网上查询和订票。在空间上，则可以实现远程服务和移动服务。

（2）服务方式的个性化

企业可以通过互联网提供更具特色的服务。假如你到戴尔公司的网站购买 PC，你可以自己设计，然后由戴尔公司根据你的要求迅速组装，从而改变了"企业提供什么，用户接受什么"的传统方式，而变成了"用户需要什么，企业提供什么"的新方式。

（3）服务内容的个性化

可以利用一些智能软件技术为用户提供专门的服务。用户可以根据自己的需求，选择自己需要的服务，从而使得服务不再千篇一律，而是各取所需，各得其所。

然而，企业在提供个性化服务的时候，也要注意相应的问题。首先，要保护用户的隐私资料，不能随意泄漏，更不能因贪图小利而将其出售。如果侵犯了客户的隐私权，不但会招致客户的反对和敌意，甚至可能导致客户的报复和起诉。其次，也要注意所提供的个性化服务是否能真正符合用户的需要。最后，个性化服务还涉及许多技术问题，因此必须在技术上保证个性化服务的稳定性和安全性，否则就可能弄巧成拙。

7.3.2　个性化服务的策略

1. 个性化服务从收集客户资料开始

对于任何一个成功的商务活动来说，收集资料都是至关重要的环节，有关客户行为的资料是分析投资收益的基础。同时，客户的经验也会随着资料的增加而增加。随着时间的推移，收集的资料不断增加，同时与客户相互影响的经验也在不断提高。这个过程促使企业不断提高为客户提供的价值，并且优化同每个客户关系的收益。由于这个过程是渐进的，因此有时也被称为渐进的个性化服务。

当制订资料收集计划时，不一定马上就开始采用技术手段，最好先明确你的目标，然后在收集到信息的基础上，再确定你应该怎样服务于特定的客户。一旦策略恰当，就能确定需要什么样的技术达到你的目标。

首先,你应当确定目标客户市场的细分,通常用定性或定量的方法来进行研究。或许,你收集到的数据将有助于进行最终目标定位。

其次,确定客户细分的特征。例如,对于一家汽车公司,最可能的购买者可能满足某些统计特征:关心汽车的价格、希望试用等。一系列目标市场细分的特征组成了一个表格,这个表格可用来对资料进行分析,并由此决定采取的行动。

再次,决定怎样收集需要的数据。这是一个交叉演练的任务,往往需要来自技术部门和服务人员的参与,有时甚至是创造性的工作。从客户那里收集信息是一门艺术,因为如果提问太多很容易打击和惊吓客户,反之又不能得到所需的信息。因此,一个好的策略是结合了外在和内在资料的,并且是一个逐步的积累过程。

当你了解了目标客户,知道需要收集什么样的资料和怎样去收集后,就可以针对不同的客户设计不同的方案。在决定哪一类客户获得哪一类服务时,必须要谨慎。个性化服务需要投入大量的资金、专家意见和时间等资源,这并不仅仅是通过技术就可以解决的,还需要制定有效的策略,以确保在激烈的竞争中为客户提供真正有价值的服务。

2. 实施个性化服务的基础条件

个性化服务在改善客户关系、培养客户忠诚和增加销售方面具有明显的效果,但个性化服务的价值是有限的,它是一种理想化的高级形态的手段,需要在一定的基础条件下进行,其效果不能被盲目夸大。

一般来说实施个性化服务需要:

(1)拥有完善的基本服务;

(2)良好的品牌形象;

(3)完善的数据库系统等。

当然,也不可能等待万事俱备时才想起开展个性化服务,这是一个量力而行、循序渐进的过程,需要在借鉴其他人成功经验的基础上,根据自身条件逐步建立起一套行之有效的服务体系。

复习思考

1. 客户关怀的内涵是什么?有哪些内容及方法?形式有哪几种?

2. 客户保持的内涵是什么?影响客户保持的因素是什么?

3. 客户保持的方法及评价指标是什么?

4. 什么是个性化服务?

5. 个性化服务的策略是什么?

两只鞋的故事

一个法国人到美国去旅行,她在一家皮鞋商店的入口看到一个牌子上面写着:"超级特价,只需一折!"她在这些特价皮鞋中突然发现了一双漂亮的红色皮鞋,她拿起来看了看,皮鞋质量很好,而且是名牌,这双鞋她在别的地方已经看过好几次了,因为价格太贵而放弃了购买的愿望,现在这么便宜的事居然让她碰上了。

她于是急忙招呼工作人员过来,然后询问道:"这双鞋确实是 7 美元吗?"工作人员把鞋子拿过去,说:"您稍等!"然后就回到服务台去了。

没过多久,工作人员又回来了,手里拿着那双红色的皮鞋对她说:"没错,这两只鞋的确是 7 美元。"

"两只鞋?难道这不是一双鞋吗?"法国人问。

工作人员说:"在您决定购买之前,我一定要把真实情况告诉您。我们的服务宗旨是诚实守信。我们知道您的时间很宝贵,但还是希望您能听完我说的话。因为如果您回去后觉得不合适,再来找我们的话,更是浪费您的时间。我必须告诉您,这是两双鞋,皮质、尺码、款式都是相同的,只是颜色稍微有些差别,您不仔细看是看不出来的。出现这样的情况,原因是以前的客户弄错了,各拿了两双鞋的一只,所以这并不是一双鞋。我们每售出一双鞋,绝不留任何隐患,如果您知道真相不想买了,我们也不会说什么,我们要做的只是诚实。"

这样真挚的话感动了法国人,知道真相后的她反而更想买这两只鞋,而且除了这两只鞋外,她还购买了另外两双鞋。周围都是卖鞋的商店,但她毫不犹豫地就在这一家商店买了三双鞋。

不仅如此,以后每当她到美国出差的时候,都要抽空到这个商店里买几双鞋,而且从来不在其他商店门口徘徊,都是直接来到这家商店。

资料来源:王春凤.客户关系管理[M].长沙:中南大学出版社,2013:128.

案例讨论

请问这个客户为什么会这么做?

本章实训

背景资料：

智远公司是一家发展中的从事进出口贸易的电子商务企业，一直致力于成为全球采购商。过去的 6 年间，智远公司专注于国际贸易，并使用互联网平台为全球贸易商提供服务。截至 2018 年年底，智远公司拥有超过 150 万名注册会员，拥有来自全球 200 多个国家和地区的 6000000 个专业买家。据不完全统计，每年利用智远平台达成的贸易交易金额达到了 30 亿美元。你若作为该企业的客户服务管理专员，将会如何规划企业的客户关怀行动？

任务：

1. 依据智远公司的情况，你认为它提供的优质产品应该是什么？

2. 针对智远公司服务和客户的特点，你认为这些客户服务中有哪些具体做法可以体现对客户的人性化关心？

3. 你认为智远公司的客户最需要得到满足的需求有哪些？

4. 针对智远公司的客户需求，你会采取什么措施为客户提供有针对性的服务？

5. 依据智远公司的实际情况和客户特点，请详细阐述哪些关怀形式适合该企业，以提高客户满意度。

要求：

1. 5～6 人为一组，讨论并将结果分享。列出该类企业的竞争对手，并将其策略列举分析，结合本企业的实际情况给出具体的客户关怀策略，并说明理由。同时，请小组成员角色扮演，体会客户关怀策略的效果，并进行交流。

2. 制作客户关怀计划表、客户关怀行动检核表。

评价标准：

(1)客户需求分析准确。

(2)关怀措施以普遍需求为基准，并能兼顾客户的个性需求。

(3)关怀措施与产品和服务紧密相关。

(4)关怀措施有创意并能让客户产生美好的体验。

(5)关怀措施的实施成本相对比较低。

第8章 客户关系数据及其管理

Target 用数据预测怀孕准妈妈

沃尔玛"啤酒加尿布"的故事已是关于数据挖掘提供的最有趣的例子。目前另一个广为传播的典型案例是零售业根据客户消费数据预测怀孕情况的案例。在 2012 年初美国的一家 Target 超市（美国第三大零售商塔吉特），一位愤怒的父亲突然闯进来对店铺经理咆哮道："你们竟然给我 17 岁的女儿发婴儿尿片和童车的优惠券，她才 17 岁啊！"这位经理下意识地认为是店里出了问题，也许是误发了优惠券，于是立即向这位父亲道歉。然而经理却没有意识到，其实这是公司正在运行的一套大数据系统得出的分析结论。

果然，一个月后，该名愤怒的父亲打电话给商铺道歉，因为 Target 发来的婴儿用品优惠券不是误会，他的女儿确实怀孕了。Target 比这位父亲知道他女儿怀孕的时间足足早了一个月。

Target 会从其会员的购买记录中去了解该客户的性格、类别等一系列业务活动。上面的例子正是 Target 为适龄女性创建的一套怀孕期变化分析模型，如果相关客户第一次购买了婴儿用品，系统将会在接下去的几年中根据婴儿的生长周期向客户推荐相关的产品，从而培养和提高客户的忠诚度。

利用数据挖掘用户的行为习惯和喜好，在凌乱纷繁的数据背后挖掘出更符合用户兴趣和习惯的信息、产品和服务，并对这些目标化的信息、产品和服务进行针对性地调整和优化，这便是大数据能带给商家最诱人的价值之一。Target 能够通过分析女性客户购买记录，"猜出"哪些是孕妇。他们从 Target 的数据仓库中挖掘出 25 项与怀孕高度相关的商品，制作"怀孕预测"指数。比如他们发现女性会在怀孕四个月左右，大量购买无香味乳液。以此为依据推算出预产期后,就抢先一步将孕妇装、婴儿床等折扣券寄给客户来吸引客户购买。

如果不是在拥有海量的用户交易数据基础上实施数据挖掘,Target 不可能做到如此精准的营销。

资料来源:根据网上资料整理。

CRM 运用得成功要靠数据,科学地分析数据往往会带来不可预测的商机。企业通过对数据进行初级处理完成基本业务过程,对数据进行高级处理(如数据挖掘)提供企业决策的商业智能,寻找商业机会,精准营销、一对一营销,从而开发新客户,保持老客户,提升客户价值,促进销售,保持稳定的消费群体,提高客户的购买频率、购买量。

8.1　数据的概念和重要性

8.1.1　数据的概念

人类已经进入信息化社会,人们的活动离不开反映客观世界的数据的收集、存储、处理和使用。导入案例中,Target 通过对客户数据的整合与分析,形成其独特的竞争力。商业数据的收集、存储、处理和使用,是形成企业未来竞争力的关键。

日常的商贸活动,产生大量的具有潜在价值的商业数据。看似简单的超市购物过程,就可产生大量的数据。客户们前往杭州五洲国际联华超市购买一些商品,这个交易过程就可生成许多原始数据,比如:客户所购买的时间、交易的金额及每天不同时段客户购买的频率,客户所购买物品的种类及其各种商品间的搭配情况,客户的付款方式。

办理了"联华购物卡"等会员卡的用户,会在购物过程中产生更多数据,如:消费者的性别、年龄、学历、收入水平等个人特征方面的数据,客户最近一次购买的时间、平时购买的频率以及通常购买的金额等交易数据,客户投诉、有奖建议等活动向商家提供更多可用于改进运营的数据和信息。

其他类型的企业也会在日常的交易中产生大量的有关客户的描述、促销活动和交易活动等方面的数据。在面向企业客户的 B2B 市场,企业可以通过记录客户的开发和交易过程来获取大量的数据。比如说客户企业采购物品的种类、价格、采购的数量、客户企业习惯的供货批量、交货地点等数据信息。同时,通过收集目前客户的一些特征信息,应用数据挖掘等信息技术,可以促使企业发现潜在的客户群体,发觉目前客户尚未满足的需求,从而为企业的产品开拓出一片新的蓝海。那么,究竟什么是数据呢?

数据(data)是为反映客观世界中的某一事件而记录的可以鉴别的数字或符号,如数字、文字、图形、图像、声音等。在 CRM 系统中,数据可以通过诸如电话语音、网络语音、电子邮件等多种途径收集。这些数据结构化地记录了企业有关事件离散的、互不关联的客观事实,可用某种记录方式加以描述。围绕着数据建立企业 CRM 活动,其核心价值在于通过 CRM 系统对数据的分析、合成,并把这些离散的、单个存储的数据转化为使用者可以理解和使用的信息和知识。

消费者的购买过程产生的数据,可为商家的客户研究工作提供大量可供分析的第一手资料。所有这些数据,通过商家的分析整理形成有意义的信息,并促使商家更加有效地为消费者提供良好的服务。通过分析大部分消费者的购买时间,可以合理安排超市的收银员的工作时间,在消费者人流量大的时候多安排一些收银员,在消费者人流量小的时候少安排一些收银员;通过研究客户所购买的产品,可以区分货架上最受欢迎和最不受欢迎的产品,通过多采购、多陈列最受欢迎的产品,减少甚至淘汰最不受欢迎的产品,可使得商家更为有效地使用有限的陈列货架,提高货架的利用率,从而获得更好的效益;通过研究客户所采购商品间的搭配,找到客户通常所习惯的购物方式,用以改善超市各种物品彼此搭配的陈列位置,更加方便客户采购,例如导入案例中提及的"啤酒加尿布"的故事,一般在尿布旁边放有啤酒。研究客户投诉相关的数据,调查产生消费者不满的原因,促使企业改进客户服务,提供更方便的购物环境,有效调动消费者的潜在需求,形成良好的商家与消费者的互动,消费者可以体验更加愉悦的购物过程,商家可以获取更好的经济效益,实现双赢。

8.1.2 数据的重要性

数据是 CRM 系统的灵魂,CRM 最关键、最基本的支柱是客户数据。客户关系管理通过数据仓库、数据挖掘、商务智能等技术处理大量的客户属性、交易记录、购买行为、习性偏好等数据,从中提炼出有用信息,为企业销售、营销、客户服务等工作提供全面支持。在美国 70% 的杂志是通过订阅发行的,因此订阅策略非常重要。即便 *Time* 这样大牌的杂志,也必须不厌其烦地制定基于读者数据库的十分精细的订阅策略。提高杂志发行和订阅率的工作之基础就是建立和开发读者数据库。

很多公司都缺乏可用、准确、实时的客户数据,要不就是大多数企业的数据应用程序很差。数据仓库研究所(The Data Warehousing Institute)指出,2001 年低数据质量给美国公司造成了大约 6000 万美金的损失。Gartner 的调查发现,75％的企业还没有能力形成对客户的统一认识。

企业为了获得好的效益,不仅要重视对客户数据的收集,还要重视对客户数据的维护。组织绩效方面的许多问题也都是由客户数据应用不当引起的:没有数据获取渠道,存储与管理不善,低效的数据共享与使用,等等,不胜枚举。仅仅安装了管理数据的系统还远远不够,公司必须关注数据并以客户为中心。著名数据库软件提供商 Oracle 在其报告《大胆假设,合理求证——Oracle 建言亚洲银行的 CRM 建设》一文中指出:"客户数据是银行实施 CRM 过程中最薄弱的环节。不准确、不完整和未能很好协调的客户数据在过去一度是 CRM 项目失败的主要原因。缺乏高质量的数据使银行无法了解他们的客户,难以向市场推出新的产品和服务,不能合理地简化银行运营和优化客户关系。不准确的客户数据也使银行不能很好地遵守行业标准和一些法规要求。"

8.2　数据的分类、收集及质量

8.2.1　数据的分类

企业在同消费者、企业客户的交易过程中可以产生大量的数据。这些数据信息可以通过不同的方式进行归纳分类。

1. 通过数据的来源分类

CRM 数据仓库中数据的来源主要来自企业内部已经登记的用户信息、用户销售记录、与用户互动的活动中获得的用户信息。这些数据主要可分为四个方面的来源:客户信息、客户行为、生产系统和其他相关数据。也可以将数据分为内部来源数据和外部来源数据两类。

(1)内部来源数据

内部来源的数据比较容易理解,就是商业企业在实际经营过程中产生、记录的数据。很多企业也熟练地组织一些活动来收集一些反映用户基本特征的数据,比如经常采用的有奖登记活动,以各种方式对自愿登记的客户进行奖励,能够在短时间内收集到较多的数据。收集用户数据的方法还包括:有奖登记卡和折扣券、会员俱乐部、零售点收集、利用电子邮件或网站来收集等等。

世界零售业巨头沃尔玛通过记录、整理、分析其全球各个卖场销售数据,形成了举世无双的庞大信息系统。

（2）外部来源数据

本企业之外所产生的数据称为外部来源数据,它们是通过别的信息渠道产生的数据信息。其中最重要的外部数据信息来源是政府的各种机构、各类商务团体和专业协会,许多的行业期刊和业务通讯。例如中国国家旅游局每年都在固定的时期发布关于中国每年、每月的出入境游客人数的统计,各地旅游局和旅游行业协会也会发布各个地区或各个行业的一些旅游人数、旅游收入等情况的统计数据。这些关于旅游情况的数据,构成了旅游企业制订其各种发展规划、预计市场情况、制订销售计划最重要的数据依据。

一些私人机构对总的经济状况或具体的市场情况消息灵通,它们也从事这方面的数据搜集出版业务,如 A.C. 尼尔森、邓白氏等市场研究公司。邓白氏拥有全球最为庞大的覆盖超过 1 亿家企业信息的海量数据库,它收集来自全球多达 214 个国家、95 种语种或方言、181 种货币单位的商业信息。同时,为确保信息的准确性、完整性、及时性和跨领域的一致性,它的数据库对数据的更新高达每日 150 万次。

【阅读材料】

　　康养某公司的朱女士是公司老客户,非常的热心,平时对公司的发展也非常关心。在一次去朱女士家做客的时候,听朱女士说起来她当年是知青,去过黑龙江上山下乡,今年她们在杭州的知青要组织一场 50 周年千人大型纪念活动,参加者都是六七十岁的叔叔阿姨。她们想在活动的时候找一些赞助商,丰富活动内容及形式,询问了一下公司有没有兴趣赞助本次活动。

　　公司知道了这个消息,马上联系朱女士,对接本次纪念会的负责人,详细沟通赞助的事宜,最终决定赞助本次纪念活动。一是可以借助本次活动做公益宣传;二是利用活动过程做好展位宣传,发放公司相关资料,登记活动嘉宾的信息;三是借助活动的抽奖环节,让参会嘉宾微信实名扫码参与抽奖,把上千位参会嘉宾的名字、联系方式全部收集到位。

2. 按照数据采集渠道分类

以 CRM 系统中重要的 Call Center（呼叫中心）为例,企业可以通过多种渠道采集所需要的和具有潜在价值的数据。这些采集渠道主要包括如下几类。

（1）电子邮件：客户既可以通过自己的免费邮箱给呼叫中心发邮件，也可以通过网上留言的方式将信息发给呼叫中心。对客户发送的信息，公司通过智能分析，按照相应的系统要求加以记录。

（2）电话语音：电话语音既包括传统的电话语音，也包括基于网络的互联网电话。客户可以通过拨打电话直接与呼叫中心联系。业务员也可以主动联系客户。如果客户选择要求呼叫中心的业务代表立即或在约定的时间主动拨打电话或发送邮件回复客户，在客户输入其联系方式及回复时间后，呼叫中心将在指定时间主动打电话或发邮件联系客户。这些联系活动中，可以产生大量对企业有价值的数据。

（3）文字交谈：客户可以利用呼叫中心提供的文字交谈功能代替语音同业务代表进行实时的文字交流。文字交谈的内容经业务员整理，可以形成相关数据并加以记录。

（4）多媒体数据：多媒体呼叫中心将语音、数据和视频集成，不再局限于语音和数据的传输，使得交换系统和语音资源之间不仅可以传输电话内容，而且还可以快速而准确地传输数据、图像等丰富的多媒体信息。

3．按照企业不同部门的用途分类

数据可以按照市场、销售和服务部门的不同用途分成三类：客户数据、销售数据、服务数据。客户数据包括客户的基本状况数据、联系人信息、相关业务记录数据和客户类别记录数据等。其不但包括现有客户的基本信息，还包括各类潜在客户、其他合作伙伴以及代理商等的特征数据等。销售数据主要是通过业务员记录了销售过程中对相关业务的跟踪情况，如与客户的所有前期接触活动、客户的信息咨询情况、客户询价和相应报价、每个类型业务的竞争对手以及销售订单的有关信息等。服务数据，主要是企业对产品售后进行相关服务的数据记录。可以包含产品的销售时间、使用状况、上次维修时间、客户所购买产品的剩余的服务期限等。这几类数据，需与其他类型数据放在同一个数据库中实现信息共享，以提高企业前台业务的运作效率和工作质量。

4．根据 CRM 系统的特殊需要对数据分类

在 CRM 系统挖掘和分析系统中，主要用到三种类型的数据。

（1）描述性数据

这一类数据描述了客户的基本情况，可用于判定谁是我们的客户。描述性数据可以通过对记录以往交易情况的数据进行分析和定性调研的方法获取。针对消费者市场客户最基本情况的数据，包括客户的姓名、地址、联系电

话、电子邮件、信用情况、性别、出生年月、职业状况、收入水平、婚姻状况、家庭成员数量等情况。其中,消费者的各种联系方式与信用情况尤其重要。缺乏联系方式的客户数据对企业日后的客户发展计划而言没有什么现实意义,这样的数据是对企业没有意义的伪数据。对企业而言,客户的信用状况包括信用卡号和信贷限额、忠诚度指数(客户与公司交易占其总花费的比例)、潜在消费指数、客户类型(现有客户、潜在客户、流失客户)等等,这也是公司需要着重考虑的关键数据。随着消费者行为学研究的深入,越来越多的研究表明,客户的生活方式、特殊爱好、对企业产品和服务的偏好、对问卷和促销活动的反应、其他产品偏好、使用新产品的倾向等特征,对消费者市场上的客户细分、企业的市场定位等具有重要的意义,因而成为目前市场研究的重点。

针对 B2B 的企业市场,客户的描述性数据可以分为三个子类。首先是企业的基本情况,包括企业名称、行业标准分类代码及所处行业、注册资本、员工数、年销售额、收入及利润等。这些数据描述了我们的客户与潜在客户的基本状况,勾勒了客户的大致轮廓。其次是客户的联系方式数据,客户企业的总部及相应机构营业地址、联系电话、传真,主要联系人姓名、头衔及联系方式,关键决策人姓名、头衔及联系方式,客户企业其他相关部门和办公室的基本情况与联系方式。客户企业的其他情况,以及公司的一些其他特征,包括客户类型(分销商、咨询者、产品协作者等)、信用状况、购买情况等。

(2)促销活动数据

促销活动数据描述了对客户所进行的有针对性的营销或者促销活动。这些数据详尽描述了企业所采取的促销活动,从内容上讲,这些数据涵盖了一次促销活动的各个方面。具体来说,可能包括如下几个方面。

首先,促销活动的类型,直接描述了促销活动基本的目的。这类数据需要简要说明市场促销活动的意图,即对该活动的目标客户的简单说明,以及为什么采取这样的促销活动。这些活动的类型可能是降价销售、电话促销、业务推广活动,或者是单纯的纸媒广告、广播型广告和 Web 广告投放等。

其次,是对特定促销活动的描述。这方面的题材很多,依据厂家促销活动组织形式,如电子邮件的内容、活动参与人员及业务推广人员的基本情况、促销样品发放的基本情况等。这些数据基本上描述促销活动的内容、执行时间、执行地点、执行人员、执行方式等方面的状况。对企业日后的促销活动与对促销活动效果的检验具有重要的价值。

其中,在对特定的促销活动的描述中,选择的促销媒体(可以是电视、报纸杂志、广播、互联网、楼宇广告、移动平面广告或者其他类型的户外广告等)、促销时间(进行促销活动的日期,包括年、月、日,有时甚至要细致到时刻)、促销执行人员(谁负责、谁参与、所有参与者的职位级别、具体的职责分类等)以及促销活动的成本信息(包括促销活动的固定成本和变动成本)等数据尤其重要。

(3)交易数据

这一类数据描述客户对企业各种促销活动的反应,即他们与企业的交易情况。消费品市场的交易数据是比较常见且容易理解的一类交易数据。此外,在如银行、保险等服务性机构中,交易过程中产生的交易数据也是非常庞大的。例如中国的证券交易是以营业部为核心,遍布全国各地的大大小小的证券营业部有 3000 个左右,参加交易的股民将近 6000 万,几乎所有股民都是自己直接参与股票交易。所有这些股民,都是证券公司这些服务性机构的消费者,他们通过证券公司所提供的服务来进行投资活动。这些投资者可以注册享用某一证券公司的服务,也可能更改账号去其他收费较低或提供更好服务的证券公司。对于工业品企业而言,其与客户企业的交易情况记录构成最重要的基本数据。其他数据的记录类似于消费品的记录情况。企业与客户的交易数据,也可以用于客户描述。如在客户描述数据中,尤其是针对企业客户的数据中,有许多数据是在交易过程中形成的。例如客户企业的银行账号、信贷限额及付款情况,购买过程,与其他竞争对手的联系情况,忠诚度指数、潜在消费指数,对新产品的倾向,等等。在交易过程中形成的可用于企业描述客户的数据,能够为企业有效地识别客户、从潜在客户中挖掘客户提供良好的信息。

8.2.2　数据的收集

2007 年 8 月,全球连锁巨头沃尔玛宣布建立了一个全新的数据中心,它的存储能力简直令人窒息,竟然高达 4PB! 这已经超过了 4096TB,是一个真正的天文数字。其中,1TB 存储空间能够存储 12500 部 DVD 电影、161500 张CD。作为世界第一大国际化零售连锁集团,商品信息和交易记录是必须进行存储的内容,但庞大的信息量会对企业的数据中心提出更高的挑战。到目前为止,这家拥有高达 3450 亿美元价值的连锁集团,其供应链包含了超过 6000家的门店,大多数门店都几乎拥有 50 万件 SKU(Stock Keeping Unit)。针对如此庞大的企业客户信息,企业必须制订相应的数据采集规划。

CRM 中数据采集的基本步骤是:定义商业问题,建立营销数据仓库,通过研究数据仓库为建模准备数据,最后建立模型。其中,数据的收集是建立数据仓库、进而构建 CRM 系统的一个关键步骤。数据的收集、存储和处理系统已成为现代企业控制商品及其物流的强大武器。

针对不同的数据，根据企业 CRM 系统数据仓库对数据的具体要求，企业可以采取不同的收集方法。例如根据反映数据的详细程度和级别的粒度划分不同，企业需要采取的数据收集方式就存在差别。针对内部数据，企业需要加强员工的数据意识，增强对企业日常业务的记录。这些记录可以形成大量的内部数据，并建立企业内部数据库等存储系统；对于外部数据，企业可以通过图书馆、国家机构、互联网和市场调研公司（如 A.C.尼尔森）等以免费或者付费的方式获得。针对 CRM 系统所进行的数据分类，即客户的描述性数据、促销性数据和交易型数据，主要是通过企业加强对各个阶段活动的数据采集、记录和有效保存来实现。包括明确所需要采集数据的类型、确定所有活动的参与者的数据采集和保存的职责、企业提供有效的数据存储设备等。

对企业来说，在和消费者或企业客户进行交易的过程中所形成的数据构成了最基本和最重要的数据。企业可以通过各种方式获取、记录、存储和使用这些宝贵的数据。对于连锁超市来讲，商品信息和交易记录是必须进行存储的内容。沃尔玛的核心竞争力是显而易见的，其领先高效的信息系统备受业界推崇。沃尔玛要求所购买的商品必须带有 UPC 条形码，卡车从工厂运货回来后可以停在配送中心收货处的数十个门口处，货箱在高速运转的传送带上传送的过程中经过一系列的激光扫描，货箱上的条形码信息即可被读取。而门店需求的商品被传送到配送中心的另一端，那里有几十辆货车在等着送货。其十多公里长的传送带作业就这样完成了复杂的商品组合。其高效的电脑控制系统极大减少了配送中心的用人。借助自己的商用卫星，沃尔玛便捷地实现了信息系统的全球联网。通过这个网络，全球 4000 多家门店可在一小时之内将每种商品的库存、上架、销售量全部盘点一遍，实现实时监控。内外部信息系统的紧密联系使沃尔玛能与供应商每日交换商品销售、运输和订货信息，实现商店的销售、订货与配送保持同步。沃尔玛配送中心运用的交叉作业和电子数据交换系统保证了补货时间仅为 2 天，而美国同行业的平均水平是 5 天。在沃尔玛总部轻点鼠标，就能马上知道深圳或是巴西超市中奶酪的价格，这在沃尔玛并不是神话。

除了交易记录之外，常见的用于描述客户的原始数据收集方法有如下几种。

1. 定性调研

定性调研是在较小的样本范围内，对某一特殊群体进行探测性的调研活动。

2. 询问法

询问法是普及率最高的调研方法。在美国,大约 1.3 亿的人口在他们的生活中曾经接受过访谈,超过总人口比重的 40%。其中每年有超过 7000 万的人被访问。向人们提问题是调研的最基本方法。传统的询问调研方法有入户访谈(消费品)、经理访谈(工业品)、街头拦截法、中心控制电话访谈、电脑直接访问、自我管理问卷调查、单程邮寄调研、固定样本邮寄调研等。新型的询问式调研方法包括触屏法、传真调研、互联网调研、E-mail 调研、自动语音调研和邮寄磁盘调研等。

3. 观察法

观察调研法指不通过提问或交流而系统地记录人、物和事件的行为模式的过程。当事件发生时,一位运用观察技巧的市场调研员见证并记录信息,或者根据以前的记录编辑整理证据。更进一步来说,观察法既包括观察人又包括观察现象,既可由人员来进行,又可由机器来进行。

4. 实验法

另外,需要指出的是,在社会科学和商务研究中还引入了一些自然科学的数据收集方法和研究方法,例如实验法(Experimentation)。实验法已经超出了仅对某个变量进行测度的范围,它允许研究者在某个环境下控制某个变量(自变量),并观察该变量对所研究的事物(人或者物体,为因变量)如何产生影响。实验法的优点是可控性,而且针对不同的事物群体和条件可以重复相同的方法,因此可以发现自变量在人、环境和时间等方面的影响效果。

以实验为基础的调研与以询问或观察为基础的调研相比有着根本的区别。从本质上讲,在询问和观察的情况下,调研员是一个被动的数据收集者。调研人员询问人们一些问题或者观察他们在干什么。而在实验条件下,调研人员成了研究过程中的积极参与者。

一次成功的商业数据收集过程一般不会局限于某一种方法,而是有赖于良好的组织规划和各种数据收集方法的有效组合运用。

8.2.3　数据的质量

在 CRM 系统的实施过程中,数据就是整个系统的核心,采集数据的质量关系到整个系统的成败,也是实施过程中工作量最大、最难保证的环节。如何保证数据质量,使得数据准确可信,是 CRM 数据仓库系统建设的难点之一。受到数据收集系统现状的影响,如数据源的数据不完整、不一致,数据抽取时间点不能同步,行业之间存在市场竞争及业务规则的差异,各专业之间统计口径的不一致,等,导致数据质量问题客观存在。因而数据质量问题的管控工作必须贯穿数据仓库系统建设的整个过程。

高质量的数据可为使用者提供准确的信息报告,同时降低企业与低质量数据相关的潜在成本。比如冗余成本(在不止一个数据库中存储相同的数据)和基础设备成本(用于存储数据的硬件的成本)。

什么是符合数据质量标准的高质量数据?针对不同的用途和用户需求,每一个参与数据处理工作的人都可能形成自己的定义。可以说,数据质量标准是按照用户自身的要求设定的。因此,适合使用的数据就是高质量的数据。数据的质量标准,需要根据实际使用情况和用户需求来确定,而不可能形成一个放之四海而皆准的标准。

数据仓库向用户提供了集成的、一致的、综合的、高质量的信息以支持管理决策,但是数据仓库的数据来自各种不同的操作性数据源,并且经过了各种各样的传输、转换和处理,要确保数据仓库的质量并非易事。

但是数据质量是数据仓库的生命,如果数据仓库中的数据毫无质量可言,该数据仓库就没有任何的价值。

总体来说,数据仓库对数据质量的要求可归纳为:

(1)数据的准确性。准确的数据首先必须是正确的,是符合客观存在的。其次,准确的数据必须是完整的,数据的完整性指数据仓库中数据之间的参照完整性存在或一致。

(2)数据的有效性。数据必须是有效的,即数据是否在企业定义的可接受的范围之内。有效的数据必须具有时效性,即数据在需要的时候有效。数据信息的有效期一般较短,超过了一定的时间,再准确和完整的数据,都可能毫无价值。但数据的实效性不能以牺牲数据的完备性为代价。数据的完备性,是指所需要的数据都存在,并且数据要易于获取、易于理解和易于使用。

(3)数据的逻辑性。数据既要符合逻辑,又不能冗余。逻辑性主要从业务逻辑的角度判断数据是否正确。数据仓库中不需要不必要的数据冗余。

为了在数据采集过程中保证数据质量的可靠,需建立一套完善的审查机制。

首先,审核数据的标准化。标准化是现代商业发展的必经之路,数据标准化也不例外。数据的标准化有利于企业的统计、分析、管理,同时也关系到CRM系统的成败。不同业务员记录的数据长度不一,信息侧重点不一致,则难以形成能用于系统处理的数据。在对各种数据按照企业制定的标准进行审核时,有必要采用强制性标准审查程序,以减少后期数据处理的隐患。

其次,审查数据采集的各环节。根据企业实际操作,一般需设置多级数据审查。在产生数据的源头、数据采集阶段、数据入库之前等各个阶段,都需要对数据的质量进行审查。通过多级审查,从根本上减少人为错误,保证数据的准确性和有效性。

再次,系统审查。系统审查指通过数据采集入库,由 CRM 系统的数据仓库对所有进入数据仓库的数据进行再次审查,发现不合格的数据及时通报,根据通报对数据进行溯源分析,查找出错原因并及时调整,避免造成系统错误,减少企业的潜在损失。

8.3 数据仓库及其在 CRM 中的应用

数据仓库在 CRM 应用中具有非常重要的作用。一方面,目前几乎所有的 CRM 软件厂商都有数据仓库方面的考虑;另一方面,国际著名的顾问公司在其有关 CRM 的分析报告中,都重点突出了数据仓库的作用。本节介绍数据仓库基本知识以及它在 CRM 中的主要应用。

8.3.1 数据仓库基本知识介绍

1. 数据仓库的含义

数据仓库概念始于 20 世纪 80 年代中期,首次出现是在"数据仓库之父"荫蒙(Inmon W. H.)的《建立数据仓库》一书中。目前,对于数据仓库的概念,权威的定义是"数据仓库是在企业管理和决策中面向主题的、集成的、与时间相关的、不可修改的数据集合"。

2. 从数据库系统到数据仓库

数据仓库来源于数据库系统,是在原来存储数据库的基础上整合而成的。但数据仓库并非是一个仅仅存储数据的简单信息库,因为它与传统数据库存在差别。数据仓库实际上是一个"以大型数据管理信息系统为基础的、附加在这个数据库系统之上的、存储了从企业所有业务数据库中获取的综合数据的、并能利用这些综合数据为用户提供经过处理后的有用信息的应用系统"。如果说传统数据库系统的重点与要求是快速、准确、安全、可靠地将数据存进数据库中的话,那么数据仓库的重点与要求就是能够准确、安全、可靠地从数据库中抽取数据,经过加工转换成有规律的信息之后,再供管理人员进行分析使用。

3．建立数据仓库的目的

建立数据仓库并不是要取代原有运作的数据库系统，建立数据仓库的目的是为了将企业多年来已经收集到的数据按统一、一致的企业级视图组织、存储，对这些数据进行分析，从中得出有关企业经营状况、客户需求、对手情况、发展趋势等有用信息，帮助企业及时、准确地把握机会，以求在激烈的竞争中获得更大的利益。

8.3.2　客户关系管理中数据仓库的建立方法

1．CRM 中的数据仓库的逻辑结构

在 CRM 中，数据仓库的逻辑结构可以简单地由图 8-1 说明。可以看出，CRM 中的整个数据仓库系统可以划分为数据源、数据仓库系统和 CRM 分析系统三个部分。

（1）数据源。它主要有四个方面：客户信息、客户行为、生产系统和其他相关数据。

（2）数据仓库系统。它主要有数据仓库建设和数据仓库两个部分，前者利用数据仓库的数据分析和设计工具将客户相关的数据集中到数据仓库中。在数据仓库的基础上，通过联机分析处理和报表等将客户的整体行为分析、企业运营分析等传递给数据仓库用户。

（3）CRM 分析系统。它由数据准备、客户分析数据集市、客户分析系统和调度监控模块构成。在数据仓库的基础上，由分析数据准备模块将客户分析所需要的数据形成客户分析数据集市。在客户分析数据集市上，客户分析模块进行客户行为分组、重点客户发现和性能评估模板的设计和实现。CRM 分析系统的分析结果由联机分析处理（OLAP）和报表等传递给市场专家。

2．CRM 中数据仓库建设的基本步骤

企业数据仓库的建设通常按照快速原型法予以实施，包括确定范围、环境评估、分析、设计、开发、测试和运行等几个阶段，是一个在原型的基础上不断迭代的过程。

（1）确定范围。确定范围的主要任务包括了解方向性分析处理需求、确定信息需求、确定数据覆盖范围。方向性需求包括决策类型、决策者感兴趣的问题（或对象）等。在确定范围时应该重视的因素是必须将用户驱动和数据驱动相结合，同时可以借鉴国内外已有的成功经验。

（2）环境评估。环境评估是对企业数据仓库系统建设的硬件环境和软件

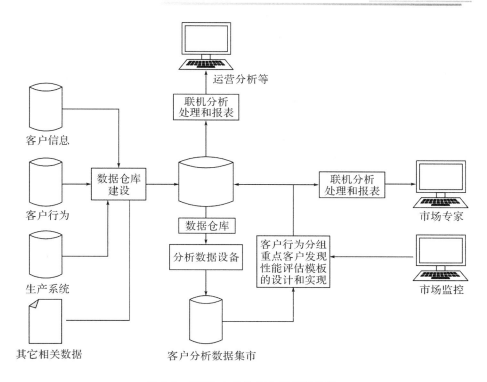

图 8-1 CRM 中的数字仓库逻辑结构

环境进行选型和准备。在硬件平台选择中需要选择与数据仓库系统规模相适应的核心服务器；在软件平台的选择上主要包括数据仓库引擎、联机分析处理 (OLAP) 引擎、前端分析展现工具的选择。对产品进行测试是软件选型的一种有效方法，各个企业可以根据自身的数据状况对各类产品进行测试。

（3）分析。分析主要包括两个方面的任务：深入了解数据源和分析数据仓库系统所包含的主题及其相互之间的关系。分析阶段必须坚持用户参与，并与原有系统人员进行深入的沟通。

（4）设计。设计的主要任务包括与操作型系统接口的设计和数据仓库本身的设计两部分内容。其中与操作型系统接口的设计主要是指数据抽取、清理、转换和刷新策略的设计。从多个不同的数据源中抽取数据，需要解决数据的不一致性，保证数据的质量。

（5）开发。开发包括数据仓库建模、数据抽取和加载模块、数据访问模块以及实际应用开发。实际应用开发应从急需的业务开始，且必须有行业专家和数据仓库专家的同时参与。

（6）测试。测试是保证系统可靠性的重要手段。数据仓库测试与一般软件系统测试不同的是，数据仓库的测试不仅包括对软件系统的测试，同时包括对数据的测试。在测试阶段必须保证测试的充分性，同时要注意测试数据的覆盖范围。

（7）运行。系统运行主要包括用户培训、数据加载、数据访问及应用等。在数据仓库系统的运行过程中不断收集用户新的需求。

8.3.3　客户关系管理中数据仓库的应用介绍

CRM 中数据仓库的应用包括三个方面：客户行为分析、重点客户发现和市场性能评估。

1. 客户行为分析

客户行为分析包括整体行为分析和群体行为分析两个方面。整体行为分析用来发现企业的所有客户的行为规律。例如，在电信企业里，发现客户的"忙时"。然而，只有整体行为分析是不够的。企业的客户千差万别，众多的客户在行为上可以划分为不同的群体。这些群体有着明显的行为特征，在 CRM 中行为分组也就成为 CRM 的一个重要组成部分。

行为分组是按照客户的不同种类的行为，将客户划分成不同的群体。通过行为分组，CRM 用户可以更好地理解客户，发现群体客户的行为规律。在这些理解和规律的基础上，市场专家可以制定相应的市场策略，同时对不同客户组之间的交叉分析，可以帮助 CRM 用户发现客户群体间的变化规律。因此，行为分组只是分析的开始。在行为分组完成后，要进行客户理解、客户行为规律发现和客户组之间的交叉分析等过程。

（1）客户理解。客户理解也可以称为群体特征分析。通过行为分组，将客户划分成不同的组，这些客户组在行为上有着许多的共同特征。这些行为特征必须和已知的资料结合在一起，才能被 CRM 用户所利用。因此，需要对这些不同的行为分组客户的特征进行分析。特征分析可以使企业了解以下内容：

· 哪些人具有这样的行为？是年轻人，还是老年人？
· 什么地方的人具有这样的行为？是北京的，还是上海的？
· 具有这样行为的人，给企业带来的利润有多大？
· 具有这样行为的人，对于企业来说是忠诚的吗？

通过对不同群体客户的特征分析，使企业能够更加了解客户。

（2）行为规律分析，即发现群体客户的行为规律。行为规律分析可以帮助企业了解：

- 这些客户都拥有企业的哪些产品？
- 这些客户的购买高峰是什么时候？是在节假日，还是在工作日？
- 这些客户通常的购买行为是在哪些地方发生？是在合作商户处，还是在营业厅等地方？

通过对这些客户的行为分析，能够对企业在确定市场活动的时间、地点与合作商等方面提供确凿的依据。

（3）组间交叉分析，是指通过对群体客户的特征分析、行为规律分析使企业在一定程度上了解自己的客户。客户的组间交叉分析，对企业来说有着非常重要的作用。例如，一些客户在两个不同的行为分组中，且这两个分组对企业的价值相差又较大，然而，这些客户在基本资料等其他方面非常相似。这时，我们就要充分分析发生这种现象的原因，这就是组间交叉分析的重要内容。通过组间交叉分析，企业可以了解以下内容：

- 哪些客户能够从一个行为分组跃进到另一个行为分组中？
- 行为分组之间的主要差别在哪里？
- 客户从一个对企业价值较小的组，升到对企业有较大价值组的条件是什么？原因是什么？

通过这些分析使企业能够准确地制定市场策略和活动，从而为企业带来较大的利润。

2. 重点客户发现

重点客户发现主要是发现能为企业带来潜在效益的重要客户。这些重点客户的主要特点如下：

- 潜在客户：有价值的新客户。
- 交叉销售：同一客户有更多次的消费。
- 增量销售：同一客户更多地使用同一种产品或服务。

根据客户的这些属性特点就可以挖掘出这些重点客户，然后做好保持和提高这些重点客户的忠诚度的工作。另外，通过数据仓库的数据清洗与集中过程，可以将客户对市场的反馈自动地输入到数据仓库中。这个获得客户反馈的过程，被称为客户行为跟踪。

3. 市场性能评估

根据客户行为分析，企业可以准确地制定市场策略和市场活动。然而，这些市场活动是否能够达到预定的目标是改进市场策略和评价客户行为分组性能的重要指标。因此,CRM 中必须对行为分析和市场策略进行评估。同样重点客户发现过程也需要对其性能进行分析,在此基础上修改重点客户发现过程。这些性能评估都是建立在客户对市场反馈的基础上的。

8.4　数据挖掘及其在 CRM 中的应用介绍

企业通过建立数据仓库系统,尽可能多地收集客户的信息之后,还需要借助各种分析方法,透过无序的、表层的信息挖掘出内在的知识和规律,这就是当前十分流行的数据挖掘技术所研究的主要内容。采用数据挖掘技术,企业可以从数据仓库中挖掘出相关规律,然后根据这些规律建立数学模型,对未发生的行为作出结果预测,为企业的综合经营决策、市场策划提供依据。本节介绍数据挖掘的基本知识以及数据挖掘在 CRM 中的主要应用。

8.4.1　数据挖掘基本知识介绍

1. 数据挖掘的含义

简单来说,数据挖掘是从大量的数据中抽取出潜在的、有价值的知识、模型或规则的过程。对于企业而言,数据挖掘有助于发现业务发展的趋势,揭示已知的事实,预测未知的结果,并帮助企业分析出完成任务所需的关键因素,以达到增加收入、降低成本,使企业处于更有利的竞争位置的目的。

2. 数据挖掘的基本应用

数据挖掘的基本应用主要包括:分类、估值、预测、确定关联规则、聚类、描述和可视化。

(1)分类。首先从数据中选出已经分好类的训练集,在该训练集上运用数据挖掘分类的技术建立分类模型,对没有分类的数据进行分类。

(2)估值。估值与分类类似,不同之处在于分类描述的是离散型变量的输出,而估值是处理连续值的输出,分类的类别是确定数目的,估值的量是不确定的。

(3)预测。通常,预测是通过分类或估值起作用的,也就是说,通过分类或估值得出模型,该模型用于对未知变量的预测。从这种意义上说,预测其实没有必要分为一个单独的类。预测的目的是对未来未知变量的推测,这种推测是需要时间来验证的。

(4)确定关联规则。确定变量之间的关联规则,就是决定哪些事情将一起发生。例如,超市中客户在购买 A 的同时,经常会购买 B,这就是一种 A—B 的关联规则。

(5)聚类。聚类是对记录分组,把相似的成员记录在一个集合里。聚类和分类的区别是聚类不依赖于预先定义好的类,不需要训练集。聚类通常作为数据挖掘的第一步。例如,"哪一种类的促销对客户响应最好?",对于这一类问题,首先对整个客户做聚类,将客户分组在各自的集合里,然后对每个不同的集合回答问题,可能效果更好。

(6)描述和可视化。描述和可视化是对数据挖掘结果的表示方式。

【阅读材料】
数据挖掘应用的几个成功案例

数据挖掘目前已经在许多领域得到了应用。下面的几个成功案例反映了数据挖掘技术的应用趋势。

(1)数据挖掘应用到 NBA 竞技中。IBM 公司开发的数据挖掘应用软件 Advanced Scout 被美国 NBA 大约 20 个队的教练使用。据说,Advanced Scout 帮助魔术队成功分析了不同的队员布阵的相对优势,并找到了战胜迈阿密热火队的方法。

资料来源:http://bolg.sina.com.cn/s/blog_4134aa730100lryi.html.

(2)数据挖掘应用到商业银行中。数据挖掘技术在美国银行和金融领域应用广泛。金融事务需要搜集和处理大量数据,对这些数据进行分析,可以发现潜在的客户群、评估客户的信用等。例如,美国第一(Firstar)银行等使用的 Marksman 数据挖掘工具,可以根据消费者的家庭贷款、赊账卡、储蓄、投资产品等将客户分类,进而预测何时向哪类客户提供哪种产品。另外,近年来在信用记分的研究和应用方面也取得了可喜的进步。

资料来源:杨辉.数据挖掘及其在商业银行中的应用[J].中国金融电脑,1998(11):27-29.

(3)数据挖掘应用到电信中。数据挖掘技术在电信行业也得到广泛应用。这些应用可以帮助电信企业制定合理的电话收费和服务标准、针对客户群的优惠政策,防止费用欺诈,等。

资料来源:宋加山,本勇,季峰.数据挖掘技术在电信行业中的应用[J].学理论,2010(15):51-52.

(4)数据挖掘应用到科学探索中。近年来,数据挖掘开始应用到尖端科学的探索中。1997 年,IBM 公司所制作的"深蓝"计算机人工智能系统战胜了国际象棋大师卡斯帕罗夫等人。

　　资料来源:蒲东齐.数据挖掘在人工智能上的应用[J].信息与电脑(理论版).2016(19):157+159.

3.数据挖掘的过程

数据挖掘的过程如图 8-2 所示。它不是一个线性过程,而是包括很多反馈回路,每一步都有可能回到前面某一个或几个步骤往复执行。限于篇幅,对各步骤的含义不再进行解释。

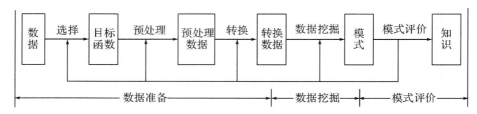

图 8-2　数据挖掘的一般过程

4.实施数据挖掘的人员配备

数据挖掘过程分步实现,不同的步骤需要不同专长的人员,大体可以分为以下几类:

(1)业务分析人员。业务分析人员应精通业务,能够解释业务对象,并根据各业务对象确定用于数据定义和挖掘算法的业务需求。

(2)数据分析人员。数据分析人员应精通数据分析技术,并较熟练掌握统计学相关知识,有能力把业务需求转化为数据挖掘的各步操作,并为每步操作选择合适的技术。

(3)领域专家。领域专家主要帮助数据和业务分析人员确保获得正确的数据和发现有效的业务指标,同时帮助决策制定人员确保解决方案有重要的业务意义。

(4)决策制定人员。决策制定人员主要评估业务方案和批准解决方案。

(5)数据管理人员。数据管理人员应精通数据管理技术,并从数据库或数据仓库中收集数据,这样有助于获得项目数据,实施产品系统,并对结果进行度量。

8.4.2　数据挖掘在 CRM 中的实施流程

为了在 CRM 系统中建立良好的数据挖掘模型,实际操作中需要遵循以下步骤。

1. 定义商业问题

每一个 CRM 应用程序都有一个或多个商业目标,为此需要建立恰当的模型。根据特殊的目标,如"提高响应率"或"提升每个响应的价值",需要建立完全不同的模型。

2. 建立营销数据库

建立营销数据库、探索数据和准备数据是组成数据准备的核心,需要花费的时间和努力比其他几步加起来还多,大概要占去全部数据挖掘过程 50%～90% 的时间和努力。首先需要建立一个营销数据库,因为操作型数据库和共同的数据仓库常常没有提供所需格式的数据。在建立营销数据库的时候,需要对它进行净化。如果想获得良好的模型,必须有干净的数据。需要的数据可能在不同的数据库中,如客户数据库、产品数据库以及事务处理数据库。这意味着企业需要集成和合并数据到单一的营销数据库中,并协调来自多个数据源的数据在数值上的差异。

3. 探索数据

在建立良好的预测模型之前,必须理解所使用的数据。数据分析人员可以通过收集各种描述数据及其分布状态来进行数据探索。在这项工作中,可能需要为多元数据建立交叉表(枢轴表)。

图形化和可视化工具可以为数据准备提供重要帮助,但它们对数据分析的重要性不能过分强调。数据可视化常可引出新的洞察力和成功的内容。非常有用和普遍使用的图形是直方图和箱图,它们显示了数据的分布情况,也可以使用不同变量组的二维或三维散点图。这种增加第三覆盖变量的能力极大地提高了一些图形的可用性。

4. 准备数据

这是建立模型之前数据准备的最后一步,包括以下四个部分:①要为建立模型选择变量,将拥有的所有变量加入到数据挖掘工具中,找到那些最好的预示值。②从原始数据中构建新的预示值。例如,使用债务—收入比来预测信用风险能够比单独使用债务和收入产生更准确的结果,并且更容易理解。③需要从数据中选取一个子集或样本来建立模型。建立模型的两种选择为:使用所有数据建立少数几个模型,或者建立多个以数据样本为基础的模型。④需要转换变量,使之和选定的用来建立模型的算法一致。

5. 建立模型

这是一个迭代的过程,需要研究可供选择的模型,从中找出能解决商业问题的一个。在寻找模型的过程中,所获悉的知识或许要求回头修改正在使用的数据,甚至修改数据库。

6. 评价模型

在模型评价的方法中,最可能产生评价过高的指标就是精确性。假设有一个提议仅仅有 1% 的人响应,模型预测"没有人会响应",这个预测 99% 是正确的,但这个模型 1% 是无效的。另一个常使用的指标是"提升多少",用来衡量使用模型后的改进有多大,但是它并没有考虑成本和收入。所以最可取的评价指标是收益或投资回报率。

8.4.3 数据挖掘在 CRM 中的应用介绍

在 CRM 中,数据挖掘可以应用在以下几个方面:

1. 客户特征多维分析

挖掘客户个性需求,对客户地址、年龄、性别、收入、职业、受教育程度等多个字段进行多维组合分析,并快速给出符合条件的客户名单和数量。

2. 客户行为分析

结合客户信息对某一客户群体的消费行为进行分析。针对不同的消费行为及其变化,制定个性化营销策略,并从中筛选出潜在客户。

3. 客户流失分析

挽留一个老客户比争取一个新客户付出的代价要小得多。对客户持久性、牢固性以及稳定性的分析可以及时发现问题并及时地采取补救措施。

4. 销售分析与销售预期

销售分析与销售预期包括按产品、促销效果、销售渠道、销售方式等进行的分析。同时,分析不同客户对企业效益的不同影响,分析客户行为对企业收益的影响,使企业与客户的关系及企业利润得到最优化。根据一些影响消费情况的因素,对未来某段时间的销售水平作出预测,或对销售走势作出预测。

5. 交叉销售

在商品促销活动中,企业利用数据挖掘技术可以通过从销售记录中挖掘关联信息,了解某些商品具有关联销售的可能性,进而可以向已经购买相关商品的客户推销关联商品,提高商品促销的成功率。数据挖掘技术可以帮助企业寻找影响客户购买行为的因素,帮助营销人员了解哪些客户最有可能购买新产品以及哪些产品通常被一起购买,进而在一对一营销活动中,企业可以利用数据挖掘中的分类与聚类技术把大量的客户分成不同的类,使每个类里的客户拥有相似的属性,进而使企业给每种不同类型的客户提供完全不同的服务。

6．客户细分

客户细分可以让管理者在较高的层次上查看整个数据库中的数据，也可以使经营管理者使用不同的方法处理不同细分的群体客户。数据挖掘可以根据客户的预测行为来定义客户细分群。例如，决策树的叶子节点可视为一个独立的客户细分群，每个叶子节点由某些特定的客户特征来定义，对所有符合这些特征的客户存在一些预测行为。

7．客户获取

在开发新客户的过程中，可利用数据挖掘建立一个预测性分析模型。但是，企业对当前不属于自己的客户的了解程度，远没有对现有客户的了解程度高，关键在于寻找那些已知信息和想要得到的行为模型之间的关系。

在这个过程中，企业必须获得一些潜在客户的名单，在潜在客户名单中列出可能对企业产品和服务感兴趣的消费者信息。接下来，企业要做的就是通过一些小规模的实验活动，收集、分析有用的数据。当有了实验活动中取得的反馈数据后，企业就可以对客户的反应模式进行实际分析。在这个阶段中，挑选一些需要预测且对企业感兴趣的行为模式，并决定在什么样的粒度上进行分析。一旦原始数据准备好，就可以进行数据挖掘。数据挖掘软件将依据所选择的反应模式的类型来预测一些指标变量。通过这些指标变量，就可以找出那些对企业所提供的服务感兴趣的客户，进而达到获取客户的目的。

8．客户盈利能力分析

数据挖掘技术可以用来预测在不同的市场活动情况下客户盈利能力的变化。在客户的盈利能力分析中，需要做的是基于市场营销策略预测盈利能力。为此，企业首先需要设定一些优化目标。设定优化目标的意图就是企业必须确定一种计算客户盈利能力的方法。这种方法可以是一种简单的计算公式，如从每个客户身上获取的收入减去提供产品、服务、市场活动、促销活动的成本，再减去通常由客户所负担的那些固定费用；也可以是一种更复杂的计算公式。然后利用数据挖掘工具从客户的交易记录中发现一些行为模式，且用这些行为模式来预测客户盈利能力的高低，进而帮助分析和提高客户盈利能力，使企业在市场竞争中获取优势。

9．风险评估和防止诈骗

风险评估与欺诈行为几乎在每个行业中都会遇到，尤其是在客户关系管理中。利用数据挖掘中的神经网络分析模型可以探测具有诈骗倾向的客户，这就有可能帮助企业对这些客户加强监控，防止诈骗的发生。数据挖掘中的孤立点分析也可识别那些具有诈骗倾向的客户。例如，一个邮购零售商可以区分来自同一地址不同客户的付款模式。当发现同一客户使用不同的名字时，可以识别潜在的诈骗行为。银行在贷款给公司之前，可以查明这家公司是否处于财政危机之中。

复习思考

1. 对客户数据可以如何进行类型划分？每类数据各有什么特点？
2. 客户管理中的数据须具有好的质量。高质量的客户数据应满足哪些要求？
3. 请举例说明客户数据在客户关系管理中的重要作用。
4. 请举例说明客户数据的主要收集渠道。
5. 客户数据库具有什么特点和作用？
6. 在建立客户数据库时需要注意哪些基本原则？
7. 什么是数据仓库技术？它有什么作用？在 CRM 中有哪些主要应用？
8. 什么是数据挖掘技术？它有什么作用？在 CRM 中有哪些主要应用？

案例分析

美国第一银行：借助数据仓库系统支持"如您所愿"

作为世界上最大的 Visa 信用卡发卡行，拥有超过 5600 万信用卡客户的美国第一银行的核心理念是"成为客户信任的代理人"，在与客户建立联系时采用一种被称之为"ICARE"的要诀：

I（Inquire）——向客户询问并明确其需求；

C（Communicate）——向客户保证将尽快满足其需求；

A（Affirm）——使客户确信有优先完成服务工作的能力和愿望；

R（Recommend）——向客户提供一系列服务的选择；

E（Express）——使客户银行接受单个客户的委托。

在"ICARE"的基础上，美国第一银行推出了一项名为"At Your Request"（如您所愿）的客户服务，赢得了客户的信任，获得巨大的商业成功。但无论是"ICARE"还是"At Your Request"，都离不开第一银行先进的数据仓库的全面信息支持。

美国第一银行的客户可通过电话、电子邮件或网络得到"At Your Request"提供的三项服务：金融服务、旅行娱乐服务和综合信息服务。客户在使用美国第一银行的信用卡一定时间后，在信用记录良好的情况下，银行会寄一份"At Your Request"业务邀请函给客户。客户如果接受，只需填写一份爱好简介，包括其每个家庭成员的姓名、生日、最喜欢的杂志、最喜欢的文娱活动等，就可获得各种相关服务。银行通过"At Your Request"帮助客户满足其各种需求。比如"At Your Request"提供"提醒服务"功能，称为"Just-in-Time"，在客户的周年纪念日、特殊事件和重要约会前，会按客户所希望的时间、方式、渠道来提醒；如客户想在饭店订座或想要送花，都可以通过"At Your Request"来实现。

在业务后台，第一银行开发了庞大而先进的数据仓库系统，从每一笔信用卡交易中提取大范围的有重要价值的数据。在银行看来，可以从大多数使用信用卡的客户的业务记录中"发现"客户最感兴趣的商品或服务。利用所掌握的交易数据，第一银行建立了高度准确、按等级分类的单个客户实际偏好的记录，当然也能分析群体客户的消费情况和偏好。银行可以根据客户的消费偏好信息确定商业合作伙伴，从他们那里得到最优惠的价格并提供给客户。银行的数据仓库通过持续的更新，会越来越清晰地反映出客户的需求和消费偏好，这为"At Your Request"业务的开展提供了最有力的信息支持。

资料来源：王广宇. 客户关系管理方法论[M]. 北京：清华大学出版社，2004：297-298.

案例讨论

1. 你如何看待美国第一银行的"ICARE"和"At Your Request"的客户服务理念？

2. 美国第一银行数据仓库系统是如何支持其"At Your Request"服务的？

3. 本例中美国第一银行的客户服务理念和观念，对我国银行业的启示有哪些？

本章实训

一、社会调查题

请通过自己的社会关系，联系相关企业，了解其客户档案数据库的建设情况。

二、案例调查题

通过网络搜索、文献阅读、实地调研等方法，了解并撰写有关以下主题的应用案例：(1)客户档案数据库的应用；(2)数据仓库技术的应用；(3)数据挖掘技术的应用。

第 9 章　客户关系管理软件系统

张东的烦恼

最近 Y 公司 CRM 项目主管张东很苦恼。自从 CRM 风风火火地上线以后,公司领导对它的实施一直不太满意,这套 CRM 系统的硬伤显而易见。首先,体现在需求方面。最初是市场部门提出要更快了解全国各地的市场信息、销售信息,更方便快速地统计。IT 部门接到需求后,从长远考虑出发,推荐了 CRM 系统,希望先实现市场部信息需求,接着是客户管理⋯⋯而不像上一个数据收集系统那么简单,造成太多的信息孤岛,不利于公司信息化整体建设。想法本身很好,但是项目实施之后,结果却是 CRM 系统并不擅长实现市场信息的收集和处理,需要大量的二次开发。勉强实现的功能扩展性不好,不能满足公司不断增长的需求。

其次,更让张东愤怒的是系统的开发。客观来说,公司选择的 CRM 平台很好,据说在国际上名列前茅,但负责开发的人员却令人失望,技术和态度都差,一点也不从操作者的角度出发。他们设计的数据录入界面十分烦琐,如输入销量时,要从每个零售店的界面中选择弹出一个窗口,然后再一个一个机型地录入,假设一个分公司管理 200 个零售店、10 个机型,意味着要进入 2000 次界面。面对这些问题,张东觉得很头疼。

本来关系融洽的 IT 部和市场部也因为这个系统产生了一些冲突,IT 部门责怪市场部门需求变得太快、各地操作人员太笨,每天都要应付来自全国大量的很简单的操作问题。市场部责怪 IT 部门不了解需求,不能耐心地提供服务,对新需求的开发进度太慢⋯⋯一位参与实施的员工通过多次申请,终于"脱离苦海"后抛下一句话:"以后再也不和 IT 打交道了!"

这一切让张东陷入了深深的焦虑。现在再埋怨当初选型、实施过程中的种种失误，已经没有意义。他现在最想知道的是这个病入膏肓的 CRM 系统是否还有药可医，以及如何医治。

资料来源：根据佳工机电网的《如何让人们放心使用 CRM 系统》改编。

在本案例中，主人公遇到的困境产生的主要原因是 CRM 系统的设计不完善，从 CRM 技术上讲，该公司业务部门的需求是要实施一套事务操作型 CRM 系统，而信息技术部门推荐给业务部门使用的是一套分析型 CRM 信息系统。分析型 CRM 的信息来源于操作型 CRM 的数据信息，如果操作型 CRM 的数据信息不完善，那么分析型 CRM 将成为无本之木，其结果是可想而知的。

9.1 客户关系管理软件系统的特点

现代的 CRM 是一种以客户为中心的业务模式，由多种技术手段支持、通过以客户为中心达到增强企业竞争力的目的。所以 CRM 不仅是一种管理理念，也是一种管理技术。其本质是以客户关系为导向的一套计算机化的网络软件系统，目的是为了有效地收集、汇总、分析和共享各种客户数据，积累客户知识，有效地支持客户关系策略。对客户数据的收集、分析、处理和共享手段决定了 CRM 的功效，因此 CRM 系统是企业成功实施 CRM 战略的技术保证，是 CRM 战略的使能者（enabler）。好的 CRM 系统应该能够很好地处理客户的数据，具有平台、接触、运营和商业智能四大层面的功能，实现企业市场营销、销售和服务等各个系统的无缝对接。在数据仓库技术、数据挖掘技术和 Web 技术下实现企业快速、正确的决策和经营。主流的 CRM 系统具有以下特点。

1. 综合性

完整意义上的 CRM 系统不仅使企业拥有灵活有效的客户交流平台，而且使企业具备综合处理客户业务的基本能力，从而实现基于互联网和电子商务应用的新型客户管理模式。它能综合企业客户服务、销售和营销行为优化的自动化要求，在统一的信息库下开展有效的客户交流管理，使得交易流程成为综合性的业务操作方式。

2. 集成性

在电子商务背景下，CRM 系统具有与其他企业级应用系统（ERP 企业资源规划、SCM 供应链管理)集成的能力。对于企业而言,只有实现了前后端应用系统的完全整合,才能真正实现客户价值的创造,如 CRM 与 ERP 的集成。ERP 的实施给企业带来内部资源的优化配置;CRM 则从根本上改革企业的管理方式和业务流程,因其具备的强大工作引擎,其解决方案可以确保各部门各系统的任务能动态协调和无缝完成。如 CRM 系统中的销售自动化系统,能够及时向 ERP 系统传送产品数量和交货日期等信息,营销自动化和在线销售组件,可使 ERP 订单与配置功能发挥到最大,客户可以真正实现按需配置产品,并现场进行订购。

3. 智能化

成熟的 CRM 系统不仅能完全实现商业流程的自动化,而且还能为管理者的决策提供强大的支持。因为 CRM 获得并深化了大量客户的信息,通过成功的数据仓库建设和数据挖掘对市场和客户需求展开了完善的智能分析,为管理决策提供参考信息,从而提高了管理者经营决策的有效性。此外,CRM 的商业智能还可以改善产品的定价方式、发现市场机会,从而提高市场占有率。

4. 高技术含量

CRM 系统涉及种类繁多的信息技术,如数据仓库、网络、语音、多媒体等多种先进技术,同时,为了实现与客户的全方位交流,在方案布置中要求呼叫中心、销售凭条、远端销售、移动设备以及基于互联网的电子商务站点的有机结合,这些不同技术和不同规则的功能模块和方案想要被结合成为一个统一的 CRM 环境,就要求不同类型的资源和专门的先进技术的支持。CRM 为企业提供的数据知识的全面解决方案中,要通过数据仓库、数据挖掘和决策分析工具的技术支持,才能使企业理解统计数据和客户关系模式、购买行为等的关系,在整合不同来源的数据并以相关的形式提供企业管理者或客户方面,IT技术的影响是巨大的。

5. 提高营收

CRM 可让中小企业了解哪些渠道将会帮助他们提高营收,该怎样把公司中的各种设施、技术、应用、市场等有机结合到一起。作为一种关键的 CRM 组件,销售队伍自动化能直接或间接地挖掘客户购买潜力,提高企业盈利。此外,CRM 还能帮助中小企业增进客户满意度,打造更多忠诚客户,加强自己的竞争优势。它帮助中小企业优化了电子商务、广告战略等经营活动,管理并分析了客户组合,改善了市场活动的成效。通过将订单、客户服务、销售、支付、仓库与库存管理、包装,以及退货等流程融为一体,CRM 显著降低了中小企业的经营成本,节省了时间与可用资源。

9.2 客户关系管理软件系统的体系结构和系统功能

从逻辑模型的角度来讲,一个完整的 CRM 系统可以分为三个层次:界面层、功能层与支持层,如图 9-1 所示。

界面层是 CRM 系统同用户或客户进行交互、获取或输出信息的接口。通过提供直观的、简便易用的界面,用户或客户可以方便地提出要求,得到所需要的信息。这一层的模块有呼叫中心和电子商务两部分。

功能层由执行 CRM 基本功能的各个系统构成,主要包含销售自动化、营销自动化和客户服务与支持自动化。

支持层则是指 CRM 系统所用到的数据库管理系统、操作系统、网络通信协议等,是保证整个 CRM 系统正常运作的基础。

与这三个层次相对应,可将 CRM 系统大致分为如下三个模块,在小型的 CRM 系统中也可将其当作三类系统:

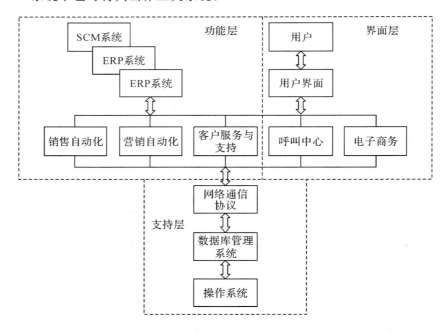

图 9-1　CRM 的逻辑体系结构

（1）对应功能层：对销售、营销和客户服务三部分业务流程的信息化——操作型 CRM。

（2）对应界面层：与客户进行沟通所需要的手段（如电话，传真，网络，E-mail等）的集成和自动化处理——协作型 CRM。

（3）对应支持层：对前面两个部分功能所积累的信息进行加工处理，产生客户智能，为企业的战略战术决策作支持——分析型 CRM。

下面详细分析这三个模块。

1. 操作型 CRM

应用此模块的目的是为了让这些部门的业务人员在日常的工作中能够共享客户资源、减少信息滞留，从而力争把一个企业变成单一的"虚拟个人"呈现在客户印象中，它是 CRM 软件中最基本的应用模块。它通过基于角色的关系管理工作平台实现员工的授权和个性化，使前台交互系统和后台的订单执行可以无缝集成链接，并同步所有客户的交互活动，以此使相关部门的业务人员在日常的工作中能够共享客户资源，减少信息流动的滞留点，从而使企业作为一个统一的信息平台面对客户，大大减少客户在与企业的接触过程中产生的种种不协调。主要包括：销售自动化、营销自动化、服务自动化。

这种系统的使用人员主要有以下几类：

（1）销售人员。使销售自动化，包括订单处理、发票处理及销售机会管理。

（2）营销人员。使营销自动化，如促销活动管理工具，用于计划、设计并执行各种营销活动，寻找潜在客户，并将他们自动集中到数据库中，通过自动分配工具派给销售人员。

（3）现场服务人员。使服务自动化，包括自动派给工具、设备管理、服务合同及保质期管理等。

2. 协作型 CRM

协作型 CRM 一般有呼叫中心、客户多渠道联络中心、帮助台以及自助服务帮助导航，具有多媒体多渠道整合能力的客户联络中心是其主要发展趋势。它将市场、销售和服务三个部门紧密地结合在一起，支持他们之间的协作，使企业各个部门之间协作畅通，数据一致，从而使 CRM 为企业发挥更大的作用。它能够让企业客户服务人员同客户一起完成某项活动，比如支持中心人员通过电话指导客户修理设备，这个修理活动要由员工和客户共同参与，因此是协同的。

3. 分析型 CRM

分析型 CRM 以数据仓库和数据挖掘为基础，支持、发掘和理解顾客行为。主要原理是将交易操作所积累的大量数据进行过滤,然后存贮到数据仓库中去,再利用数据挖掘技术建立各种行为预测模型,最后利用图标、曲线等对企业各种关键运行指标以及客户市场分割情况向操作型模块发布,达到成功决策的目的。应用此模块的人员不同客户直接打交道,而是从协作型系统所产生的大量数据中提取有价值的各种信息。如销售情况分析和对将来的趋势做出的必要预测,是一种企业决策支持工具。

这三大功能统一于 CRM 总体系统结构图中,如图 9-2 所示。

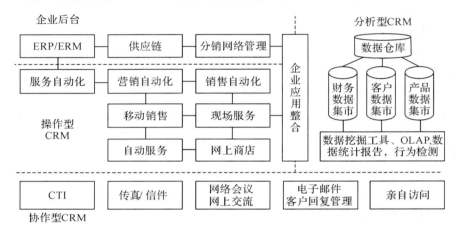

图 9-2　三类 CRM 应用的功能定位

从全局角度看,在完整的 CRM 系统中包含以下四个分系统:

(1)客户协作管理分系统。客户协作管理分系统主要实现了客户信息的获取、传递、共享和应用,支持电话中心、Web 服务、电子邮件服务、传真等多种联系渠道的紧密集成,支持客户与企业的互动。

(2)业务管理分系统。业务管理分系统主要实现了市场营销、销售、客户服务与支持等三种基本商务活动的优化和自动化,包括市场营销自动化(MA),销售自动化(SFA)和客户服务自动化(CSS)等三个功能模块。随着移动技术的快速发展,销售自动化可进一步实现移动销售(MS),客户服务自动化则将实现对现场服务(FS/D)的支持。

(3)分析管理分系统。分析管理分系统将实现客户数据仓库、数据集市、数据挖掘等工作,在此基础上实现商业智能和决策分析,实现分析管理分系统的核心技术是数据仓库和数据挖掘技术。

(4)应用集成管理分系统。应用集成管理分系统将实现与企业资源计划、供应链管理等系统的紧密集成,直至实现整个的企业应用集成。

　　CRM 系统在这四个分系统的支持下,实现与客户的多渠道紧密联系、客户订单的流程追踪、客户市场的划分和趋势研究、在线数据联机分析和支持智能决策,以及实现与企业其他系统的集成。

9.3　客户关系管理软件系统的模型与结构

　　CRM 软件系统的一般模型反映了 CRM 一些最重要的特性,如图 9-3 所示。

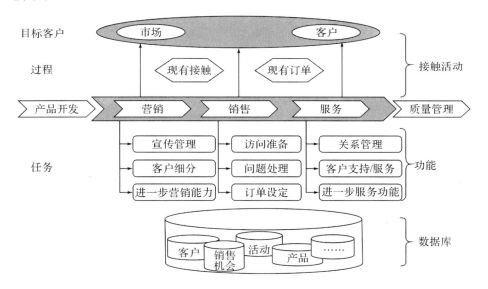

图 9-3　CRM 软件系统的一般模型

　　这一模型阐明了目标客户、主要过程以及任务之间的相互关系。目前主流的 CRM 软件系统模型比较客观地反映了 CRM 一些最重要的特性。CRM 的主要过程是对营销、销售和服务这三部分业务流程的信息化。首先,在市场营销过程中,通过客户和市场的细分,确定目标客户群,制定营销战略和制订营销计划。其次,销售的任务是执行营销计划,目标是建立销售订单,实现销售额。最后,在客户购买企业提供的产品和服务后,还需对客户提供进一步的服务与支持,这主要是客户服务部门的工作。产品开发和质量管理过程分别处于 CRM 过程的两端,由 CRM 提供必要的支持。

从逻辑模型的角度来讲,一个完整的 CRM 系统可以分为三个层次:界面层、功能层与支持层。如图 9-4 所示。

界面层是 CRM 系统同用户或客户进行交互、获取或输出信息的接口。通过提供直观的、简便易用的界面,用户可以方便地提出要求,得到所需要的信息。这一层的模块有呼叫中心和电子商务两部分。

功能层由执行 CRM 基本功能的各个系统构成,主要包括销售自动化、营销自动化和客户服务与支持自动化。

支持层则是指 CRM 系统所用到的数据库管理系统、操作系统、网络通信协议等,是保证整个 CRM 系统正常运行的基础。

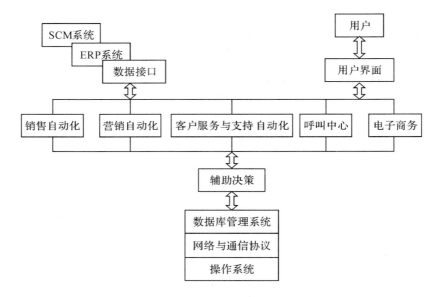

图 9-4　CRM 系统结构

9.4　客户关系管理软件系统的类型

客户关系管理涵盖了直销、间接销售以及互联网等所有的销售渠道,能帮助企业改善包括营销、销售、客户服务和支持在内的有关客户关系的整个生命周期。在新技术和新应用的推动下,全球 CRM 市场正以 50% 的速度增长,逐渐成为一个价值数十亿美元的软件服务大市场。

随着 CRM 市场不断发展,新公司的加入和现有公司以合并、联合以及推出新产品的方式重新定位,这一领域可谓日新月异,CRM 解决方案呈现出多样化的发展。下面从几个角度对 CRM 分类进行分析。

1. 按目标客户分类

并非所有的企业都能够执行相似的 CRM 策略,这又相应地意味着,当同一公司的不同部门或地区机构在考虑 CRM 实施时,可能事实上有着不同的商务需要。在企业应用中,越是高端应用,行业差异越大,客户对行业化的要求也越高,因而,有些专门的行业对应解决方案,比如银行、电信、大型零售等 CRM 应用解决方案。而对中低端应用,则常采用基于不同应用模型的标准产品来满足不同客户群的要求。

一般将 CRM 分为三类:

(1)以全球企业或大型企业为目标客户的企业级 CRM;

(2)以 200 人及以上、跨地区经营的企业为目标客户的中端 CRM;

(3)以 200 人以下企业为目标客户的中小企业 CRM。

在 CRM 应用方面,大型企业与中小企业相比有很大的区别。大型企业在业务方面有明确的分工,各业务系统有自己跨地区的垂直机构,形成了企业纵横交错的庞大而复杂的组织体系,不同业务、不同部门、不同地区间实现信息的交流与共享极其困难;同时,大型企业的业务规模远大于中小企业,致使其信息量巨大;而且,大型企业在业务运作上很强调严格的流程管理。而中小企业在组织机构方面要轻型简洁很多,业务分工不一定明确,运作上更具有弹性。因此,大型企业所用的 CRM 软件比中小企业的 CRM 软件要复杂、庞大得多。而一直以来,国内许多介绍 CRM 的报道和资料往往是以大型企业的 CRM 解决方案为依据的。这就导致一种错觉:好像 CRM 都是很复杂、庞大的。其实,价值几千美元的面向中小企业的 CRM 软件也不少,其中不乏简洁易用的。

不过,有关公司规模方面的要求现在越来越随意,因此越来越多的 CRM 供应商是依据不同情况来提供不同产品。主要的 CRM 提供商一直以企业级客户为目标,并逐渐向中型市场转移,因为后者的成长潜力更大。以企业级客户为目标的公司包括 Siebel、Oracle 等。另外一些公司,如 Onyx、Pivotal、用友等则与中型市场相联系,并试图夺取部分企业级市场。Mycrm、Goldmine 和 SalesLogix 等公司瞄准的是中小企业,他们提供的综合软件虽不具有大型软件的深度功能,但也丰富实用。

2．按应用集成度分类

CRM 涵盖整个客户生命周期,涉及众多的企业业务,如销售、支持服务、市场营销以及订单管理等。CRM 既要完成单一业务的处理,又要实现不同业务间的协同,同时,作为整个企业应用中的一个组成部分,CRM 还要充分考虑与企业的其他应用,如与财务、库存、ERP、SCM 等进行集成应用。

但是,不同的企业或同一企业处于不同的发展阶段时,对 CRM 整合应用和企业集成应用有不同的要求。为满足不同企业的不同要求,CRM 在集成度方面也有不同的分类。从应用集成度方面可以分为如下几类。

(1)CRM 专项应用。以销售人员为主导的企业与以店面交易为主的企业,在核心能力上是不同的,销售能力自动化(SFA)是以销售人员为主导的企业的 CRM 应用关键,而客户分析与数据库营销则是以店面交易为主的企业的核心。

在专项应用方面,还有著名的 Call Center(呼叫中心)。随着客户对服务要求的提高和企业服务规模的扩大,呼叫中心在 20 世纪 80 年代得到迅速发展,与 SFA 和数据库营销一起成为 CRM 的早期应用。到目前为止,这些专项应用仍然具有广阔的市场,并处于不断发展之中。

对于中国企业特别是中小企业而言,CRM 的应用处于初级阶段,根据企业的销售和服务特点,选择不同的专项应用启动 CRM 的实施不失为一条现实的发展之路。当然,在启动专项应用的同时,应当考虑后续的发展并选择适当的解决方案,其中特别要强调业务组件的扩展性和基础信息的共享。

(2)CRM 整合应用。由于 CRM 涵盖整个客户生命周期,涉及众多的企业业务,因此,对于很多企业而言,必须实现多渠道、多部门、多业务的整合和协同,必须实现信息的同步和共享,这就是 CRM 整合应用。CRM 业务的完整性和软件产品的组件化可扩展性是衡量 CRM 整合应用能力的关键。

(3)CRM 企业集成应用。对于信息化程度较高的企业而言,CRM 与财务、ERP、SCM 以及群件产品如 Exchange/MS-Outlook 和 Lotus Notes 等的集成应用是很重要的。

3．按系统功能分类

(1)操作型 CRM 系统主要是企业通过利用信息技术来帮助企业自身实现对客户资料管理、服务管理、营销管理、销售环节管理等环节的流程自动化,达到利用 IT 技术来提高企业的运营效率、降低企业运作成本的目的,从而最终达到实现企业利润最大化和利润持续增长的目的。

(2)协作性 CRM 系统是指通过提高对客户服务请求的响应速度来提升

客户满意度的一套管理系统。信息时代的客户会通过不同的信息手段来达到与企业进行信息交流、商品交换的目的,这就要求企业各部门提高对客户多种信息交换形式响应的速度和质量,企业需要将各部门对客户信息交流的需求统一在一个平台上,而协作型 CRM 就由此应运而生了。

(3)分析型 CRM 系统在功能上要全面一些,但是也有所侧重。它除了包括以上两种 CRM 系统的功能之外,更加注重系统本身的分析功能。企业可以用它对大量的客户信息进行最大程度的数据化、量化,从而能针对客户的实际需求制定相应的营销战略,开发出相应的产品和服务,更好地满足客户的需求,实现企业自身的价值。

4.根据服务器来划分

(1)产品型 CRM。服务器架设在企业内部,CRM 系统安装在企业内部的服务器上,数据由自己来保管。一般是一次性购买终身使用,每年只需交少量的服务费。代表品牌:用友 TurboCRM,知客 CRM,微软 CRM。

(2)租用型 CRM。CRM 系统和服务器都由软件供应商提供,采取月付费或是年付费方式,数据保存在软件供应商处。对于短期内预算较少的企业比较好,不过在软件使用 2~3 年后,总计的价格可以买一套比较好的产品型 CRM 了。代表品牌:八百客 CRM,Xtools,salesforce。

5.根据产品功能划分

(1)应用型 CRM,也有人称之为管理型 CRM。功能比较简单,基础的 CRM 客户关系管理功能有:客户资料管理、行动记录管理、销售数据管理和订单合同管理等。相比之下,应用型 CRM 价格较低,只是企业用来统一掌控客户资源和管理员工日常工作的工具。

(2)分析型 CRM。除了 CRM 的基础功能外,更侧重于对企业数据的综合分析,找出重点客户的特征、销售波动周期、畅销的产品等。帮助管理者分析重点,制定出相应的市场规划和战略决策,真正地抓住客户、抓住市场、抓住效益。目前国内最好的分析型 CRM 应该是知客 CRM,自主开发的分析功能如“二八分析”“同比环比”“企业诊断”“企业标尺”“战略地图”等,都是独有的,并得到客户的高度评价。

6.按照系统架构分类

(1)B/S 架构。目前国际上主流的系统架构都是采用 B/S 架构,国内也是如此。

(2)C/S 架构。很多特定的情况下是必须使用 C/S 架构的。

复习思考

1. CRM 系统结构主要分为哪几层？
2. CRM 软件系统分为哪些部分，各部分的功能是什么？
3. CRM 软件系统有哪三种类型？

案例分析

迪克连锁超市客户关系管理

开拓者：肯·罗布，高级营销副总裁。

启示：光收集大量的客户信息还远远不够。成败关键取决于利用这些信息针对个体客户制定出量身定做的服务政策。

肯·罗布有一个秘密，但实际上他并非那种不愿袒露心迹的人。他性格外向开朗，心里想什么就说什么，从不犹豫，这一点很好，因为他是迪克连锁超市的高级营销副总裁，这是一家在威斯康星州乡村地区拥有八家分店的超级市场。

罗布的秘密是当他的客户来商场采购时，他十分了解这些客户想要买些什么。这一点连同超市所提供优质服务的良好声誉，是迪克连锁超市对付低价位竞争对手的主要防御手段。迪克超市采用数据优势软件（DataVantage）——一种由康涅狄格州的关系营销集团（Relationship Marketing Group，RMG）所开发的软件产品，对扫描设备里的数据加以梳理，即可预测出其客户什么时候会再次购买某些特定产品。接下来，该系统就会"恰如其时"地推出特惠价格。

它是这样运行的：在迪克超市每周消费 25 美元以上的客户每隔一周就会收到一份定制的购物清单。这张清单是由客户以往的采购记录及厂家所提供的商品现价、交易政策或折扣共同派生出来的。客户购物时可随身携带此清单，也可以将其放在家中。当客户到收银台结账时，收银员就会扫描一下印有条形码的购物清单或者客户常用的优惠俱乐部会员卡。无论用哪种方式，购物单上的任何特价商品都会被自动予以兑现，而且这位客户在该店的购物记录会被刷新，生成下一份购物清单。

"这对于我们和生产厂家都很有利，因为你能根据客户的需求定制促销方案。由此你就可以做出一个与客户商业价值成正比的方案。"罗布说。

迪克超市还依靠客户特定信息,跨越一系列商品种类把定制的促销品瞄准各类最有价值的客户。比如,非阿司匹林产品(如泰诺)的服用者可以被分成三组:全国性品牌、商店品牌和摇摆不定者。这些组中的每组客户又可以根据低、中、高用量被分成三个次组。用量就代表着在某类商品中客户对迪克超市所提供的长期价值(仅在这一个产品种类中,就有六个"模件",产生出总共9 种不同类型的客户——这足以开展一次批量定制营销活动了)。

假设超市的目标是要把泰诺用户转变成商店品牌的用户,那么罗布就会将其最具攻击性的营销活动专用于用量大的客户,因为他们最有潜在价值。给予大用量客户的初始折扣优惠远高于给予低用量和中等用量的客户。促销活动的时间会恰好与每一位客户独有的购买周期相吻合,而对这一点,罗布通过分析客户的以往购物记录即可做出合理预测。

"客户们认为这太棒了,因为购物清单准确地反映了他们要购买的商品。如果客户养有狗或猫,我们就会给他提供狗粮或猫粮优惠;如果客户有小孩,他们就可以得到孩童产品优惠,比如尿布及婴幼儿食品;常买很多蔬菜的客户会得到许多蔬菜类产品的优惠。"罗布说,"如果他们不止在一家超市购物,他们就会错过我们根据其购物记录而专门提供的一些特价优惠,因为很显然我们无法得知他们在其他地方买了些什么。但是,如果他们所购商品中的大部分源于我们商店,他们通常可以得到相当的价值回报。我们比较忠诚的客户常会随同购物清单一起得到价值为 30 到 40 美元的折价券。我们的目标就是回报那些把他们大部分的日常消费都花在我们这儿的客户。"

有时可以通过获取其他相关单位的赞助,来尽量减少折扣优惠所造成的经济损失,反过来,这些单位可以分享你不断收集到的信息资讯。以迪克超市为例,生产厂商会给予绝大多数的打折商品补贴。作为整个协议的一部分,生产厂家可以获得从极为详尽的销售信息中所发现的分析结果(消费者名字已去除)。这些销售信息的处理加工均是由关系营销集团进行的,这家公司不但提供软件产品,而且还提供扫描数据采掘服务。

虽然频次营销和优惠卡计划是用于收集客户资讯的有效途径,但却常常遭到滥用,造成不利于自己的结果。一对一营销商的首要任务就是识别和区分客户,所以在零售业,像迪克超市那样的频次营销计划可能会成为一种不可或缺的辅助工具。它激励个体客户在每次踏进店门就"举起手来申明身份",以期获得打折优惠。频次营销计划的实际运作还提供了一个与客户互动交流的良好平台,这种互动可以通过信函进行,也可以通过收银台或网站进行。

但这里隐藏着危险。频次营销只是用于获取个体客户信息和互动交流的一项策略,而非足以促使客户保持忠诚的战略——面对着竞争对手的同样促销也不可能。要把这种客户信息与互动转变成一种学习型关系,让客户认识到保持忠诚而非参与竞争对手所提供的类似活动对自己更为方便,那么你就必须按迪克超市的办法去做。你必须根据所收集到的信息,针对每一个体客户定制相关的服务政策。这样,随着收集到的任一单独客户信息日渐增多,针对该客户的服务政策就会调整得越来越具体准确,同时也让客户在你所提供的服务中进行一番协同投入。除此之外,在最大可能的限度内,这项计划不仅应该包括给客户准确定制的折扣优惠,还应该包括一些价格以外的奖励,比如食谱、每周饮食计划、产品使用技巧、健康营养知识、快速结账通道,以及送货上门服务等。

千万千万记住,市场营销的目的绝不仅仅是分发赠品而已。

短期来看,紧接着忠诚计划推出以后,这一点很容易就被忘掉。你可能会误以为赠送物品就可以让客户更忠诚于你。但是,如果你的竞争对手也推出了一个类似的计划,而且现在你的客户在任何一家店里都可以得到打折优惠,那么你该怎么办?谁想要一群总是不断寻觅打折的客户?你这样做的全部效果,无疑等同于在训练自己最有价值的客户去追寻价格优惠。

1997年尼尔森公司(A. C. Nielsen)对一个"典型的"美国城市进行了调查,三家当地相互竞争的主要食品杂货店各自有一套频次营销计划。忠诚计划参与者的购买量占到了每家商店销售额的90%以上。然而,这些参与者之中有四分之三的人在钱夹里不止放有一张忠诚计划优惠卡,而且超过半数的人三张全有。

要谨记是什么原因让迪克超市成了为数不多的成功一对一营销实践者之一:罗布利用从其客户处所得到的信息向客户们提供了竞争对手无法轻易仿效的激励,因为这些激励是根据每个客户独自的爱好及购物周期而专门设计定制的。一位客户在迪克超市购物越多,超市为其专门定制的优惠也就越多,这样就越发激励客户保持忠诚。从而该项计划也就难以与之竞争。

罗布将这种信息看作自己的小秘密。"在多数情况下,"他说,"如果你的对手想了解你的商品价位,他们只需到你的店里查看一下货架上的价格标签,要么也可以浏览一下你每周的广告。但是,有了这种购物清单,竞争对手对你目前所做的一切一无所知,因为每位客户的购物清单都不一样。"

资料来源:http://www.linkshop.com.cn/web/article_news.aspx?articleid=72653

本章实训

一、实训的目的

1. 了解现代客户关系管理系统 CRM 的使用流程。
2. 掌握现代客户关系管理系统 CRM 的功能模块。

二、实训的内容

根据现代客户关系管理系统 CRM 使用说明手册，完成实训内容。

参考文献

中文文献

[1] 宝利嘉顾问公司.客户关系管理解决方案[M].北京:中国经济出版社,2002.

[2] 陈睿扬,王秋英.论新常态下的客户关系管理和客户忠诚提升[J].科技创新,2017(5).

[3] 丁建石.客户关系管理[M].2版.北京:北京大学出版社,2016.

[4] 邓·皮泊斯,马沙·容斯.客户关系管理:战略框架[M].2版.郑志凌,梁霞,邓运盛,译.北京:中国金融出版社,2014.

[5] 厄尔·诺曼,斯蒂文·H.霍廷顿.以客户为中心的六西格玛[M],北京:机械工业出版社.

[6] 高远.客户价值、市场细分与客户关系管理的关系[J].时代金融,2017(23).

[7] 金添.A公司客户关系管理的问题与对策研究[D].扬州:扬州大学,2016.

[8] 刘柳,杨莹.客户关系管理[M].北京:机械工业出版社,2019.

[9] 刘辉.浅析企业加强客户关系管理的重要性及运用[J].石家庄:商情,2017(14).

[10] 林琳.F公司基于客户价值分析的客户关系管理策略[D].沈阳:东北大学,2015.

[11] 林建宗.客户关系管理理论与实务[M].2版.北京:清华大学出版社,2018.

[12] 黎晗.数据挖掘在客户关系管理中的应用——以客户分类为例[J].中外企业家,2015(36).

[13] 李海芹,周寅.客户关系管理[M].2版.北京:北京大学出版社,2017.

[14] 李季.客户关系管理[M].北京:化学工业出版社,2011.

[15] 李志远,王雪方.组织学习与客户知识管理能力的关系研究——关系嵌入的调节[J].科学学与科学技术管理,2015,36(03):152-162.

[16] 罗纳德.S.史威福特.客户关系管理[M].北京:中国经济出版社,2004.

[17] 毛卡尔.客户关系管理[M].马宝龙,译.北京:中国人民大学出版社,2014.

[18] 马刚.客户关系管理[M].4版.大连:东北财经大学出版社,2018.

[19] Oracle公司.大胆假设,合理求证——Oracle建言亚洲银行的CRM建设[J].中国金融电脑,2006(2):88-90.

[20] 苏朝晖.客户关系管理——客户关系的建立与维护[M].4版.北京:清华大学出版社,2018.

[21] 苏朝晖.客户关系管理:建立、维护与挽救[M].北京:人民邮电出版社,2016.

[22] 苏朝晖.客户关系管理:理念、技术与策略[M].3版.北京:机械工业出版社,2018.

[23] 邵兵家.客户关系管理[M].2版.北京:清华大学出版社,2010.

[24] 单友成,李敏强,赵红.面向客户关系管理的客户满意度指数模型及测评体系[J].天津大学学报(社会科学版).2010,12(02):119-124.

[25] 威廉·G.齐克蒙德.客户关系管理——营销战略与信息技术的整合[M].胡左浩,译.北京:中国人民大学出版社,2010.

[26] 邬金涛,严鸣,薛婧.客户关系管理[M].2版.北京:中国人民大学出版社,2018.

[27] 伍京华.客户关系管理[M].北京:人民邮电出版社,2017.

[28] 王菲.以客户生命周期为基础的企业客户关系管理能力框架构建[J].现代商业,2016(31):140-141.

[29] 王丽静,张德南,赵星.客户关系管理实务[M].北京:中国轻工业出版社,2018.

[30] 王伟立,任正非.以客户为中心[M].深圳:海天出版社,2018.

[31] 王欣,薛雯,魏源彤.数据挖掘在客户关系管理系统中的应用研究[J].东北电力大学学报,2015(4):76-81.

[32] 杨路明.客户关系管理[M].2版.重庆:重庆大学出版社,2012.

[33] 周洁如,庄晖.现代客户关系管理[M].2版.上海:上海交通大学出版社,2014.

［34］周贺来,陈国栋,张如云,等.客户关系管理实用教程［M］.2 版.北京:机械工业出版社,2018.

［35］周洁如.客户关系管理经典案例及精解［M］.上海:上海交通大学出版社,2011.

［36］周万发,饶欣.客户关系管理理论与实务［M］.北京:清华大学出版社,2015.

［37］周益民.基于大数据分析的客户关系管理系统建设［J］.科技经济导刊,2018,26(28):234.

［38］智慧书源.沟通力! 把话说到客户心里去［M］.北京:中国铁道出版社,2017.

［39］张兵,余育新.客户关系管理实务［M］.合肥:中国科学技术大学出版社,2019.

［40］张喆,常桂然,黄小原.数据挖掘技术在客户获取策略中的应用［J］.东北大学学报,2003(11)－:1112-1115.

［41］曾玉湘,陈建华,张小桃.客户关系管理［M］.重庆:重庆大学出版社,2016.

［42］郑志丽.客户关系管理实务［M］.北京:北京理工大学出版社,2016.

［43］朱新雪.基于客户关系管理的企业市场营销策略及应用研究［J］.企业导报,2015(07).

外文文献

［1］Bradley T. Gale. Managing Customer Value ［M］. New York：The Free Press，1994.

［2］Codd E F，Codd S R，Salley C T. Providing OLAP (Online Analytical Processing) to User-analysis：An IT Mandate［R］. E. F. Codd and Associates，1993.

［3］Fatemeh Bagheri,Mohammad J. Tarokh. Mining Customers Behavior Based on RFM Model to Improve the Customer Satisfaction［J］. International Journal of Customer Relationship Marketing and Management (IJCRMM)，2011，2(3)：79-91.

［4］IBM Business Consulting Services，CRM Done Right［OL］. Retrieved on January 7,2005 from http://www-1. ibm. com/services/

us/index. wss/rs/bcs/a1002689.

[5] Payam Amini，Björn Falk，Robert Schmitt. Quantitative Analysis
of the Consumer Perceived Value Deviation[J]. Procedia CIRP，
2014，21：391-396.

[6] The Website of SAS Institute Inc. [OL]. http：//www. sas. com.

[7] William H Inmon. Building the Data Warehouse[M]. Fourth Edi-
tion. Indianapolis：Wiley Publiching，Inc. ，2005.

[8] Wen-Yu Chiang. Establishing High Value Markets for Data-driven
Customer Relationship Management Systems [J]. Kybernetes，
2019，48(3)：650-662.

图书在版编目（CIP）数据

客户关系管理 / 吴卫芬主编. —杭州：浙江大学
出版社，2019.10（2022.6重印）
ISBN 978-7-308-19626-0

Ⅰ.①客… Ⅱ.①吴… Ⅲ.①企业管理－供销管理－
高等学校－教材 Ⅳ.①F274

中国版本图书馆 CIP 数据核字（2019）第 218809 号

客户关系管理

主　　编　吴卫芬
副主编　舒建武　苗　森

责任编辑　李海燕
责任校对　杨利军　陈　欣
封面设计　雷建军
出版发行　浙江大学出版社
　　　　　（杭州市天目山路 148 号　邮政编码 310007）
　　　　　（网址：http://www.zjupress.com）
排　　版　杭州好友排版工作室
印　　刷　嘉兴华源印刷厂
开　　本　710mm×1000mm　1/16
印　　张　17.25
字　　数　310 千
版 印 次　2019 年 10 月第 1 版　2022 年 6 月第 3 次印刷
书　　号　ISBN 978-7-308-19626-0
定　　价　46.00 元